意識はなぜ生まれたか

その起源から人工意識まで

マイケル・グラツィアーノ［著］
鈴木光太郎［訳］

Rethinking Consciousness

A Scientific Theory of Subjective Experience

Michael S. A. Graziano

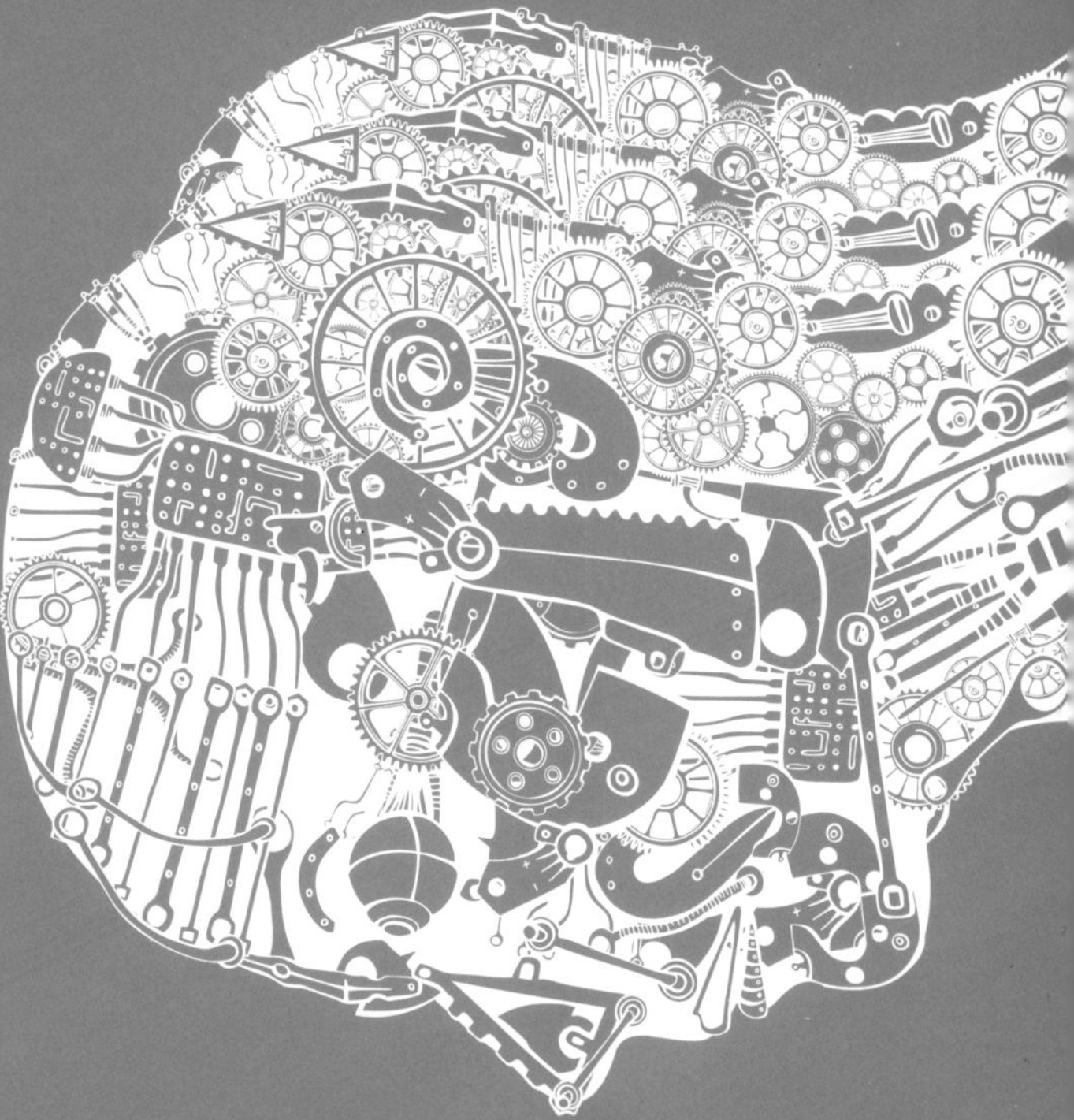

白揚社

ベンとエレに捧げる

意識はなぜ生まれたか　目次

意識はなぜ生まれたか

・本文中の〔　〕は訳者による補足を示す。

1 会話するぬいぐるみ

息子は三歳。お気に入りのゾウのぬいぐるみが私の腹話術で会話した。それぐらいの年齢だと、初心者レベルの腹話術でも十分で、息子は大喜びだった。数年のうちに私の腕は上達し、今度は私がその錯覚のふしぎな力に圧倒されるようになった。腹話術は、隠れたスピーカーのように人形から声が出てくるだけではなかった。まだ名人とは言えない私にも奇妙なことが起こり始めた。人形が性格をもつようになり、意識もあるかのように感じられ出したのだ。私たちの脳には、人形にも心があると思ってしまうようなしくみがあるのは間違いない。しかし、そのしくみは腹話術のために進化したのではない。社会的動物である私たちヒトは、つねにこのしくみを他者に対して用いている。私はだれかと話す時、その人の思考や感情や意識を自動的に感じとっている。もちろん、その人の心を直接知覚しているわけではない。私の脳は、心の簡易モデルを作ってその人に投影し、息子が人形に感じたのと同じようにその人を感じているのだ。

このプロセスは人間以外にも適用される。私たちはペットのイヌやネコにも意識があるように思うし、自分が育てている植物に意識があると言う人もいる。古代の人々は木々や川が感覚をもつと信じていた。子どももお気に入りのおもちゃに心を感じとる。そう言えば、私もこの間コンピュータに腹を立てたっけ。だから、ここで言っているのは、なにかに心があるかどうかを頭で考えたり、その心のうちを理詰めで推測したりする（もちろん、時にはそうすることもあるが）といったことではない。私が言っているのは、あるものから意識のエッセンスが発せられているという、自動的で本能的な直観のことである。それは誤ることも多いが、時には有無を言わせないほどの説得力をもつことがある。

腹話術について考えるうちに、私は、私自身がもつ意識も、他者に意識があると感じるこれらの例も、出所は同じなのではないかと思うようになった。それらには次のような統一的説明が適用できるかもしれない。すなわち、私たちは自動的に心のモデルを作り、それを自分自身や他者に投影している。意識があるという謎めいた直観、すなわち私に、あなたに、このペットやあそこの物体に意識が宿っているという確信は、これらの単純化された、しかし有用なモデル――世界を理解するために脳が構成する情報の集合――にもとづいているのかもしれない。

これは会話するぬいぐるみから得た重要な洞察だった。その洞察は、私を意識という研究テーマに向かわせることにもなった。

それまでの二〇年間、私は、脳がどのように身体のまわりの空間をモニターしているか、どのように空間内での身体の複雑な動きを制御しているかを研究していた。[1] これは神経科学の伝統的なテーマのひとつである。神経科学におけるこの基本的なバックグラウンドが、意識の理論の構築に役立つことになった。二〇一〇年に、私は同僚らとともに、神経科学や心理学、進化学の研究にもとづき、さらに工学的な視点も採り入れて、注意スキーマ理論と呼ぶものを構想し始めた。[2] この新しい理論は、意識の科学的研究における大きな変化の一端をなしている。[3] この理論は、物質である脳がどのようにして意識という非物質的特性を生み出すのかという、いわゆる意識の「ハードプロブレム」を解くものではない。[4] 代わりに、なぜ人はそもそもハードプロブレムがあると思ってしまうのか、なぜこの誤った直観が私たちの深いところに組み込まれていて、変えることができないのか、なぜそれが脳のはたらきに有利なのか、あるいはもしかすると必要ですらあるのかを説明する。

私ははじめ、この注意スキーマ理論を社会的相互作用の観点だけから考えていた。しかしこの理論は、脳のより一般的な特性、すなわちモデルにもとづく知識に依拠している。[5] 脳が作り上げるこの内的モデルは、高次の思考や言語が関与することなく、ぶくぶくいう湧水の気泡のように、たえず自動的に生まれ変化し続ける豊かな情報の集合である。この内的モデルは、モニターすべき重要な項目——外的な対象のことも、自己の側面のこともある——を表象している。これらの表象は、現実のものを描いた印象主義やキュビズムの絵のように、単純化され、歪められているが、私たちはその内容を伝える時、あたかも文字通りの現実であるかのように、それを説明する。それは私たちのなかに組み込まれており、そう報告するしかない。まわりの世界についての直観的理解と自分自身についての理解は、つねに歪められ単純化されているが、それはこれらの内的モデルにもとづいているのだ。

この理論では、自分自身についての直観、つまり意識が「機械のなかの幽霊」[6]とも呼ばれる非物質的な内的エッセンスであるという直観は、特定の内的モデルから生じると考える。私はこれを「注意スキーマ」と呼んでいる（そう呼ぶ理由については第3章で述べる）。この注意スキーマは、脳がどのように情報をとらえて深く処理するのかについての単純化された記述である。この記述は、脳が自身の内的能力を理解してモニターするための効率的な方法である。こうした内的モデルは、他者の行動をモニターし予測するのにも使われる。

この注意スキーマにもとづくアプローチは、時に意識を軽く見たり過小評価しているように聞こえるかもしれない。しかしそうではない。私たちが意識をもつことを教えるこの内的モデルは、深く、豊かで、連続していて、そしておそらく必要不可欠である。知覚も、思考も、行為も、社会的相互作用も、私たちのするほぼすべてのことは、この内的モデルがなければうまく機能しない。

本書では、「意識」「主観的アウェアネス（気づき）」「主観的体験」ということばをほぼ同義で用いるが、ほかの研究者は必ずしもそうした用い方をしていない。とりわけ「意識」という用語は、多様な使われ方をすることで悪名高い。ここでは、「意識」がなにを意味するかを説明する前に、まずなにを意味しないかを明確にしておこう。意識は時に、自分が何者かを知ること、これまでの人生で自分がなにをしてきたかを理解することとされる。また自分のまわりの世界を処理して、それにもとづいて知的な判断を下す能力とみなされることもある。しかし、私の言う意識はこのどれでもない。

内的体験の代表的な例は、「意識の流れ」と呼ばれる、つねに変化し続ける万華鏡のような心の中身だろう。よく知られているように、ジェイムズ・ジョイスが一九二二年に発表した小説『ユリシーズ』のなかでとらえようとしたのは、頭のなかのこの喧噪《けんそう》である。(7) ジョイスは、めまぐるしく変化する光景や音や触感を、味や匂いを、湧き上がってくる最近の出来事や遠い過去の思い出を、進行中の内なる対話を、そして葛藤する感情や空想をこと細かに綴《つづ》った。その内容の一部はスキャンダラス過ぎたため、最初この小説は発禁処分になった（ちなみに、アメリカでは「合衆国 vs. ユリシーズ」裁判として一九三三年に判決が出たが、その判決は現代の猥褻《わいせつ》の法的定義を与えた）。しかしこれも、「意識」と言う時に私が意味するものではない。こうした意識の流れは明確に定義されているわけではなく、ジョイスのこの一冊でさえ、科学的な研究の手に余る。

代わりに、いろいろなものが入ったバケツを想像してみよう。ジョイスがやったみたいに、入っているものを列挙してみることもできるが、もっと基本的な問いかけをすることもできる。このバケツはいったいなんだろう？　中身のことはひとまず気にしないでおこう。バケツはなにでできているのだろう？　どこから来たのだろう？　私たちはどのようにしてなにかを意識するようになるのだろう？　意識はたんに私たちのなかにある情報なのではない。というのは、脳には膨大な量の情報があるが、一時に意識できるのはほんのわずかな情報に限られるからである。その限られた情報になにかが起こらないかぎり、私たちはそれを意識しない。なにがそれを起こすのだろう？　現在の哲学者や科学者は、この具体的な疑問に関心を寄せている。[8]「意識」という用語は、意識される内容よりは、「意識する」という行為を意味している。

哲学においては、はじめは意識の流れのなかの内容に焦点があてられていたが、しだいに関心は意識するという行為に移ってきた。私は、この変化がこの半世紀におけるコンピュータ技術の発展と関係があると思っている。情報技術が発展するにつれて、心のなかの情報内容はふしぎなものではなくなったが、一方で、その内容を意識するという行為、そうした意識体験をするという行為のほうがはるか遠くにあって解き難く感じられるようになった。例をいくつか挙げてみよう。

デジカメをコンピュータにつないで、取り込んだ視覚情報を処理するシステムを作ることは可能である。コンピュータは、色、形、大きさを抽出し、映っているものがなにかを特定できる。

人間の脳もこれと似たようなことをしている。違いは、人間の場合には、なにを見ているかという主観的体験があることだ。見ているものが赤いという情報を記録するだけでなく、赤さの体験もしている。見るとは、なにかを感じることだ。現在のコンピュータは画像の処理はできるが、どうすればコンピュータにその情報を意識させられるかという問題は、まだ工学的には解決されていない。

次に、より個人に関わる例として、これまで自分が体験してきたこと、つまり自伝的記憶を考えてみよう。たえず湧き上がってくる思い出は、ジョイス風の意識の流れの典型的な例だ。しかし、記憶を貯蔵し検索する機械を作ることはできる。あらゆるコンピュータがその機能をもっており、科学者は、脳のなかに記憶がどのように貯蔵されているかについて、詳しくはわからないにしても、一般原理は知っている。記憶は謎でもなんでもない。記憶も意識を引き起こすものではない。この場合も、意識のなかにあるもの——ここでは記憶——は、それを意識する行為と同じではない。

最後の例は意思決定である。人間の意識における謎を挙げるとするなら、意思決定の能力も候補になるに違いない。私たちは情報を取り込み、処理し、評価し、次にすることを選択する。しかしこの場合も、意識は意思決定の本質的な部分ではない。コンピュータはみな決定を行なう。ある意味で、これはコンピュータの定義そのものである。コンピュータも情報を取り込み、処理し、その情報を使って、多くの動作のなかからひとつを選択する。一日数万回にもおよぶ人間の脳が行なう決定のほとんどは、主観的体験なしに自動的に起こる。自分が意思決定をしていると気づくのはほんの少数の例に限られ、私たちはそれを意図とか選択とか自由意志と呼んでいる。しかし、意思決定の能力そのものは意識を必要としない。

こうした例やほかの多くの例にもとづいて、そしてコンピュータ技術の進歩——とくに工学分野では意識の内容についての理解が急速に進みつつある——にともなって、意識の内容と意識する行為が明確に区別されるようになった。私の関心は後者に、意識するという行為のほうにある。どのようにして私たちはなにかについての主観的体験をもつようになるのだろうか？

焦点の当て方が狭過ぎると思う人もいるかもしれない。私はよく次のように聞かれる。記憶はどうか？　意識的選択は？　自己理解は？　意図や信念は？　これらは意識にとって必須ではないのか？　もちろん、みな重要な問題であり、人間の意識のバケツのなかにある重要な品目だということは認めよう。しかし、根本的な謎ではない。それらは情報処理の問題であって、どうすればそれらを人工的に作れるかという原理は、少なくとも想像することができる。根本的な謎はバケツそれ自体だ。意識とはなんだろう？　なにからできているのだろう？　ものごとは意識のなかにどのように入り、入ることでなにを獲得するのだろう？　そして脳のなかで意識にたどり着くものは、どうしてそんなに少ないのだろう？

学者たちはこれまで、意識のようにとらえどころのないものは、科学的に解明することなどできないと考えてきた。しかし最新の研究から、私は、視覚情報処理、記憶、意思決定など、その内容を構成する具体的な項目と同様に、意識も理解することができるし、構築することも可能だと確信するようになった。

私はこれまでも何度か意識について書いてきたが、今回は一般の読者に向けて書いている。本書では、生物学的な脳と人工的な機械の両方に適用可能な意識についての科学的理論を、できるだけ平易に解説したいと思う。

第2章から第5章では進化をあつかう。脳を作り上げる細胞であるニューロンが六億年ほど前に出現したところから始めて、神経システムの複雑さの進化について述べる。そのなかでは部分的に注意スキーマ理論についても言及するが、この理論そのものについては第6章で紹介する。

第7章では、注意スキーマ理論がほかの理論とどう関係するのかを論じる。注意スキーマ理論は、半ダースほどある意識についての主要な科学的理論のひとつと位置づけられる。私の印象では、これらの理論は必ずしも互いに対立するものではない。私は、どれに軍配があがるかを、手をこまねいて待つべきではないと思う。これらの理論は確かに違ってはいるし、賛成できないものも多くあるが、いくつかの理論には奇妙な、隠れたつながりがある。そしてすべての理論が重要な洞察を与えてくれる。私には、見解の一致の兆し——それぞれのアイデアがつながったものと言ったほうがよいかもしれない——が見え始めているように思える。

第8章と第9章では、意識に関するテクノロジーがなにをもたらすかについて述べる。私たちの知識と技術は意識を作れるまでになりつつあり、それが実現した暁には、新しいテクノロジーが私たちの文明を大きく変えてしまう可能性もある。機械に意識をもたせることは最初のステップに過ぎない。もし意識を作り出すことが技術的に可能なら、あるデバイスから別のデバイスに心を移すことも、原理的には可能ということになる。その道のりははるか遠いにせよ、理論的には、ヒトの脳から心に関係するデータを読みとることも、その心を人工的なプラットフォームに移すことも可能なはずである。[9] 新しいテクノロジーは、心が限りなく生き続けることを可能にし、生身の人間の行けない環境を探索することを（それこそ恒星間の移動も）可能にするかもしれない。行く手を阻む物理法則はない。そのための装置や機械がまだ発明されていないだけのことである。

もし意識が科学的・工学的観点から理解できるのなら、この話題はもはや哲学的な議論にとどまらない。それは急を要する現実の問題になる。本書では、意識の利用がどのようなテクノロジーの未来を導きうるのかも考えてみよう。その未来は明るいかもしれないし、あるいは見るからに恐ろしいものかもしれない。いずれにしても、いま確実に言えるのは、意識が科学的に解明され、意識を人工的に作ることができる時代が、すぐそこまで来ているということである。

2　カブトガニとタコ

自己増殖するバクテリアのような生物が最初に地球上に誕生したのは、およそ四〇億年前のことだ。それから長い間、生物は単細胞であり続け、六億年か七億年前までは神経システムのようなものは存在しなかった。注意スキーマ理論では、意識は情報を特別な方法で処理する神経システムによるものと考える。この理論の要《かなめ》になるのは注意であり、これは高度な知能の要でもある。限りある脳の処理資源を、その時々で少数のものにだけあて、より深く処理する能力、それが注意だ。ここから第5章までは、どのように注意が初期の動物からヒトへと進化してきたのか、そしてそれにともなってどのように意識という特性が現われたのかを見てゆくことにしよう(1)。

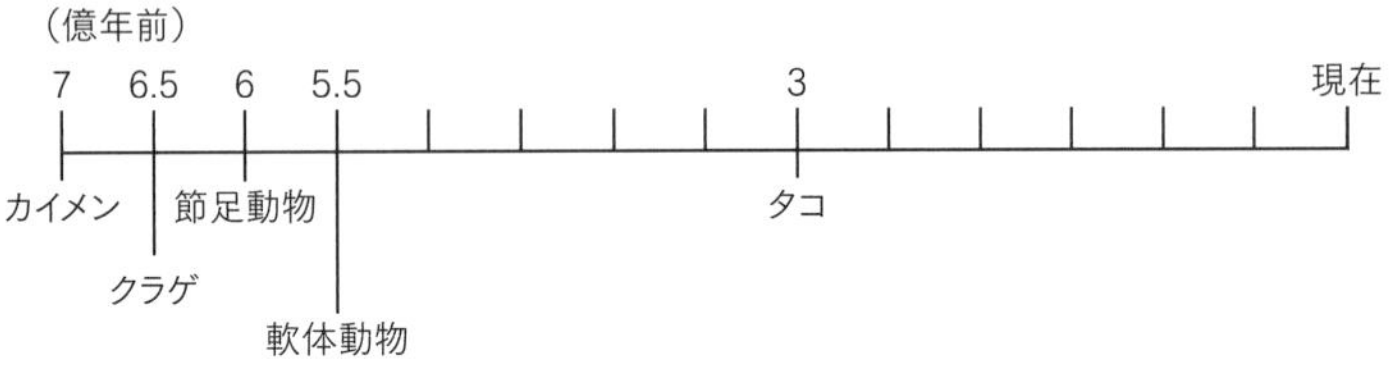

図1　本章に登場する無脊椎動物が最初に出現したおおよその年代

まずはカイメン（海綿）から。この動物は神経システムの出現を考える上で重要な示唆を与えてくれる。カイメンは、すべての多細胞動物のなかでもっとも原始的な生き物で、分化した器官をもたず、手も足も筋肉もなく、神経もない。海洋底にいて、海水を濾過《ろか》して残った栄養素を摂取する。一方で、カイメンは、ヒトでは神経システムを構築するのに使われる遺伝子を少なくとも二五もっている[2]。カイメンの場合、それらの遺伝子は細胞間のコミュニケーションに関与しているらしい。カイメンは神経システムの進化のスタート地点近くにいるように見える。カイメンとヒトの共通祖先は、およそ六億年から七億年前にさかのぼる[3]（図1参照）。

これに対して、太古の時代におけるもうひとつのタイプの動物、クラゲには神経システムがある。クラゲが化石として残ることはまれだ。しかし、ほかの動物との遺伝的関係の分析から、クラゲが分かれたのはおよそ六億五〇〇〇万年前だと推定されている[4]。この数字は、新たなデータによって多少変わることもあるにせよ、ほぼ妥当なものと言っていいだろう。この年代にもとづけば、神経システムの基本的細胞単位であるニューロンが動物界に最初に出現するのは、カイメンとクラゲの間のどこか、六億年より少し前ということになる。

ニューロンは基本的に電気信号を送る細胞である。ニューロンの細胞膜の内側と外側の間に生じた電位差が秒速六〇メートルの速さで細胞内を駆け抜け、ほかのニューロンや筋、腺に影響をおよぼす。最初の神経システムは、体中に張られた筋を相互に連結する単純な神経網だったのだろう。ヒドラはこの散在神経網の原理ではたらく。(5) ヒドラは多数の触手をもつ花のような形をした半透明の水生の生き物で、クラゲと同じ腔腸動物に属している。どこでもいいが、ヒドラの体を触わると、散在神経網がその信号を無差別に広げ、体全体が引きつる。

散在神経網は情報を処理しない。体全体にただ信号を伝えるだけだ。それは感覚刺激（触刺激）を筋肉の出力（全身の引きつり）につなげている。しかし、散在神経網の出現ののち、神経システムはすぐに次のレベルの複雑さを進化させた。それは、ある信号をほかの信号よりも相対的に強める能力である。この単純だが強力な信号増幅のしくみは、ニューロンが情報を操作する基本的な方法のひとつである。それは脳内で行なわれるほとんどすべての計算の基本だ。

詳しく調べられている例のひとつがカブトガニの眼である。(6) カブトガニは、ニューロンがひとつ入った検出器がびっしり並んだ複眼をもつ。光がひとつの検出器にあたると、そのなかのニューロンが興奮する。ここまでは順当だ。しかし、その後が少し複雑で、それぞれのニューロンはすぐ隣のニューロンに連絡しており、これによりニューロンどうしが張り合うことになる。ある検出器のニューロンが興奮すると、そのニューロンは隣の検出器のニューロンの活動を抑制し興奮できなくするのだ。ちょうど人混みのなかで大きな声を張り上げる人が、すぐ隣にいる人たちを黙らせるように。

こうして、もし輪郭のぼやけた光のスポットがカブトガニの眼にあたり、そのもっとも明るい部分がひとつの検出器を刺激したとすると、その検出器のニューロンが一気に興奮し、隣接する検出器の活動を抑制する。眼の検出器全体で見ると、その活動パターンは、明るいスポットがあるということだけでなく、その周囲が暗いということも伝える。このようにして信号が強められる。カブトガニの眼は、実際にはぼやけたグレースケールの像を、明暗を強調することによって高コントラストの鮮明な像にするのだ。この信号の強調は、ニューロンが隣接するニューロンを抑制すること、すなわち「側抑制」と呼ばれるプロセスの直接の結果である。[7]

カブトガニの眼にあるこのメカニズムが、注意のもっとも単純で基本的な例、いわば初期モデルなのは間違いない。信号どうしが競い合い、競争に勝った信号は負けた信号を犠牲にして強められ、この勝った信号が動物の行動に影響をおよぼすようになる。これこそが注意の計算の本質だ。私たち人間の注意も構成要素は同じで、より精巧なバージョンに過ぎない。この側抑制のしくみは、人間の神経システムにおいて、眼から大脳皮質のもっとも高次の思考にいたるまで、どの処理段階にも見られる。注意の進化的起源は、五億年以上も前にさかのぼる、驚くほどシンプルな発明だった。

カブトガニは、昆虫類やクモ類、甲殻類などからなる節足動物というグループに属している。

節足動物は外骨格と体節をもつ動物で、およそ六億年前にほかの動物から枝分かれした。[8] 絶滅した節足動物のなかでもっとも有名で人気があるのは三葉虫だ。三葉虫は多数の体節と肢をもち、見かけはミニチュアのカブトガニといったところ。五億四〇〇〇万年前のカンブリア紀の海底を這《は》いまわっていた。三葉虫が死んで海の底の細かなシルトに沈んだ時、その複眼が時に驚くほど精密に化石化することがあった。[9] もし三葉虫の化石を見る機会があったら、そのふくらんだ眼を拡大鏡で観察してみることをお勧めする。個々の検出器がモザイク状に規則正しく並んでいるのが見えるはずだ。その細部から判断するに、三葉虫は現代のカブトガニとよく似た眼の構造をもっていた。おそらく、太古の海底でものをはっきり見るために、隣り合う検出器間の側抑制のしくみを備えていたと考えられる。

「局所的」注意が体のあちこちにあるような動物を想像してみよう。この動物では、体のそれぞれの部位は別個の装置のようにはたらいて個々に情報を収集し、もっとも顕著な信号を感知する。眼のひとつが言う。「ここの点はやけに明るいな。ほかは気にしないようにしようっと」。一方で、それとは関係なしに脚のひとつが言う。「ちょうどいま、ここを強く突かれたんだ。まわりは無視していいや」。この機能しかもたない動物は、物理的に接着された個別の器官の集合体のようにふるまい、それぞれが独自の信号を叫び、独自の行動をし始める。その動物の行動は、混沌としたものになるだろう。

周囲の環境に対して適切な反応をするために、動物は注意を一カ所に集める必要がある。眼、胴体、四肢、耳、化学センサーなど、さまざまな情報源が情報をひとつの場所に集め、包括的な選別や信号間の競争を行なうことはできるだろうか？　情報が収斂《しゅうれん》すれば、環境内のもっとも鮮明なもの、その時点でもっとも重要そうなものをその動物が選択して、単一の有意な反応を生み出せるようになる。

進化のどの年代にこうした一元化された注意が出現したのかは、わかっていない。これはひとつには、そのような注意がどの動物にあってどの動物にないかがはっきりしないからである。次章で述べるように、脊椎動物には注意の中央処理装置がある。しかし無脊椎動物では、注意のメカニズムは十分には研究されていない。ミミズなどの環形動物やナメクジなど、多くの動物には中枢神経にあたる脳がない。代わりに、ニューロンの集合体である神経節が体全体に分布し、局所的な計算を行なっている。[10]おそらく彼らには一元化された注意はない。

昆虫、クモ、カニなどの節足動物は、一元化された注意をもっている可能性が高い。彼らは脳、もしくは頭のなかに体内で最大のニューロンの集合体をもつ。[11]この大きな神経節は、ひとつには視覚の必要性のゆえに進化したのだろう。眼が頭についていて、視覚がもっとも複雑で情報量の多い感覚であるため、頭にはもっとも大量のニューロンが存在する。嗅覚、味覚、聴覚、触覚の情報の一部も、この中央にある神経節に集まる。一般に思われているより、昆虫は賢い。ハエを叩こうとしてもほとんど逃げられてしまうが、これは必ずしも単純な反射によるものではない。

ハエは、一元化された注意と呼べるものをもっているのだろう。つまり、調整された反応をするために、その時々でまわりの世界のもっとも重要な部分に、即座に処理資源をあてる能力をもっているのだ。[12]

タコは驚くべき知性をもつという点で、無脊椎動物界のスーパースターだ。彼らは、二枚貝や巻貝といった軟体動物の仲間である。軟体動物が最初に出現したのはおそらく五億五〇〇〇万年前頃で、それからしばらくの間は、少なくとも神経システムの構造においては、シンプルな造りのままだった。[13] やがてそこからひとつのグループが、複雑な脳と洗練された行動を進化させた。タコやイカなどの頭足類である。彼らは三億年前にはほぼ現在に近い形になったと考えられている。[14]

タコやイカは、私たちとはまったく異質の生き物であるように見える。[15] 生物の系統樹において、私たちとこれだけ遠く離れている知的な動物はほかにいない。このことは、進化の歴史において大きな脳と知性が生じたのが一度限りの出来事ではなかったことを示している。知性は少なくとも二度、一度は脊椎動物において、もう一度は無脊椎動物において、独立に進化した。

タコはすぐれた視覚的捕食者だ。すぐれた捕食者でいるためには、獲物よりも賢く、動きも俊敏でなければならない。視覚によって獲物を探し認識する作業には、膨大な量の計算が求められる。これほどさまざまな情報が大きな滝のように流れ込む感覚器はほかになく、そのなかから有用な情報だけに焦点を絞るための巧妙な方法が必要になる。したがって視覚的捕食者にとっては、注意がきわめて重要となるのだ。おそらくこうした生活様式が、タコの知性の拡大と関係しているのだろう。

理由はともあれ、タコは並外れた神経システムを進化させた。タコは道具を使うことができ、問題解決ができ、予想もしなかったような創造性を発揮する。[16] いまや古典となったデモンストレーションでは、ガラス瓶に入ったごちそうをとるために、蓋を回して瓶を開けることもできる。タコは脳だけでなく、それぞれの腕に独立した小さな情報処理機構ももつため、ユニークなことに、集中型と分散型の制御が混在している。[17] 彼らは自己モデル——自分の体と行動をモニターするための、たえず更新される一連の豊かな情報——をもっているようだ。工学的観点から言えば、タコが効率的に行動するためには自己モデルが必要である。たとえば、タコは動きの調整をするために、自分の体の形と構造を把握する一種の身体スキーマをもっている（おそらく腕の一本一本もそれぞれの腕スキーマを備えている）。そういう意味では、タコは自分自身について知っていると言える。自分自身と外界についての情報をもち、この情報が複雑な行動を生んでいる。

とはいえ、これら目を見張るような特性がすべて揃っているからと言って、ただちにタコが意識をもつということになるわけではない。

意識の研究者は、行動の選択に影響を与えるような入力情報の処理を言う時に、「客観的気づき」という用語を使うことがある。[18] このかなりゆるい定義に従えば、電子レンジは時間設定に気づいているし、自動運転車は迫り来る障害物に気づいていると言える。そう、タコは自分自身に、そしてまわりのものにも客観的に気づいている。タコはその情報をもっているからだ。

では、タコは主観的に気づいているだろうか？　もしタコが話すことができたなら、私たちと同じように主観的な体験をしていると言うだろうか？

タコに聞いてみることにしよう。行なうのは少しSFがかった思考実験だ（この簡便な思考実験はこれからも何度か登場する）。情報をことばに翻訳するちょっと変わった装置（スピーチネイト5000と呼んでおこう）が手元にあることにして、これをタコの頭につないでみよう。すると、その脳のなかにある情報が言語化される。

タコの視覚システムが近くの魚についての情報をもっているなら、「魚がいるな」といったことを言うだろう。装置は次のようにも言うかもしれない。「オレにはどんなふうにも動かせる脚が何本もあるんだぜ」。あるいは「瓶から魚を取り出すには、この丸くなった部分を回す必要があるな」など。ほかにも、タコの神経システムに含まれる情報にもとづいていろいろなことを言うだろう。でも、次のように言うかどうかはわからない。「オレはこの魚についての主観的で、オレだけの体験――つまりは意識ということだけど――をもっている。オレはそれを処理しているだけじゃなくて、体験もしてるんだ。魚を見ることはなんか特別なことなんだよな」。私たちは、タコの自己モデルがなにを言うのかを知らないので、タコの脳にこのような情報があるのかどうかがわからない。もしかすると、タコには意識にあたるなにかをモデル化したり、そうした特性を自身に帰属させるしくみがないかもしれない。その場合には、意識はタコには無関係ということになる。

タコの意識についての難問は、動物がいかに複雑で知的になりうるかを考える上でよい例題と言える。一方で、私たちはいまのところ、タコの主観的体験の疑問について、あるいはその疑問がタコにとって意味があるかどうかということにさえ答えることができない。

おそらく、この混乱の原因のひとつは、まわりのものに意識を帰属させてしまうという、ヒトのもつ自動的で強力な衝動にある。第1章で指摘したように、私たちには、ぬいぐるみに、さらにはそれよりもふさわしくないものにまで意識を見てしまう傾向がある。自分が育てている草花に意識があると信じている人もいる。複雑で豊かな行動と注意深げな大きな眼をもつタコは、見る人の心の内容が反映される「インクのしみテスト」のようなものであり、私たちの社会的な心を引き出す。私たちは、タコがまわりの世界についての客観的情報をもつことを知っているだけでなく、感情のこもったその眼を見ると、彼らも主観的意識をもっているように感じてしまう。しかし実際のところ、それが本当かどうかはわからない。私たちがタコの意識について語る時、それはタコ以上に私たち自身のことを語っている。この点において、タコの研究者はもっとも信頼のおけない観察者になってしまうおそれがある。なぜなら、彼らはこのすばらしい生き物に心を奪われている人たちだからだ。第5章では、広く見られる意識のこの人間的な側面――どのようにそれを社会的道具として用い、まわりの対象に反射的に意識を帰属させているか――をとりあげる。

誤解があるといけないので言い添えると、私はタコが意識をもたないと言っているのではない。しかし、タコの神経システムはいまのところ十分にはわかっていないので、タコの脳と私たちの脳の構造や構成の比較はまだできないし、そのアルゴリズムと自己モデルがどの程度似ているかも推測できない。こうした比較をするには、まずは私たち自身の系統、脊椎動物の神経システムを見ることから始める必要がある。

3　カエルの視蓋

子どもの頃の一時期、私はニューヨーク州北部の農家で暮らした。毎夏、家の裏手の池で一匹の大きなウシガエルが求愛の歌を大音量で歌うのが、一晩中聞こえた。私はそのカエルをエルヴィスと名づけ、小さな声でそれに応えるほうをプリシラと名づけた。それ以来私はカエルが好きになり、神経科学の道に進んだ時には、彼らの頭のなかでなにが起こっているかを読みとることに関心を寄せた。

カエルの脳には、視蓋《テクタム》と呼ばれる器官がある。テクタムはもともとラテン語で「屋根」を意味するが、脳の場合には、そのてっぺんにある大きく際立った隆起を指す。これはカエルだけにある器官ではない。視蓋についてよく調べられてきたのは両生類だが、視蓋は魚類、爬虫類、鳥類、哺乳類にもある。私たちの知るかぎりでは、これは脊椎動物だけがもつ器官である。五億年ほど前、脊椎動物の共通祖先である小さな無顎類の魚で視蓋が進化し、その子孫がみなこの器官を受け継ぐことになったと推測できる。[1]

ヒトにも視蓋にあたる器官があるが、いまは脳のてっぺんにはない。私たちの進化の歴史において脳の構造が幾重にも拡大したため、それらの下にかなり小さな塊として、正中線を挟んで左右にひとつずつ存在する。哺乳類（ヒトもだが）の場合には、それは「上丘《じょうきゅう》」と呼ばれている。

脊椎動物の進化の長きにわたって、視蓋は知的達成の極みだった。それは脳の中心にあって、洗練された計算をするもっとも複雑な処理装置だった。カエルでは、視蓋は視覚情報を取り込み、外界を文字通りマップにする。[2] 丸みのある視蓋表面の各点は、カエルの視野の各点に対応している。カエルの右脳の視蓋には左眼の視野の整然としたマップがあり、同じく左脳の視蓋には右眼の視野のマップがある。カエルのまわりで黒いドットがジグザグに動くと、眼はこの情報を取り込み、視神経は信号を視蓋に送り、視蓋は一連の筋肉の制御を開始させる。その結果、驚異的な正確さで舌が発射され、飛んでいたハエをからめとる。

こうした入出力装置の原理をとりわけ鮮やかに示してみせたのは、神経科学者のロジャー・スペリーだった。一九四〇年代、彼はカエルに外科手術を施し、眼を取り出して上下左右を逆転させ、もとに戻した。[3] カエルは驚くべき再生能力を示し、眼は生き返った。視神経は眼から視蓋へと再び伸び、内的な視覚マップを再形成した。手術から回復してまたものが見えるようになると、カエルは頭の上を飛ぶハエを捕ろうして、舌を床に向けて突き出すようになった。ハエが右側にいる時には、舌を左側に突き出した。カエルの視蓋は、特定の視覚入力を集めて対応する出力へと結びつける、シンプルで美しいぐらいに効率的な機械だった。可哀そうなことに、このカエルは狙って舌を出しているのに、エサがまったく捕れなかった。そのままでは餓死してしまうので、人の手でエサを口に入れてやらねばならなかった。

カエルの視蓋は視覚だけを担当するわけではない。耳からの情報や、皮膚の触覚受容器からの情報も視蓋に集まってくる。[4] カエルの体表面のマップ、まわりの聴空間のマップ、そして視空間のマップは、視蓋で部分的に統合される。それは両生類の脳におけるもっとも高次の統合であり、この中央処理装置は環境内のあちこちからやってくるバラバラの信号をまとめ、その時々で起こっているもっとも重要な出来事に焦点を合わせて反応を引き起こすのだ。[5] 視蓋はカエルにおける注意メカニズムの中枢である。

コンピュータ・エンジニアが回路基板を調べるように、神経科学者は驚くほど精密に脳を調べることができる。標準的な方法のひとつは微小電極法だ。微小電極はまわりが樹脂などで絶縁された細い金属線で、先端部分が一マイクロメートルほどの細さになっており、そこだけ絶縁されずに裸の状態で露出している。ミニチュアの探知器のように、この電極の先端部分は、そのすぐそばで起こる電気的活動を拾うことができる。電極の後部からは電線が長く伸び、装置に接続されている。微小電極は精密な位置どりが可能で、狙った脳の領域を調べるために数マイクロメートル刻みで位置を動かせる。

この装置は超高感度で、脳のなかの個々のニューロンの活動が測れる。ニューロンが近隣のニューロンへと信号を送る時、微小電極はこの小さな電気パルスを検出する。この信号は増幅されてスピーカーへと伝えられ、実験者にはそれがクリック音として聞こえる。ひとつのニューロンは通常、一秒間に数回以下の頻度でランダムにパルス信号を発しているが、ニューロンを興奮させる出来事が起こると、一秒当たり一〇〇回ほどの頻度で爆発的に信号を発するようになる。神経科学者のもっとも胸躍る愉しみのひとつは、測定しているニューロンのクリック音に聞き入って、そのニューロンが脳のなかでどんな役割をはたしているのかを想像することだ。

カエルの視蓋のなかにある個々のニューロンは、検出器のようにはたらく。[6] これらのニューロンは、特定の空間領域（たとえば頭のすぐ上の空間とか）をモニターしており、その空間に物体が入って来た時にパルス信号の頻度が増加する。ニューロンにはそれぞれの役割がある――たとえば、あるニューロンは特定の動きをする視覚刺激を担当し、別のニューロンは触覚を担当し、また別のニューロンは聴覚を担当するといったように。ただし、そうしたニューロンのうち少なくとも一部は多感覚だ。多感覚ニューロンの場合、たとえば頭上に動く物体が見えても、頭上から音が聞こえても、真っ暗ななかで頭を触られても、同じように反応し、脳のほかの部位にその信号を送る。複数の種類の感覚が合わさって、すぐそばの物体について同じメッセージを伝える時、視蓋のなかのそのニューロンはとりわけ活動的になる。そこでの計算は次のように言っているようだ。「兆候はひとつあればいいんだけど、それが二つも三つも。だとすると、ほんとに重要なことが起こってる！」(7)

この基本的な実験手法は、方向を逆にして用いることもできる。電極を通して逆に電気パルスを送り込み、電極に近接するニューロンを興奮させるのだ。この手法は微小刺激法と呼ばれる。電気刺激は微弱なため、人間の皮膚ではなにも感じない程度だが、ニューロンを刺激して信号を出させるには十分だ。微小刺激法は次の問いを可能にする。「もし電極の先端に近接する少数のニューロン群を人為的に興奮させたら、ニューロンはその動物になにをするよう命じるだろうか？」

サンショウウオの視蓋を電気的に刺激すると、サンショウウオは獲物がいないにもかかわらず、よく調整された複雑な動作をする。(8) 体の向きを変え、口を開け、舌を伸ばし、前肢を広げ、細く長い指を獲物を摑める形にする。空間内のどこであっても、視蓋の特定の位置にあるニューロンがモニターしており、それらのニューロンが電気的に刺激されると、サンショウウオは対応する場所へ手を伸ばすのだ。

イグアナの場合は、視蓋のマップ上のある点を刺激すると、体と頭と眼が向きを変え、そのマップの点に対応する空間を直視する。(9)

魚の場合は、視蓋を刺激すると、体を空間内の対応する方向に向ける。[10] この場合、特定の場所に正確に向くのは、たんに首を回すというような簡単なことではなく、ひれとまわりの水の複雑な相互作用も関係してくる。

ガラガラヘビやマムシの場合には、空間内の熱の感知も加わる。これらのヘビは、眼と鼻孔の間に熱を感じるのに特化した一対の器官をもち、赤外線を感じとれる。この器官は視蓋に情報を送るが、視蓋には視空間のマップに重なるように熱信号のマップがある。[11] この多感覚のマップによって、彼らは獲物に頭を向け、正確に攻撃を加えることができる。

フクロウの視蓋では、視覚マップが聴覚マップと対応している。[12] 狩りの際、フクロウは獲物を見ることによっても、暗闇でその獲物のたてる音を聞くことによっても、正確な位置を狙える。サルの上丘を刺激してみよう。すると、頭と眼の素早い動きが引き起こされる。サルは上丘のマップに対応する方向を向くのだ。[13] 私はヒトの上丘を電気的に刺激した研究は知らないが、私たちは霊長類の一員なので、おそらくサルと同じメカニズムを備えている。私たちがなにかを見るためにそちらを向く時、とりわけ思いがけない出来事が反射的な方法ですばやくそちらを向かせる時、上丘がこの十分に調整された自動的な動きを生み出している。

脊椎動物はみな、視蓋（上丘）をほぼ同じようなやり方で用いている。それは感覚情報を集め、近くで起こるもっとも刺激的な出来事を選別し、感覚器官を物理的にその出来事のほうに向けさせる。

このような定位行動は「顕在的注意」と呼ばれる。[14] まわりではたくさんの出来事が起こっているが、脳はそれらすべてを処理することはできない。そのため、脳はこの基本的問題を顕在的注意によって解決する。重要なものだけをピックアップして、残りはカットするのである。もし眼と耳をひとつの対象に向けさせることができるなら、ほかの重要でないものは自動的にカットされる。視蓋がするのはこの仕事だ。脊椎動物の脳の進化において、視蓋は最初に登場した注意の中央制御装置である。

大部分の人が「注意」ということばから連想するのは、この顕在的注意のことが多い。このことばの口語的な意味では、いま見ているものがいま注意を向けているもの、ということになる。それから眼を離せば、あるいはそれに背を向けてしまえば、もうそれに注意を向けていないことになる。

しかし当然ながら、見ることは注意に関する話題の一部でしかない。たとえば、生徒は机の上の紙を見ていたずら書きをしながら、教師に潜在的な注意を向けることができる。あるいは、だれかがあなたのことを話しているのが聞こえてきたとしよう。そちらを振り返って見なくても、あなたの注意、あなたの処理資源は潜在的にその会話に向けられている。あるいは椅子に座って、夢想している場合。眼は虚《うつ》ろに天井を見ているのに、あなたの注意はそこにはないものに向いている。これらの例では、眼で見ているものに注意は向いていない。この複雑で潜在的なタイプの注意は、顕在的な定位行動だけを司《つかさど》る視蓋（上丘）の仕事の埒外《らちがい》にある。視蓋が注意の中枢であるカエルは、潜在的注意ではなく、顕在的注意だけを向けることができる。カエルはまわりで起こる出来事に自分の体を向けることができるのだ。

顕在的にせよ潜在的にせよ、注意は制御できなければ意味がない。しかし、制御は工学的に簡単な問題ではない。制御するものをしっかりモニターする必要があるのだ。この進化の物語のなかで、私たちは初めて情報を処理できる細胞や、直接注意を向けることのできる動物だけでなく、「注意スキーマ」を構成する脳システムと出合うことになる。注意スキーマとは、注意をモニターする一連の情報、いわゆる内的モデルのことだ。私たちの進化の物語は、意識に似たもの――意識はすぐそこだが、まだ意識とは呼べないもの――に近づきつつある。

自動運転車は、それ自体の内的モデルを必要とする。自動運転を可能にするには、車に搭載されたコンピュータが外界の情報を処理して、ハンドルとペダルに信号を送るだけでは不十分である。そのシステムは、車体の大きさや形状、路上での操作法、たえず変化する状態（速度、加速度、車体の位置）など、その車についての一連の情報を必要とする。さまざまな情報を網羅して、たえず更新される内的モデルがないと、制御装置があっても、そして運転の指示を出すことはできても、車はおそらく衝突事故を起こしてしまうだろう。

こうした内的モデルの原理は、はじめに工学の分野において説明された[15]。制御されるものはなんでもよい。自動車やロボットアームのように物理的なものでもよいし、大きなビル内の空気循環のように形のないものでもよい。制御システムが適切にはたらくためには、制御されるものについての内的モデルが必要である。必要なのは、車、ロボット、あるいは空気の流れをモニターする方法である。ある意味で内的モデルは、司令官がテーブルの上に広げた、戦車と兵士の小さな模型が載った地図のようなものだ。それは首尾一貫した情報の集合であり、制御されるべきものを単純化して模式的に描写し、モニターする。

同じ原理は身体にもあてはまる。脳は、内的モデルである「身体スキーマ」――身体の構造と変化し続ける身体状態についての一連の情報――の助けを借りて身体の動きを制御している[16]。この身体スキーマを構成する脳領域は、時に脳卒中によって損傷することがある[17]。もし患者が自分の腕の形や構造がわからなくなれば、腕を適切に動かすことができなくなる。指を差す、手を伸ばす、カップをつかむといった簡単な動作も難しくなるだろう。しかし、内的モデルの影響がどういうものかを知りたければ、病棟まで出かけなくても自分で簡単に試してみることができる。ズシリと重い買い物袋を手首から下げ、その手を伸ばして、ドアノブをつかんでみよう。最初はぎこちない動きになるだろう。腕や手の物理的なダイナミクスが変化したため、腕についての内的モデルが突然実際と食い違ってしまったのだ。でも、何度か試みれば、脳の内的モデルはすぐに新たなルールを学習し、腕の動きはスムーズで正確なものになってゆく[18]。

工学的観点からすると、内的モデルは現在の状態をモニターし、かつ未来の状態を予測しなければならない。なにかを制御しようとする時、たとえばショッピングカートを押して通路を通り抜けようとする場合、必要なのは、カートが次の瞬間にどうふるまうかを予測する方法である。カートについてある種の直観的シミュレーションをし、心のなかでそれを実行してみて、カートがどうふるまうか知るのだ。現実のカートをどのように操るか、ハンドルにどう力をかければよいかは、この内的モデルの予測によって決まる。子どもはこの課題がうまくできず、カートをスーパーの陳列棚にぶつけてしまったりするが、これはひとつには彼らがカートについての適切な内的モデルをもっていないからである。彼らは、自分がハンドルにかけた力が車輪のぐらつきにどう影響するのかを予測できない。おとなは、何度か試すなかでこの無意識の直観的モデルを調整している。

では、注意についてはどうだろうか？　注意はおそらく脳のもっとも基本的なプロセスであり、確かなのは制御が必要だということである。外の世界に効率よく反応するために、脳は、脳内の処理資源を戦略的に特定の対象に集中させなければならない。しかし注意は、あらぬ方向に進んでしまうショッピングカートのように、不安定で気難しいものになりうる。制御工学の基本原理が私たちに教えてくれるのは、視蓋は注意を維持するために、ある種の内的モデルを用いなければならないということである。私と共同研究者は、この仮説的な内的モデルを、身体をモニターする役目をはたす身体スキーマになぞらえ「注意スキーマ」と呼んでいる。注意スキーマは、注意——注意が向けられる対象ではなく、注意それ自体——を描写する一連の情報である。それは注意をモニターし、刻一刻と変わるその状態を追跡し、それが次の瞬間にどう変化するかを予測する。顕在的注意をモニターする注意スキーマは、サルやネコの視蓋で見つかっている[19]。基本原理からすると、カエルや魚類、視蓋をもつほかの動物にも、同じような情報があるのはほぼ間違いない（必ずしも研究として公表されているわけではないが）。

さて、カエルに戻ることにしよう。すでに見たように、カエルには中央処理装置の視蓋がある。カエルは顕在的注意をもち、感覚器官を外界の限られた部分に向けることができる。注意は制御できなければ意味がないし、内的モデルをもたなければ制御はできないので、カエルは注意スキーマをもっているに違いない。注意スキーマは洗練された自己モデルにつながる。カエルは自分の世界に存在する個々の対象に注意を向けるだけでなく、ある意味では、自分がそうしていることも知っている。カエルは、自分の注意についての情報をもっているのだ。

注意スキーマをもつことで、カエルの脳は自分自身についてなにを知るのだろうか？

ここで、第2章で行なった思考実験を再びやってみよう。情報をことばに翻訳する未来の装置、スピーチネイト5000をもってきて、カエルの視蓋につなぐのだ。注意スキーマのなかの情報にもとづいて、スピーチネイトは次のように言うだろう。「眼はあるよ。体もあるよ。眼も体もいろんなふうに動かせて、どんな方向にも向けられるんだよ。いまはあっちのジグザグに動く黒いドットに向いている。ちょうどいま眼も体も動き出したから、すぐに別の方向を向くはずさ」。事実に即したこうした情報しか出てこないのは、カエルが限られた種類の注意しかもっていないからである。そう、カエルは注意スキーマをもってはいるのだが、それは顕在的注意しか記述していないのだ。カエルにとって注意とは、頭と眼を向けることだ。したがってカエルに必要な内的モデルは、頭と眼のモデル、それらをどう動かすか、どうすれば対象に向けられるかというモデルである。

スピーチネイトを通して、このカエルの視蓋に次のように問いかけてみよう。「でもさ、きみはそのハエについての主観的体験はもっているのかな?」

視蓋にできるのは、視蓋内部にある情報を報告することだけである。視蓋は次のように答える。「ジグザグに動く黒いドットがあるよ。眼があるし、体もあるよ。眼も体も動くよ。いまはそっちを向いてるよ」

知りたいことに答えてくれないので、私たちはさらに「そうだよね。でもさ、意識についてはどうかな? ハエをどう感じてるかってことだけど」と聞く。

視蓋が答える。「眼はあるよ。体もあるよ。眼も体もそっちを向いてるよ」

カエルの視蓋には、私たちの問いに答えるだけの情報がない。意識の概念は、カエルにはあてはまらない。洗練された脳、ある種の注意、そして注意スキーマをもっているにもかかわらず、カエルは自分を意識的行為者として記述する内的モデルはもっていない。

いまでも、エルヴィスとプリシラを想うことがある。ブォーブォーいう求愛ソングをはじめ、彼らは驚くほど多彩な行動を見せた。カエルたちともっと多くの時間を過ごしていれば、私も、この小さな生き物に親近感をもち、彼らに意識が宿っているという直観的感覚をもつようになったに違いない。これこそが、人がカエルに意識を感じる社会的で人間的な理由である。しかし、カエルは、意識にあたるなにかをモデル化したり、この特性を自分に帰属させるしくみをもたないのはほぼ確実だ。カエルは、自分の体やまわりの世界についての情報を処理しているという意味では、自分と自分の周囲に客観的に気づいているかもしれない。しかし、その内的情報を人間のことばに翻訳できたとしたら、カエルには主観的に気づいていると主張するだけの根拠はないだろう。

　しかし、関係するピースは大体揃った。これまでの私の進化的説明では、五億年ほど前に、初期の無顎類の魚が一種の顕在的注意とそれを制御する視蓋、そしておそらくはその制御を容易にする注意スキーマを発達させた。両生類も爬虫類も鳥類も哺乳類も、同じシステムを受け継いでいる。私たちはみな、同一の視蓋のメカニズムを内蔵している。しかし、意識と認められるなにかを見つけるためには、さらに一歩先に進む必要がある。顕在的注意の次に来るのは、鳥類や哺乳類が得意とするもっと複雑で微妙な能力、潜在的注意である。

4 大脳皮質と意識

哺乳類の脳の特徴は、皺《しわ》の寄った外皮、大脳皮質にある。大脳皮質ははじめ、三億年以上前の石炭紀に爬虫類で進化し始めた。(1) この時期、世界はまだ超大陸のパンゲアひとつにまとまっていて、地上は湿地のジャングルでおおわれていた。(2) 空気中の酸素濃度が現在よりも高かったため、昆虫は、呼吸システムが非効率的だったにもかかわらず、途方もない大きさへと成長した。(3) 発見されている化石では、体長が二・四メートルのヤスデや六〇センチのトンボもいた。この年代が石炭紀と呼ばれるのは、鬱蒼《うっそう》としたジャングルが死滅したあと、その膨大な量の植物が地中で石炭の層になったからである。

石炭紀初期、陸上生活に適応した動物は無脊椎動物と両生類だけだった。(4) 石炭紀末期に向かうにつれ、気候が乾燥し始め、両生類から爬虫類が進化した。(5) 爬虫類は、硬い殻の卵とうろこにおおわれた不透水の皮膚を発達させることで、水から離れて生活できるようになった。

彼らは外套《ヴルスト》と呼ばれる脳の部分も進化させた。これは、脳の最前部にあたる前脳が拡張されたものだ。(6) 爬虫類の外套は、おもに感覚を担当する組織である。視空間のマップと皮膚の触覚受容器のマップを有しており、いくつかの点で、前の章で紹介した視蓋の感覚マップに似ている。進化における改良という意味では、外套は視蓋のバージョン二・〇のようなもので、視蓋が昔風の固定電話だとすれば、スマートフォンに相当する。

爬虫類には賢くないという不当な評判がある。人間でも「爬虫類脳」と言うと、知的な脳の下に潜む太古の脳のように思われている。しかしほんとうのところは、爬虫類はすでにヒトの大脳皮質の元となるものを備えていた。彼らには知性のひらめきがある。爬虫類の多くの種は、柔軟性に富む問題解決能力をもち、複雑な社会的相互作用もする。(7)

石炭紀末に出現した爬虫類は、まもなく二つのグループに分かれた。単弓類は、いわば哺乳類型の爬虫類で、もうひとつのグループである竜弓類とは、はじめはそれほど変わらなかった。(8) 頭蓋骨の構造がわずかに異なるだけだったが、その違いが単弓類に強力な顎の筋肉をもたらした。ひとことで言えば、彼らは食べることにすぐれており、エネルギー摂取の点で有利だった。もっとも有名な初期の単弓類は、ペルム紀に生息したディメトロドンである。ワニのように低身で、背中にとげのついた「帆」をもち、子ども向けの恐竜セットにも入っている太古の生き物だ。しかし、実はディメトロドンは恐竜ではない。ティラノサウルスよりは私たちに近い哺乳類型の爬虫類である。そしておそらくその不格好なプラスチックのおもちゃから想像するよりも、地面から高い位置に立ち、お腹を引きずってのろのろ歩くトカゲのような生き物ではなかった。

哺乳類型爬虫類は時間をかけて現代の哺乳類へと進化してゆき、それにともない外套は拡大して、脳の大半をおおうニューロンの層になった(9)。哺乳類の多くでは、大脳皮質は脳のまわりをおおう滑らかなシートである。しかし、ヒトを含む一部の種では、大脳皮質はその表面積が拡張し過ぎてぎゅうぎゅうになり、頭蓋骨に詰め込まれた布のようにしわくちゃになった。ヒトの大脳皮質は広げて伸ばすと、大きさや厚さがテリークロス地の大きなハンドタオルほどになる。

大脳皮質に密につながっているほかの脳組織も拡大した。とくに、脳の底にあるアボカドの形をした大きな組織、視床がそうである(10)。皮質の各部分は視床につながっており、皮質に到達する情報の大部分はまず視床を通り抜ける。視床が「大脳皮質の玄関口」と呼ばれる所以《ゆえん》だ。正確を期すなら、「視床－大脳皮質システム」という専門用語を使うべきだが、ここではシンプルに、この特別な回路を言う場合も「大脳皮質」で済ませることにする。

哺乳類型の爬虫類は三億年にわたり精巧な大脳皮質を発達させた。一方、非哺乳類型の爬虫類である竜弓類は、知性を発達させるために別の道を歩んでいた。この道は主竜類、次には恐竜を通り、そして最終的には現代の鳥類へとつながった。主竜類は、大型で低身の肉食爬虫類で、直近の祖先に比べ少しだけ大きな脳をもっていた。[11] 現存する主竜類のワニは、すべての爬虫類のなかでもっとも賢く、行動も複雑だ。[12] 彼らの知性は、巧妙な狩り、食べ物の分け合い、そして子育てのしかたに見ることができる。

二億三〇〇〇万年ほど前の三畳紀に、主竜類は、長い後肢で走るように進化した特殊なサブグループの生き物を生み出した。[13] 恐竜と言うと、多くの人は四つ足で歩く巨大な爬虫類を思い浮かべるかもしれないが、出土する化石は、すべての恐竜がもとは、二本の後肢で立って歩くこの生き物から進化したことを示している（時に前肢を地面につけることがあったにしても）。その後の進化を通して、いくつかの草食種は四つ足で歩行するようになったが、肉食恐竜は後肢で立ち続けた。

みながよく知る決まり文句に、「恐竜の脳はクルミほどの大きさしかない」というものがある。これは誹謗中傷以外のなにものでもない。化石の頭蓋腔鋳型から、彼らの脳の大きさと構造はある程度わかる。[14] もっとも巨大な恐竜は、その体の大きさに応じた脳をもっていた。ティラノサウルスの脳に関して言えば、ヒトの脳とほぼ同じ大きさだったと考えられている（ニューロンやシナプスの数はヒトの脳よりはるかに少なかったにしても）。[15] 恐竜の脳は基本構造がワニと同じで、原始の大脳皮質である外套も備えていた。彼らは愚かではなかった。とくに獣脚類（二本足で歩く肉食恐竜）は、その時代に地上でもっとも賢い動物だった。彼らは、顔の正面についた二つの眼によって立体的に奥行きを見ることが可能だった。外套における視覚情報を処理する部分が大きくなったのは、おそらく入ってくる情報の洪水を的確に分析するためだった。

いまの小学生ならだれでも知っているように、鳥は恐竜から進化した。しかし、よく知られたこの科学的事実はかなり単純化したもので、実際はもう少し複雑である。空を飛ぶ鳥はジュラ紀にあたる二億年前から一億四五〇〇万年前の間に徐々に出現したようだ(16)。これは漠然とした言い方のように聞こえるが、生物進化の年表の一カ所を指差して「ここで鳥が出現した！」と言うのは、あまり意味がない。恐竜と鳥類の境界がぼやけていることは、中国・遼寧省《りょうねい》の化石層で、細かな火山灰のなかから見つかった証拠からも明らかである(17)。それは完璧な保存状態の羽毛恐竜の化石だった。いま明らかになりつつあるのは、鳥類が獣脚類の恐竜だということだ。もしあなたが中生代に生きていたら、鳥と恐竜が別物だとは思いもしないだろう。その時代には、羽毛恐竜がいっぱい――体の大きいものや小さいもの、歯のあるものや嘴《くちばし》のあるもの、頭を揺らして二本足で闊歩《かっぽ》するものや空高く飛翔するものなどが――いた。もしそこで現代のニワトリがそばを走るのやスズメが飛び去るのを見たとしても、あなたは「あれっ、ちょっと変わった獣脚類の恐竜がいる」としか思わないだろう。「そうか、恐竜から新しい種類の生き物が生じたのか」とは思わないはずだ。現代において、コウモリが哺乳類から進化したと言わないのと同じである。コウモリは哺乳類であって、飛ぶように適応したのだ。鳥類は現在も生き続けている恐竜だと言える。そしていま神経科学者たちがその脳を精力的に調べているというわけだ。

鳥類は、爬虫類と比べて大きく発達した外套をもっている。(18) 爬虫類から哺乳類へと続く系統は脳を改造し続け、爬虫類の外套を精巧な大脳皮質にした。一方、恐竜‐鳥類の系統も脳の改造を続け、外套を改良して大きくする道を歩んだ。

「鳥頭《とりあたま》」という表現は、未だに人をバカにする時に使われることがあるが、鳥は利口な生き物である。複雑な社会生活を営む鳥もいるし、巧妙な狩りをする鳥も、自分で隠した食べ物の場所についてすぐれた記憶力をもつ鳥もいる。とりわけカラスの知的能力はよく知られている。彼らはまっすぐな針金を曲げて鉤状にし、食べ物を釣る道具として使うことができる。(19) イソップ物語には、水差しに石を落とし水位を上げることで、なかに浮かぶ食べ物を嘴の届くところまで持ち上げるカラスが登場するが、これは作り話ではない。この課題をこなせるカラスもいるからだ。(20)

目を見張るような鳥類の知性は、その拡大した外套によるのだろう。絶滅恐竜がカラスほど賢かったというのは疑わしいにしても（カラスは進化の最前線にいる）、基本的に同じ脳構造が爬虫類‐恐竜‐鳥類という系統全体に見られる。

以下では、おもに哺乳類の大脳皮質について見てゆくことにする。というのは、哺乳類の皮質についてはかなり多くのことがわかっているのと、なんと言っても、ことばを用いて意識をテストできる唯一の動物がヒト、すなわち哺乳類だからである。しかし、鳥やワニといった異なるタイプの動物も、その豊かで複雑な行動をする上で似たような脳システムを用いているということは、心にとめておいてほしい。

大脳皮質がどのように進化したのかをざっと見たので、次はなぜこの脳組織が意識を司ると考えられるのかを説明しよう。それには、まず大脳皮質の情報処理のしかたから見ておく必要がある。大脳皮質は、カエルの脳の視蓋のように、初期の小さな処理装置の上に積み上げられたより大きな処理装置というだけではない。それは視蓋とは根本的に異なる種類の処理装置である。膨大な量の情報をふるいにかけて小分けの情報に絞り込むための、磨き上げられたマシンなのだ。絞り込まれた情報は深く徹底的に処理され、最終的に行動を導く。この絶え間ない選別ゆえに、大脳皮質は基本的に注意マシンと言える。

大脳皮質はナショナル・フットボール・リーグ（NFL）のようなものだ。NFLでは、一連の試合を勝ち抜いたチームがスーパーボウルに臨み、そこで最終勝者が決まる。大脳皮質でも、情報は各階層を通り抜け、勝者総取りの激しい競争にさらされ続ける。[21]情報の種類（視覚、聴覚、情動、知識）にかかわらず、そこでは予選ラウンドが開かれる。選び抜かれた情報はより深い処理がなされ、行動に影響を与える可能性が高くなる。最終的に、一群の統合された情報が大脳皮質のスーパーボウルで優勝し、少なくともしばしの間は処理の焦点があたる。

情報の処理における予選ラウンドがどのように行なわれるかは、視覚においてよく研究されてきた。図2は、この数十年間にサルやヒトなどの霊長類で行なわれた研究をもとに、視覚システムの概略を示したものである。[22]眼に入った光は、光を感知する眼の奥の網膜の上に像を結ぶ。網膜のニューロンは興奮し、即座に局所的な競争が開始される。近隣の信号どうしが競い合い、より強い信号が弱い信号を抑え込む。そこでは明暗の鮮明な像を伝える信号がとりわけ優位になる。

眼からの情報は、およそ一五〇万本の神経線維からなる視神経を通って、脳の底部にある視床に届く。そして視床の左右にある外側膝状体（人間の膝のような形をしている）と呼ばれる突起に到達する。ここでも、情報は競争のふるいにかけられる。

外側膝状体を通過した情報はさらに神経線維を伝って、視覚領野の最初のレベル、後頭葉の一次視覚野（V1）に行き着く。ここでもまたニューロン間では同じような競争が行なわれる。

情報は、V1から、雑然と並んだより高次の視覚領野――V2、V3、V4、MT、MST、TEO、TE……といったようにアルファベット名が続く――へと進んでゆく。過去五〇年以上にわたり神経科学者は、視覚に関係する大脳皮質のマップを詳細にし続け、大脳皮質の約六〇％（おもに後頭葉、側頭葉、頭頂葉）を占める数十もの領野や下位領野を特定してきた。これら切手大の各領野の内部では、近隣のニューロンどうしが抑制し合い、情報がつねに競い合っている。

視覚領野は全般的に、情報が大脳後部の低次の領野から大脳前部の高次の領野へと流れてゆくにつれて、複雑さも増してゆくように編成されている。たとえば、階層の出発点であるV1のニューロンは視覚世界をバラバラにして、線分と色の断片へと分解する。それらのニューロンは、視覚世界の単純で表層的な特徴について詳細な分析を行なっている。これに対して、階層のより高次の領野TEのニューロンは、顔や手のような複雑な像に反応する。それらのニューロンは、

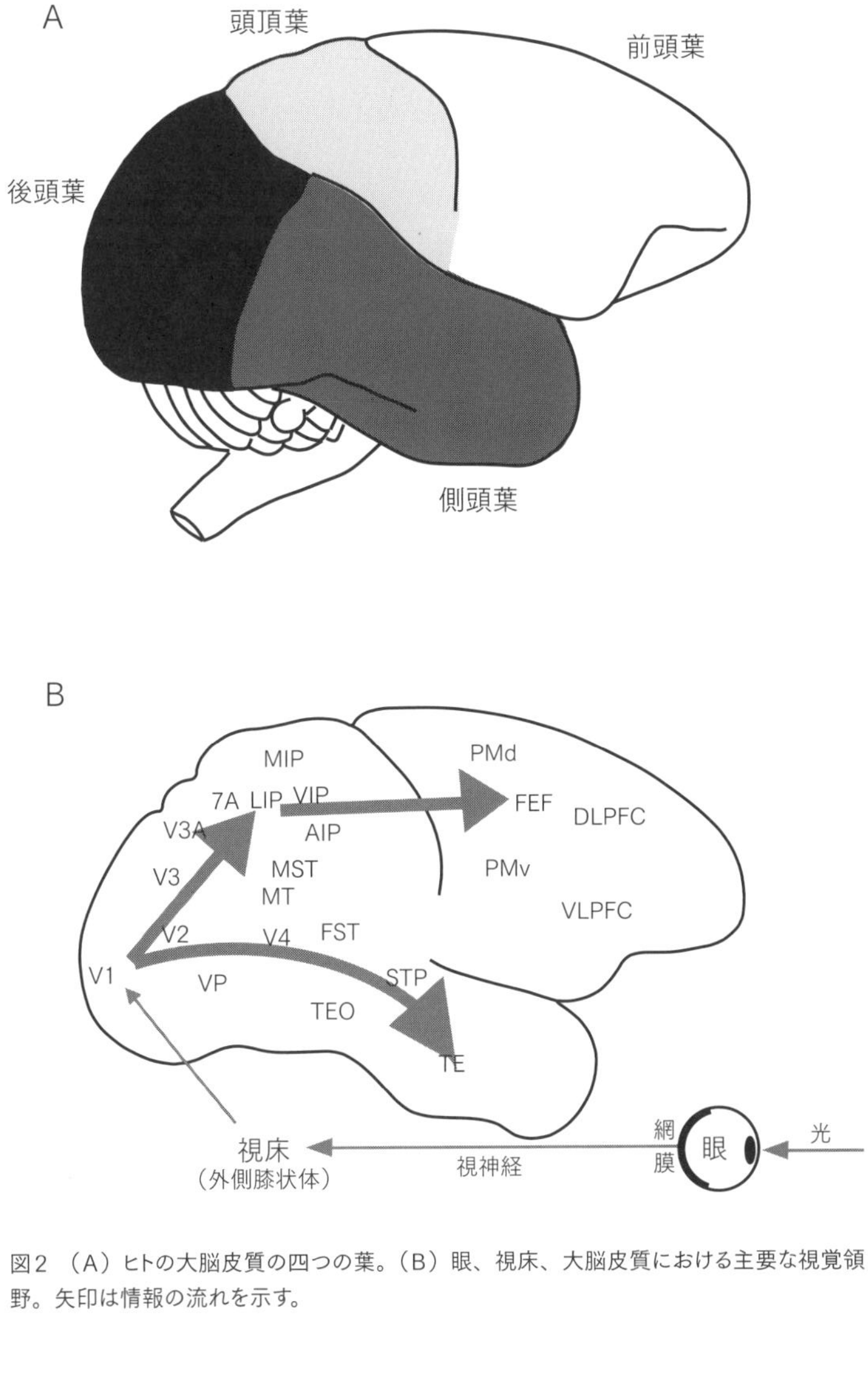

図2 (A)ヒトの大脳皮質の四つの葉。(B)眼、視床、大脳皮質における主要な視覚領野。矢印は情報の流れを示す。

対象の詳細ではなく、対象がなにかという処理をしている。しかし、情報の流れは階層をのぼるだけではない。信号は、階層を下ることも、横に行くこともあり、ネットワーク内のどの方向にも行ける。この複雑さに加え、大脳皮質は脳のより深部の組織（とくに視床）とつねに情報のやりとりをしている。

情報がこの処理システムを通る際には、もっとも強い入力信号がつねに最終勝者になるとは限らない。信号どうしの競争に横槍が入ることがあるのだ。たとえばあなたが外の光景を見た時に、もっとも明るかったり速く動いたりする対象がもっとも強烈な入力情報をもたらしたとしても、それが脳内の処理で優勢になるとは限らない。前頭葉からの信号が視覚野にフィードバックされ、処理の焦点をそれほど顕著でない別の対象へと移し、それが競争に勝つこともある。[23] 外部から入る顕著な信号が競争に勝つ時、それはボトムアップの注意と呼ばれる。一方、内部の信号が有利になるようにして戦いに勝つ場合は、トップダウンの注意と呼ばれる。しかし、それらはどちらも、同じ基本的プロセスの異なる側面である。

神経科学者のロバート・デジモンは、大脳皮質で繰り広げられるこうした競争を詳述するなかで、それを「バイアスのある競争」と呼んだ。[24] 私はそれが皮質の基本的な組織原理のひとつだと考えている。ニューロン間の局所的抑制は競争を生み出し、それが皮質のはたらきを支配している。大脳皮質の疾患である癲癇《てんかん》は、これを示す一例と言える。癲癇の発作は、皮質の局所的抑制がきかなくなった時に起きる。[25] 通常なら互いに抑制し合っている信号が突然増加し、脳活動が一気に激しくなって、それが皮質全体に無差別に広がってしまうのである。この疾患は、抑制が大脳皮質の活動の本質であること、そしてこの抑制が十分でないと、システムが劇的に崩壊してしまうことを示している。

第2章では、隣り合うニューロンが互いを抑え合う、側抑制と呼ばれるカブトガニの眼の単純なしくみを紹介した。[26] この側抑制によって像は鮮明になる。明るい部分はより明るく、暗い部分はより暗くなるように記録される。「バイアスのある競争」はいわば側抑制の大脳皮質版であり、その競争は眼のなかの局所的競争から、いくつもの階層にわたる予選ラウンドの世界へと、桁外れに拡張されている。

この階層構造は視覚に限られるわけではない。相互に連絡した脳領域のネットワークを通るなかで、視覚情報は最終的にほかの種類の情報にも遭遇する。触覚、聴覚、運動制御、抽象的思考などのさまざまな情報も、脳のなかのもっとも高次でもっとも統合された一連の領野に集まる。これらの領野はおもに頭頂葉と前頭葉にあり、そのため頭頂－前頭ネットワークと呼ばれる。[27] こうしたネットワークに到達する情報がスーパーボウルの勝者になり、哲学者のダニエル・デネットの言う「脳内の名声」を勝ち得る。[28] 大脳皮質における予選ラウンドは対象を少数に絞る。絞られた対象が皮質のもっとも中心にあるネットワークに影響をおよぼし、高い確率で行動を操り、記憶に残る。しかし、ある瞬間の焦点が次の瞬間の焦点と同じとは限らない。別の新しい情報が競争を勝ち抜いてもっとも高次の処理レベルに達するといったように、競争はつねにダイナミックに変化する。大脳皮質は、そのはたらきの性質上、落ち着くことがない。絶え間ない競争は、本質的に不安定なのだ。

大脳皮質のこの休みなき選抜のプロセスは、私たちに備わったもっとも強力なタイプの注意である。それは、世界を理解するためのもっとも洗練された脳のしくみだ。時に私は、「なぜ注意のように、特殊で狭そうに見えるトピックを軸にして意識の理論を構築するのか」と聞かれることがある。しかし、注意は狭いトピックではない。脳が世界を把握する上での核心なのだ。

顕在的注意を司るのは、前の章で述べた、およそ五億年前に登場した原始の脳組織、視蓋である。視蓋は、外界の一部分からより多くの情報を集めるため、パラボラアンテナのように眼と耳をそちらに向けさせる。しかし、大脳皮質の進化は、外界を処理するための新たなアプローチを可能にした。それが潜在的注意である。視線を向けなくても、なにかに注意を向けることができるのだ。

大脳皮質が眼球運動と無関係ということではない。眼と頭を協調させる上で、皮質は重要な役割をはたしている。[29]しかし皮質性の注意は、どこに眼が向いているかに縛られない。たとえば、仁王立ちする上司の前で、あなたは落ち着きなく靴紐に目を落としたまま、皮質性の注意を上司に向けることができる。あるいは、愛想よく友人を見ながら（でも話は上の空）、腰のくびれの痒《かゆ》みに注意を向けることができる（痒くてどうしようもないのだが）。あるいは、眼では開いた本の文字を追いながら、昨日の出来事に注意を向けることができる。この場合には、内的思考は視線の向きとは関係がない。この二つの注意の違いをひとことで言うなら、顕在的注意は感覚器官でなにかをつかむこと、潜在的注意は大脳皮質の大規模な計算装置でなにかをつかむことだと言える。この皮質の装置は、眼の前にある具体的なものにも、見えないところにあるものにも、思考や感情といった内的なものにも、なんにでも「向ける」ことができる。

潜在的注意はしばしばスポットライトに喩《たと》えられてきた。[30]このアナロジーでは、スポットライトの中心の明るい部分にはひとつか少数の対象だけがあり、それ以外は広く暗い周縁部にある。私たちの大脳皮質のスポットライトは、その時々にまわりにあるたくさんの対象のなかのほんの一部だけを照らし出し、ライトの当たらない残りの対象は、事実上記録されることすらない。しかし、潜在的注意は空間とは関係のない次元も移動できるので、スポットライトの移動を空間のなかだけで考えるこのアナロジーには少し無理がある。[31]たとえば、一枚のモンドリアンの絵を見るとしよう。色彩に注意して見てしまうと、形に注意が行かず、あとから形を思い出せないことがある。形も色彩も空間の同じ場所にあったのに、である。注意はこのように、物理的なスポットライトに似ていない面もある。こうしたこともあり、スポットライトのアナロジーは支持を失ってきた。私は個人的にはこのアナロジーが好みだが、それには、スポットライトが三次元の物理空間だけでなく、抽象的次元の空間でも動くならという条件がつく。

大脳皮質は、この内なるスポットライトを生み出す。それは、直接的で具体的な対象からもっとも抽象的な概念にいたるまで、私たちの処理の焦点がカバーする多次元の、ほとんど無限とも言える世界の探索を可能にしている。

深い処理をするには、注意の焦点をシフトさせることが欠かせない。もし入ってくる情報すべてを同時に深く処理しようとするなら、地球ほどの大きさの脳が必要になるだろう。進化が見出した効率的方法は、限られた脳の能力によって世界を賢く処理することであった。その方法とは、情報どうしを激しい競争にさらして、一度に限られた情報だけを集中的に処理し、この処理の焦点をシフトして調整する高度な制御装置をシステムに組み込むことだった。世界の複雑な理解を可能にしたもの、それが注意である。

研究者が意識の進化を論じる際には、脳がしだいに複雑になってきたことを強調しがちである。複雑さが意識を生み出すという考えは、確かに一見魅力的だ[32]。つまり、進化の過程のどこかで、神経システムが複雑になって、ある閾値を超え（いわば目覚めてしまい）、主観性を獲得したというわけだ。もしそうであるなら、意識の問題はこの閾値を見つけるという話になる。しかし次に述べるように、これは「滑りやすい坂」の議論になりやすい。

魚は意識をもたない自動機械だという仮定で始めたとしよう。すると、魚の研究者が、魚の行動が意外なほど豊かだということを示して私たちを正し[33]、私たちは魚も意識をもっていると結論せざるをえなくなる。ミツバチは小さな脳をもつ昆虫である。しかし彼らの脳も複雑な計算をしており、その複雑さはある意味ペットのイヌにも匹敵する。(34) 私はタランチュラをペットにしている人を知っているが、彼に言わせると、タランチュラは行動も複雑で、個性や気質も豊かなので、意識をもっているはずだという。こうなると、人間のもろもろの感情バイアスがこの議論に忍び込み始める。もし虫が意識をもつなら、虫を叩き潰すべきではないということになるため、私たちは自分たちに都合のいいように、神経の複雑さの物差しで虫より少し上に線引きして、虫は意識をもたないことにする。こうして私たちは、人間の気まぐれのせいで入り込む矛盾を抱えることになる。

複雑さが意識を生んだという主張の難点は、対象を調べれば調べるほど坂がさらに滑りやすく恣意的になり、人間の気まぐれに左右されてしまうことだ。単細胞の動物にも、化学的信号の相互作用を介して情報を処理する複雑なやり方がある。アメーバを四六時中顕微鏡越しに観察し、その行動の複雑さをよく知っている研究者なら、アメーバにも意識があると主張するかもしれない。植物も特有の電気化学的な伝達システムをもち、外界についての情報を処理しているので、意識をもつかもしれない。細胞核のなかにあるゲノムも、遺伝子コードをあつかう大規模な化学的機構も備えており、いわば濃密な情報をもつコンピュータであるとも言える。となると、細胞核も独自の意識をもつかもしれない。

坂は滑り始めると、途中で止まるのが難しくなる。石ころも水も一個の電子も情報に富み、外の環境に応じて状態を変化させる。なぜそれらにも意識があってはいけないのだろう？

意識が複雑な情報処理から自然に生じるという直観から出発するかぎり、汎心論《はんしんろん》――宇宙にあるすべてのものには少なくともなにがしかの意識があるという主張――に陥らないようにするのは難しい(35)。情報や複雑さは文字通りどこにでも、あらゆるもののなかにあるので、意識をそれらにおきかえてしまうと、滑りやすい坂の上を行ったり来たりすることになる。

大脳皮質が意識を生じさせていると私が考えるのは、それがこの宇宙でもっとも複雑な機械だからではない。次に示すようにもっと明確な理由からである。

身近にあるもの、たとえばリンゴを見ているとしよう。リンゴは目の前のテーブルの上にあって、あなたにはそれがはっきり見える。そのリンゴについての視覚情報は、網膜から大脳皮質まで、あなたの処理システムを流れてゆく。リンゴに関する信号が予選ラウンドで勝つとしよう。大脳皮質のなかをさらに詳しく見れば、リンゴの情報がより深く処理され、競合する信号が抑えられていることがわかる。リンゴの情報は、脳の中枢ネットワークである頭頂‐前頭ネットワークに到達するが、それまでに何万もの情報の塊がその瞬間における競争に敗れた。まわりの音や風景、着ている服の感触、記憶、考え、感情、そういったすべてがリンゴに負けたのだ。この瞬間、あなたの大脳皮質の注意機構を占有するのは、リンゴの視覚像とおそらく少数のほかの対象であり、そのほかのライバル情報は、皮質のごく限られた領域で浅く処理されている。

あなたのリンゴに関する意識体験をどう理解すればよいか、意識の代表的な理論のひとつ、グローバル・ワークスペース理論を例にとって考えてみよう。[36] この理論そのものについては、あとの章で詳しく見てゆく（そこでは、注意スキーマ理論とほかの主要な意識理論とを比べ、実際にはこれらの多くが対立するものでなく、互いに密接に関係し合っていることを示すつもりだ）。大脳皮質における注意を考える上で、この理論は便利な見方を与えてくれる。ここではそれをざっと紹介しよう。

グローバル・ワークスペース理論では、情報は大脳皮質を通して選抜されると考える。情報は、閾値を超え、皮質内に広がるネットワーク全体に影響をおよぼすまで、注意によって選別され、強化される。そして脳内で行なわれる「注意」のスーパーボウル、もっとも高次の戦いにおける勝者となる。情報は、ネットワーク全体に影響をおよぼす状態になることによって、グローバル・ワークスペースに到達する。この理論では、グローバル・ワークスペースにある情報は意識内の情報である。なぜグローバル・ワークスペースが意識という特性をもつのかは説明されていない。ある意味、この理論は記述的ではあるが、十分な説明はしていない。

この理論がどう不完全かを見るために、あなたの脳に、リンゴを見ているこの瞬間のことを聞いてみよう。これまでの章では、ことばをもたない動物には、脳内の情報をことばに翻訳してくれる架空の装置、スピーチネイトを用いてきた。今回はこの装置は必要ないが、同じロジックに従おう。人間の脳の言語装置は、グローバル・ワークスペース内の情報を言語化できる。発話が内的情報によって行なわれることは明らかであるように思えるが、誤解を招きやすいのもまた事実だ。私たちは直観的に、人が話す時は自分の内的経験をそのまま表現していると考える。しかし実際には、発話は情報の出力様式のひとつに過ぎない。もし特定の情報がシステム内から抜け落ちているなら、ことばではそれを表現できない。

それゆえ、もし私があなたに「では、始めますね。机の上にはなにがありますか?」と聞くなら、あなたは「リンゴです」と答える。

私が細部を言うよう求めるなら、あなたはその色、質感、形、位置を答えることができる。この情報はどれも、あなたのグローバル・ワークスペースにあるものだ。

では、「リンゴを意識してますか? 主観的な体験はどうでしょう?」と聞くとしよう。ここで思わぬ困難にぶつかってしまう。これまで、皮質性の注意を議論したなかでは、私はグローバル・ワークスペース（あるいは皮質の特定の領域）が、意識についての情報をどのように、あるいはなぜ有するのかを説明しなかった。そこにはリンゴについての情報はあるので、視覚的な詳細は報告できる。しかし、意識的な体験について聞かれた場合、あなたはどのような根拠をもとに答えることができるのだろう?

意識を説明する上で、まだ決定的ななにかが欠けている。次に示すように、ここで必要なのは注意スキーマである。

私はこれまで、大脳皮質の本質が注意の機構にあることを述べてきた。しかし、注意がでたらめに動き回ったり、光や音のような外的刺激だけで動かされるなら、注意をもつ意味はない。必要なのは内的制御システムであり、それを制御するのは内的モデルだ。注意スキーマとは、この内的モデル、すなわち注意の処理それ自体に関する一連の情報である。

少し唐突だが、映画『明日に向って撃て！』の印象的なシーンを例に用いて、注意スキーマの重要性を示してみよう。ロバート・レッドフォード演じるサンダンス・キッドは、用心棒になるためのテストを受ける。彼は、直立不動の姿勢で銃を構えて、標的を撃つように言われる。するとどうしたことか、ひとつも命中しない。狙いが定まらないのだ。結局どうにもならなくなって、彼は言う。「動いてもいいかな？」そして体をくねらせ、銃を揺らしながら二発撃つと、どちらも標的に命中する。彼いわく「オレは動いたほうがよく撃てるのさ」。

このシーンは制御工学の好例である。標的に命中させるには、変数の大部分をできるだけ固定せずに緩いままにしておかなければならない。すべてをモニターして制御しようなどと思ってはいけない。すべての詳細についてのモデルは必要ない。代わりに、最終結果――弾丸が標的に命中するかどうか――だけをモニターし、モデル化し、制約する必要がある。

制御工学のもうひとつの古典的な例は、釘打ちである。少し練習すれば、だれでも金槌で叩くのが上手くなり、外すことなく釘の頭を打てるようになる。では、私たちはどのようにして金槌を正確に制御しているのだろうか？　ひとつの方法は、個々の変数をモニターし、制御することだ。釘を打つ時には、肩が回り、肘が伸び、手首が振れる。それぞれの動きを最適にし、完璧なところまで磨ければ、釘打ち名人になれるだろう。しかし実際には、私たちはこんなことをしない。代わりに、釘を打つ時には金槌の頭に集中する。[37] 私たちはこのひとつの変数をモニターし、制御している。なぜなら、この課題をこなす上で唯一重要なのは、その結果だからだ。人が釘を打つ様子をビデオに撮って、その動きを分析すると、肩がさまざまに回り、肘が不安定にぐらつき、手首の動きも毎回少しずつ違うが、金槌の頭は釘を（少なくとも練習して上達したあとでは）真上から正確に打っているのがわかる。制御システムは、最重要の出力、すなわち釘の頭を打つことさえ制御できれば、細部をモデル化したり直接制約したりする必要はない。細部は、集まって正しい出力を生み出しさえすれば、自由に変化してよい。

サンダンス・キッドの巧みな射撃も、釘打ちのスキルも、脳がどのように内的モデルを用いるかを示す好例だ。脳は偶発的な詳細ではなく、本質をモデル化する必要がある。でないと、あまりに多くの副次的な詳細をモニターして制御するよう強いられたサンダンス・キッドのように、制御システムは機能を停止し、できるはずのことができなくなってしまう。では、脳が注意を制御する時に（注意をこちらに向けたり、あちらに留めたり、急に切り替えたり、ゆっくり切り替えたり、狭めたり、広げたりする時に）用いるのは、どのような種類の内的モデルだろうか？このモデルでは、注意のどのような側面が描写されているのだろう？

前の章で述べた顕在的注意の場合には、脳は身体の一部（たとえば対象を注視するために向きを変える眼球）をモニターすることで注意を追跡することができた。しかし潜在的注意の場合は、身体のどこも関与しない。潜在的注意が対象から対象へと（たとえばリンゴから物音へ、次は記憶へと）動く時、物理的ななにかが実際に空間を移動するわけではない。代わりに、何十億ものニューロンがその活動状態を微妙に変化させている。微視的なレベルでは潜在的注意も物理的なプロセスだが、有用な注意スキーマは、ニューロン、抑制性結合、競争の予選ラウンド、皮質の階層性、頭頂‐前頭ネットワークなどの詳細をモデル化することはない。脳は、この章で述べてきたような内的でメカニカルな詳細を知る必要はない。代わりに、注意スキーマが有用であるためには、潜在的注意の実用的なエッセンスにまで単純化されたなにかを描いていなければならない。

さてついに、この理論の核心となる提案にたどり着いた。それは、皮質の注意スキーマが特定の形態をもつということである。注意スキーマ内の情報は、皮質のもっとも高次の注意がどのように対象をつかまえるのかを漫画のように描写する。顕在的注意の場合のように、単純で物理的なよく動く眼などは出てこない。代わりに、この漫画のような描写は、漠然とだが、あなたの内部にある非物質的特質を記述する。この心的特質は、休みなく動き回り、探索し、リンゴや音や考えや記憶といった対象を一時的につかまえ、それ以外の対象を排除する。心的特質がひとつの対象をつかまえると、その対象はあなたにとって鮮明で、リアルで、生き生きしたものになる。言いかえれば、それは対象を体験に変え、強力な結果をもたらすのだ。そして、対象を理解し、対象に反応し、対象のことを語り、あるいはのちの行為を選ぶために対象を記憶することが可能になる。それはあなたに行動する力を与える。

あなたのなかにはこのような無定形の力があるというのが、脚色され、詳細の省かれた皮質性の注意に関する説明である。それは、Ｖ１での視覚信号間の競争のような低次の注意ではなく、もっとも高次の注意だ。そこではリンゴのような対象が皮質版スーパーボウルで優勝し、あなたの行動に影響をおよぼす。

私が「心のなかでのあなたとそのリンゴの関係は？」と聞くと、あなたの言語装置は、大脳皮質のネットワーク内の情報、すなわちグローバル・ワークスペースに到達した情報にアクセスする。それは、リンゴについての視覚情報だけでなく、注意スキーマ内の、あなたがもつ無定形の力についての情報も利用する。この二組の情報が結びついて、統合された全体——その時点でのリンゴに関する完全なファイル——になる。これらの情報をもとに、あなたは「リンゴを見ている時には、心のなかにその赤さがあります。赤いという意識体験があるんです」と言うことができる。

私が「その意識体験というのはどういった意味なんでしょう？　どんな物理的特性をもっているんでしょう？」と聞くとしよう。あなたはこの質問に容易には答えられない。詳細を欠いた注意スキーマは、注意の物理的特性を記述していないからである。

私が畳みかけるように「あなたはその意識体験に傷をつけて硬さを測れます？　秤に載せて重さを量ることは？　熱して燃焼温度は？　どんな物理的測定が可能でしょう？」と聞けば、あなたはあきれ顔で、次のように答えるかもしれない。「意識にはそういった物理的特性はありませんよ。その意味では、非物質的、いや物質を超えたものかな。単なる心の体験、私の心がなにかをつかむやり方です。ひょっとして、あなたは意識がどういうものか知らないとか？」

論理的に考えて、脳は主張の根拠となる情報をもっていなければ、なにかを主張することはできない。注意スキーマ理論が着目するのは、主観的体験の主張が根拠としている情報である。あなたの脳は皮質性の注意についてのスキーマモデルを構築しているので、あなたは、意識がどういうものかを知っていて、自分にはそれがあると思っている。意識について聞かれれば、それに答えることができるし、この本のような意識についての本を読めば、私の言う特質がどのようなものかある程度のことはわかる。もし注意スキーマがなかったなら、こうしたことすべてを行なうのに必要な情報を欠き、意識はあなたにとって無意味で無関係なものになるだろう。

私の考えでは、意識の注意スキーマ理論には、その論理に次のような必然性がある。第一に、大脳皮質は潜在的注意を用いる。第二に、大脳皮質はその注意を制御する必要がある。第三に、その注意を制御するには、脳は注意についての内的モデルをもたなければならない。第四に、詳細で正確過ぎる内的モデルはよくても無駄でしかなく、悪くするとそのプロセスにとって有害である。そのため、注意のこの内的モデルはメカニカルな詳細を欠いている。その結果（第五に）、注意スキーマは自己を、無定形で非物質的な内的な力、知る能力、体験する能力、反応する能力、移ろう心の焦点をもつ者――基盤となる詳細を欠いた、潜在的注意のエッセンスをもつ者――として描く。以上を踏まえた上で、もし私たちが強力な皮質性の潜在的注意をもった適切に機能する脳を作らなければならないとしたら、内部にある情報にもとづいて、自分には非物質的な意識があると主張するマシンを作ることになるだろう。

もちろん、この大脳皮質のマシンは、その主観的な意識体験が組み立てられたもの、もしくは単純化されたものとは知らない。そのマシンは、意識体験の非物質的な性質を、現実のものとしてとらえる。なぜなら、同語反復のようだが、脳は脳が知るものしか知らないからだ。脳は、脳がもつ情報にとらわれる。

第2章以降で紹介してきたすべての脳の機能をもってしても、意識を説明するには十分ではない。複雑さは、それだけでは十分ではない。世界でもっとも複雑な脳であったとしても、意識に関係する情報はもっていないかもしれない。カエルの視蓋によって制御される顕在的なタイプの注意でも、十分ではない。カエルは、ハエや脅威のほうに頭を向けることができるが、その脳のなかには意識に関する情報はない。もっと洗練された皮質性の注意でも不十分だ。リンゴについての情報が大脳皮質での競争に勝って、グローバル・ワークスペースに達しても、その状態自体は意識を牽引《けんいん》しない。依然として、なぜこの種のマシンが意識についてなにかを知っているのか、意識をもっていると考えるのか、あるいは意識についてなにかを主張するのかに関して、論理的な理由は見当たらない。必要なのはもうひとつのピース、皮質性の注意を記述する内的モデルで

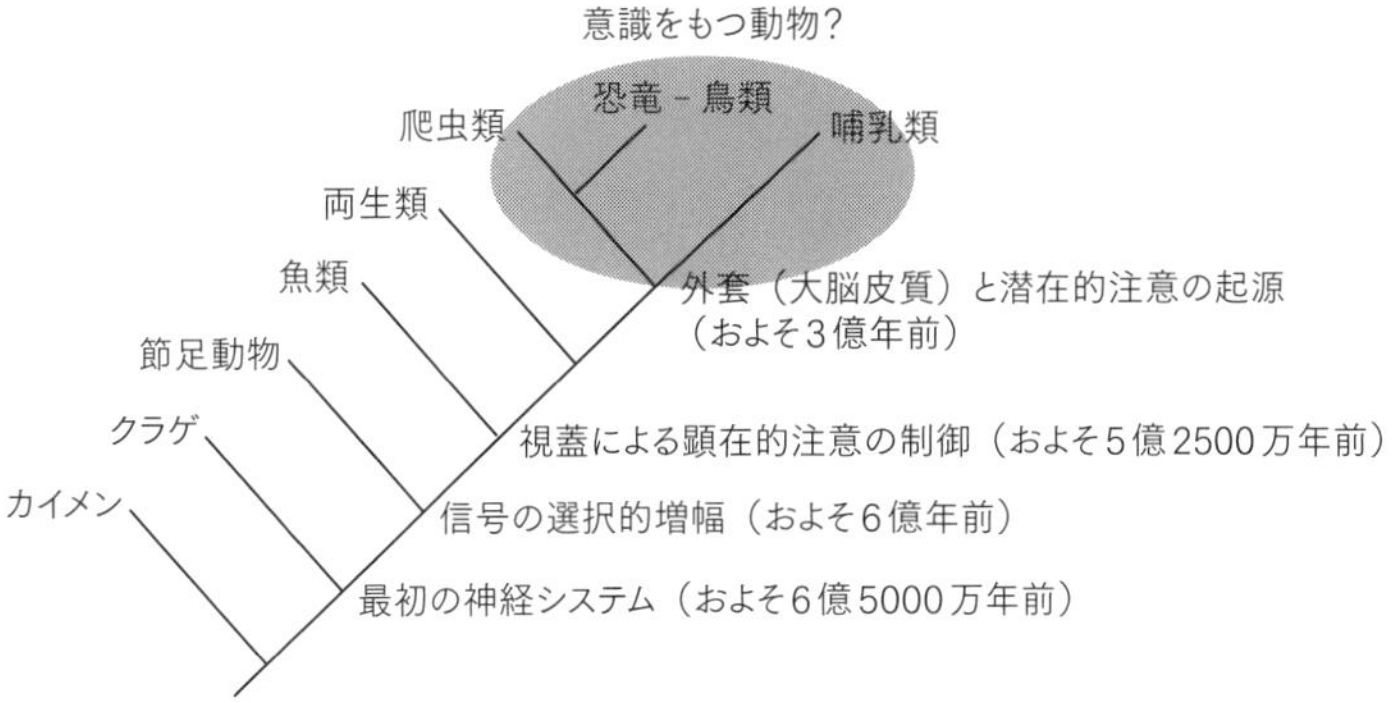

図3　動物の意識の進化

ある。この注意スキーマは小さな追加のように見えるが、これが追加されてはじめて、システムは主観的体験を主張するための情報をもつことになる。このピースがはまってようやく、マシンは意識を獲得する。

「どの動物が意識をもつか？」だれもがもつ疑問だ。第2章から第4章で述べたように、意識を構成する最初の要素が五億年以上も前から存在していた。図3は、これらの構成要素が進化にともなってどのように合わさったのかを示している。もし注意スキーマ理論が正しいのなら、私たちが理解しているような意識は、おそらく三億年前という早い時期に芽生えたのだろう。その基礎をなす脳組織は爬虫類で出現し始め、鳥類にはおそらく存在し、哺乳類で決定的なものになった。これら三つのグループ、爬虫類、鳥類、哺乳類は、その潜在的注意や注意スキーマの洗練度や豊かさの点では異なるにしても、みな意識と認められるようなものをもっているかもしれない。

しかし、進化のストーリーはまだ終わらない。進化におけるもっとも人間的な物語はこれから始まる。私たちは、自分自身について豊かで記述的なモデルを構築するだけでなく、他者にも反射的に意識を帰属させ、社会的な生態系を作り上げている。私たちは、ほかの人間に、ペットや人形に、そして神や幽霊のように見えない存在にも意識を見る。次の章では、私たちヒトで劇的に拡張した意識が、社会における重要な場面でどのように使われるのかをとりあげよう。

5 社会的意識

私たちヒトは、相手の心の状態をたんに当て推量するのではない。慎重に観察を重ね、理知的に相手を理解するのでもない。もちろん、時にはそうすることもあるが、思うほどうまくはゆかない。代わりに頼るのはすぐれた直観である。私たちは相手の考えていることや感じていることがわかるように見える。時にはあまりにも明白にわかるため、テレパシーのように相手の考えや感情を直接感じとっているようにも思える。もちろん、そう思えるだけだ。しかし何百万年もの進化を通して、私たちヒトは、微妙な手がかりを読みとり、相手の心についての豊かなモデルを――明示的にではなく直観的に――作り上げる能力をもつようになった。

感情、意図、目的、信念など、私たちはあらゆる種類の心の内容を相手に帰属させる。他者の心を再構成するこの豪奢で複雑なプロセスは、「心の理論」と呼ばれている。[1] 筋道を立てて知識を組み立てるという意味では、それは理論ではない。というのは、それが自動的で不可避だからだ。私たちにはそうすることしかできない。しかし、私たちが相手の心のモデルを構築する時、ある要素がとくに重要になる。それは、相手の注意を再構成することである。

そもそも、相手がリンゴに注意を向けているかどうかがわからなければ、その人がリンゴに手を伸ばそうとしているかどうかはわからない。リンゴに注意を向けていることがわかったとしても、注意がもたらす結果がわからなければ、次に相手がすることや言うことは予測できない。相手の心を再構成するための第一のステップとして、心が焦点をもつこと、そしてその焦点は状況に応じて狭くも広くもなり、対象から対象へと移動でき、予測可能な結果をもたらすことを理解する必要がある。それがわかっていないと、十分な心の理論はもてないかもしれない。必要なのは、相手の心の内容以上のもの、そもそも心とはなにかという理論である。

相手の顔が見えるなら、相手がどこを見ているかはすぐわかる。脳がどのように相手の視線を処理するかについては、科学的研究が行なわれてきた。[2] しかし、相手の心の状態を再構成するには、こうした顕在的注意を追うだけでは不十分だ。必要なのは潜在的注意を理解することである。それには、相手のしぐさ、表情やことば、相手についての知識など、全体の状況からあらゆる手がかりを引き出す必要がある。相手の眼がどこを向いていようと、相手の眼を見ることができなかろうと、必要なのは、なにが相手の大脳皮質の階層のもっとも高次の処理レベルに達したのかを知り、それが相手の行動にどう影響を与えるかを理解することである。

リンゴを見ている相手を見て、リンゴの形を表象するニューロン群の活動状態、興奮性や抑制性のシナプスの状態など、相手の大脳皮質がいまどんな状態にあるかを直観的に思い浮かべる人はいない。だれも相手にこうしたニューロンレベルの注意の状態を帰属したりはしない。このレベルの詳細は必要ない。脳はもっと図式的で効率的なモデルを作り上げる。私たちは直観的に「いまこの人はリンゴのことが気になっていて、次にするのはおそらくこれかあれだろう」と考える。

この章でも、単純化された有用な注意の内的モデル、注意スキーマについて見てゆく。しかし今回は、それが社会的知性のために、すなわち自分自身ではなく他者のモデルを作るために使われる。

アンとサリーが、蓋つきのバスケットを二つもって、公園でランチタイム。サリーはトイレに行くために、サンドイッチをバスケットAにしまって、そこを離れる。サリーのいない間に、アンはこっそりサンドイッチをとり出して、バスケットBに移し、蓋をする。そこにサリーが戻ってくる。サリーは、どちらのバスケットからサンドイッチをとろうとするだろうか？　簡単だが、これが「心の理論」の能力を調べるのによく使われるテストだ。[3]

このテストに正解するためには、サリーの心のなかの知識を追跡する必要がある。サンドイッチの場所についてサリーが知っていることは、バスケットAに入れた時点では正しかったが、バスケットBに移し変えられた時点で誤りになった。サリーの心がこうした誤った情報をもち、この情報が彼女の行動を決定するということがわかっていなければ、この課題は解けない。そのため、このテストは「誤信念課題」とも呼ばれる。正解は、サリーはバスケットAを開ける、である（そしてサンドイッチがないことを発見する）。

五歳以下の子どもは、このテストにほとんど正答できない[4]。彼らからすると、サンドイッチがバスケットBにあるのならサリーはそこを探すに違いない、どうしてサンドイッチの入っていないバスケットを開けたりするのか、というわけだ。五歳を過ぎる頃から、社会的思考が磨かれ、この課題を直観的に容易に解けるようになる。おとなになる頃には、ふつうは他者の心の状態を把握するのがかなりうまくなっている。

チンパンジーはこの誤信念課題を解けるようだ。証拠もある[5]。同じシナリオがチンパンジーの前で演じられる。チンパンジーが見ているなか、サリーが果物を箱Aのなかに入れ、その場を去る。アンがその果物を箱Bに移す。最後にサリーが戻ってきて、自分の果物をとろうとする。チンパンジーの視線を観察すると、チンパンジーは箱B（実際に果物が入っている箱）よりも、箱A（果物が入っているとサリーが思っていて、開けるであろう箱）に視線を向ける時間が長い。チンパンジーは、サリーの心の内容を知っていて、彼女の行為を予想しているのに違いない。

ワタリガラスも同じような課題が解けるようだ[6]。彼らには貯食という習性があるが、ほかの鳥に盗まれる可能性がある時には、食べ物を隠したがらない。ワタリガラスがほかのワタリガラスの見ているなかで、食べ物を隠すとしよう。そのあと、見ていたワタリガラスがその場を去る。そのすきに、隠したほうのワタリガラスは、おそらく将来的に盗まれないようにするために、食べ物を巧妙に隠し直す。隠したほうは、あたかも見ていたほうが、食べ物がどこに隠されたかを知っていて、戻ってきた時にはその知識が誤っているため、間違った場所を探すとわかっているかのようである。

人間以外で誤信念課題に合格するのは、ごく少数の動物に限られる。私がいま紹介した例にも実は異論がある。しかし、ほかの動物には心の理論がないと結論づけるのは、時期尚早のように思われる。誤信念課題はハードルが高過ぎる。複数の箱での中身の入れ替えを追うのは、カップの玉当てゲームのように、知的に複雑である。それを解けるのがいつも人間だけというのは、驚くにはあたらない。私の関心は、もっとシンプルなもの、心の概念にある。私たちはみな、サリーが心をもっていて、その心は情報をもつことができ、その情報にもとづいてサリーは行動するということを理解している。ほかの動物も同じ直観的理解をもっているだろうか？　彼らも、他者がなにかを意識するということがどういった意味をもつか、わかっているだろうか？

動物の行動を研究する科学者は、シンプルな説明を好む。彼らは、ある動物が他者の心の概念をもっていると考えるよりも、その動物が単純なルールを学習したと仮定するほうが簡単だと考える傾向にある。たとえば、シマウマは、ライオンが自分たちのことを意識しているとわかる必要はなく、代わりに、歯の目立つ大きな生き物からとにかく逃げればいいのだ、というように。特定の刺激に対して、特定の反応をする。シマウマは、こうした刺激と反応の結びつきがよくわかっていれば、うまく生きてゆけるだろう。しかしここで指摘しておきたいのは、SR（刺激－反応）心理学がとるこのような仮定は素朴過ぎるということである。複雑な環境を生きるために、膨大な数の結びつきを学習することは、もっとも簡単な方法ではないし、効率的でもない。計算という観点では、モデルを用いるほうがおそらく簡単である。というのは、ひとつのモデルが広範囲の環境や状況で使えるからだ。シマウマにとってはスキーマモデル——ライオンが心をもっていて、その心は外界の対象をとらえ、いったん対象をとらえると、その心がライオンの行動を導く——をもつほうが、よりシンプルで、計算する上でもコストのかからない解決法だろう。

シマウマがほかの個体の意識を「わかる」と仮定するのは、突飛な考えのようにも思える。そう思えてしまうのは、私たちが意識をヒトに特有で、文化とも深く結びついた高等な特性だとみなしているからである。シマウマが高等だったり複雑だったりするわけがないと、私たちヒトの自尊心が言っているのだ。私は、意識が古くからある心の理論の一部だと思う。それは、動物の行動を予測するのに使えるシンプルで効率的なモデルであり、人間の出現よりずっと前に進化した可能性が高い。シマウマやほかの哺乳類、鳥類、そしておそらく一部の爬虫類が、ほかの個体の行動を予測するために、その複雑さの程度に違いはあれ、意識というこの便利な概念を使っているとしても、私は驚かない。

ヒトが高度の意識をもっているというのは、私たちの大好きな言い回しだ。私たちは、ほかの動物がまったく意識をもたない、あるいは彼らの意識は未発達だと考える傾向にある。こうした見方は、意識は複雑さから生まれるというよくある考えと合致する。ヒトは、動物のなかでもっとも複雑な脳をもっているので、もっとも鮮明な意識をもっているに違いないというわけだ。しかし、私たちが自慢気に挙げるすべての心的能力——計算、言語、道具の使用など——のなかで、意識は私たちにとってもっとも基本的で、さほど特別ではない能力のひとつである。意識の内容、思考、アイデア、信念、洞察豊かな知覚、死の認識はおそらく、ほかの動物よりもヒトではより洗練されていることは認めよう。しかし、なにかを主観的に体験したり、主観的体験を他者に帰属させることができるという能力は、基本的に有用なので、動物界の広い範囲にわたって共有されているかもしれない。注意スキーマ理論が正しいのなら、意識はヒトだけのものではないだろう。

理解を深めるには、工学的視点をとると有益なことがある。人間の行動を瞬間ごとに予測できる機械は、どうすれば作れるかを考えてみよう。これを考えることで、脳がいかに難しい課題を解いているかがわかると同時に、脳の基本原理もいくつか明らかになる。さらに、これはあとの章で人工意識の可能性を考える時にも関係してくる。

ひとりの人間（ケヴィンと呼ぼう）が部屋に入ってくる。隠しカメラとマイクが彼を隠し撮りしている。カメラとマイクは、コンピュータシステム、プレディクタ５０００につながっている。このマシンに、ケヴィンがその時々ですることについて、予測をさせようというのだ。

部屋には次のようなものがある。部屋の真ん中のテーブルの上には白い粉がまぶされたドーナツがあり、上から明るく照らし出されている。テーブルの前の床には、小さな水たまりがある。部屋の隅の棚には、携帯電話。そこは照明が暗い。

私たちが予測マシン、プレディクタ５０００にまずさせるのは、この部屋のなかのアフォーダンスの特定である。アフォーダンスは、一九七〇年代に生態心理学の先駆者、Ｊ・Ｊ・ギブソンが用いた概念である。[7] 彼は、動物や人間がまわりの世界を見回す時、視覚システムが行なっているのは、写真を撮るようにあるがままに世界をとらえることではなく、行為のための機会を特定することだと考えた。この機会のことをアフォーダンスと呼ぶ。たとえば、ハエはカエルにアフォーダンスを与え、カエルはハエを捕まえて食べる。枝は鳥にアフォーダンスを与え、鳥はその上にとまる。ドアノブは人にアフォーダンスを与え、人はそれを回す。

さてここで、実際に機能する行動予測マシンを作ることがどれほど大変かを考えてみよう。プレディクタ５０００は、人を見て、次に水たまりを見て、そしてその人が水たまりをまたぐかもしれないという情報を引き出すために、人間行動の専門知識を必要とする。この作業を、人間が遭遇しうるあらゆる対象で繰り返したとしよう。有能な予測マシンであるためには、人間の習性に関する膨大な量の種々雑多な予備知識が必要となる。こうした知識を人工知能に組み込むこと自体は、対象を認識してこれから起こりうる行為と結びつければよいので、本質的に複雑ではない。問題は、学習しなくてはならない結びつきが山のようにあるということだ。

この課題をもっと難しくして、それぞれの対象にたくさんのアフォーダンスをもたせてみよう。部屋は質素で、三つのものしかないが、たくさんの可能性が隠れている。ケヴィンは水たまりをまたぐかもしれないし、水たまりを踏んで水を跳ね上げるかもしれない。あるいはタオルを取り出して水たまりを拭き取るかもしれない。激怒してテーブルをひっくり返すかもしれないし、それを部屋のなかの別の場所に動かすかもしれないし、その上に乗ったり、あるいはその下に隠れたりするかもしれない。ドーナツをとって食べるかもしれないし、床に投げて踏み潰すかもしれないし、眼に近づけて、穴越しになにかを見たりするかもしれない。携帯電話をとって電話をかけるかもしれないし、こっそりとポケットに入れたり、あるいはたんに近づいてじっくり見入るかもしれない。この予測マシンは、膨大な数の考えうるアフォーダンスに直面する。

課題を簡単にするために、平均的な人間ならどう行動するかという事前確率の情報を前もって予測マシンに与えてみよう。大部分の人はふつう、水たまりを踏んだり、テーブルをひっくり返したり、ドーナツを踏み潰したりはしない。それらは確率的にあまり起こりそうにない出来事だ。可能性が高いのは、水たまりをまたいだり、ドーナツを食べたりするほうだ。人間の行動についての十分なデータがあれば、水たまりやドーナツに遭遇した時に、平均的な人間がこうした特定の行動を選択する確率を、数値で表わすことができる。

しかし、前もってこうした基本情報を入力しても、マシンはまだ十分な予測ができない。いまのところ、情報に反映されているのは平均的な人間である。私たちは、問題の人物、ケヴィンがこのような状況でどうふるまうかを知らない。予測マシンを助けるために、心の理論に関する情報を与えてみよう。たとえば、もし私がケヴィンは一〇時間ほどなにも食べていないと知っているなら、ケヴィンがドーナツを食べる確率は高いと推測するだろう。もし彼が糖尿病だと知っているなら、ドーナツを食べないと推測する。もし彼には衝動の制御に問題があるとか、いままさに激怒していると知っているなら、高い確率でわざと水たまりを踏んで水を跳ね上げると推測するだろう。哲学者のダニエル・デネットは、人間についてのこのような情報を「志向姿勢」と呼んだ。[8] 私たちは相手を見るとつねに、「この人はなにを考えていて、次になにをするだろうか?」と、思わず考えてしまうのだ。

研究者たちは、志向姿勢を用いた人工的な行動予測システムを作り始めている。[9] 相手の志向姿勢を推測するためには、人間の本性について、すなわち典型的な人間の動機づけや、とりわけ表情による感情表出についての複雑な知識を蓄える必要があるだろう。しかしここでは、志向姿勢の問題に進むのではなく、もっと単純で基本的なことから始めよう。

一般的な人間の行動についての統計情報を、ケヴィンに関する情報や、彼の現在の志向姿勢と組み合わせて、一組の数字におきかえるとしよう。部屋内のアフォーダンスにはそれぞれ確率が次のように割り当てられる。ドーナツを食べるのは三〇％、水たまりをまたぐのは五〇％、だれかが置き忘れていった携帯電話をポケットに入れるのは三％、といったように。こうして私は、社会的認知に関係すると考えられる事柄はすべて調べあげて、プレディクタ５０００に入力した。やれるだけのことはやったように見える。

しかし、こうした有用な情報のすべてを入力しても、マシンはその時々のケヴィンの行動をまだうまく予測できない。ここで必要なのは、時々刻々と変化する隠れた重要な変数――ケヴィンがどこに注意を向けているか――についての情報である。ケヴィンの注意のリソースは部屋のなかで転々と振り向けられることで変化し、その結果ドーナツ、水たまり、携帯電話に対する行為の確率もたえず変動する。

ドーナツを例にとろう。ドーナツを床に投げて踏み潰すという行為の事前確率は低いので、予測マシンによって除外される。同じような理由から、ドーナツの穴越しにものを見るのも除外される。ドーナツに関して唯一残された現実的、もしくは可能性のあるアフォーダンスは、それを手にとって食べることである。しかし、この行為の確率は時間とともに変動する。この変動を予測するために、ベイズ統計と呼ばれる確率の考え方を使って、少しだけ数学の話をしよう。数学に関心がない方は、この箇所は飛ばしてもらってよい。とはいえ、できるだけ平易に解説するつもりだ。

平均的人間と、とくにケヴィンについて私たちが知っていることからすると、彼がドーナツを食べる総合的確率は三〇％と考えられる。この値が事前確率である。これをP_{prior}とする。マシンには前もってこの値が入れてある。ここでマシンは、ゼロから一〇〇の間で変わる第二の値を計算する。この第二の値は、ケヴィンがドーナツに向ける注意の量の推定値である。これをC_1とする。下付き数字は対象1、すなわちドーナツを指している。後出のC_2はケヴィンが水たまりに向ける注意量、C_3は携帯電話に向ける注意量である。C_1はたえず変動している。大半の時間、ケヴィンはドーナツにほとんどあるいはまったく注意を払わず、C_1はゼロに近い。時折、ドーナツに注意が向いて、C_1が少し上がったり、急に注意が高まって、C_1が一時的に一〇〇近くに跳ね上がったりすることもあるだろう。

ケヴィンの注意がドーナツに向くほど、つまりC_1が大きくなるほど、彼がドーナツに対してなにかをする可能性は高くなる。C_1はつねに変化し、その値が行為の可能性を示す。さてここで数式をひとつだけ用いよう。プレディクタ５０００に「いまこの瞬間に、ケヴィンがドーナツを食べる確率（P_{action}）はどれぐらいか?」と聞くとする。プレディクタ５０００は、次のような簡単な計算をして、この確率を推定する。

$$P_{action} = C_1 \times P_{prior}$$

これだけだ。推定される注意量に事前確率を掛けるだけで、その時々のケヴィンの行動を予測できる。ケヴィンがドーナッツに注意を向けないかぎり、C_1はゼロなので、P_{action}もゼロ。マシンはケヴィンがドーナッツを食べないと予測する。ケヴィンがドーナッツに注意を向けると、それを食べるという推定確率も跳ね上がる。この時でさえ、ドーナッツを食べる確率は、P_{prior}を上回ることはない。結局のところ、たまたまおいてあったドーナッツを食べる人などそういないので、確率はきわめて低い。ドーナッツに注意が向かなくなると、ケヴィンがドーナッツを食べる確率もゼロに近い値に戻る。このような計算が有用なのは、心の理論の標準的なアプローチを採用し、秒単位でダイナミックに変化する注意の枠組みのなかに、瞬間ごとのスナップショットを組み入れるからである。

予測マシンの課題は、このたえず変化するC_1という値を推定することだ。しかし、このマシンは、ケヴィンの脳に直接はアクセスできない。ケヴィンの注意は、彼の頭蓋のなかに隠れたきわめて複雑なニューロンの相互作用の結果である。予測マシンは、ケヴィンに向けられたカメラと、部屋のなかの音声を拾い上げるマイクしかもたない。この限られた観察を、ケヴィンの注意状態の推定値に変えるための、なんらかの簡便な方法が必要だ。

マシンを助けるために、注意がどうはたらくかについて、科学的に確認されているいくつかの知見を利用しよう。第一に、ドーナッツは白い粉がまぶされていて、明るい光の下にあるので、刺激として顕著で、眼に飛び込んでくるような知覚的効果がある。顕著性が高ければケヴィンの注意を引きやすく、マシンはC_1の推定値を引き上げるかもしれない。第二に、注意は視野内の混雑度に反比例する。テーブルの上にはドーナツしかないので、マシンは再びC_1の推定値を引き上げるかもしれない。第三に、ケヴィンの視線の方向が有益な情報を与えてくれる。ただし、視線は完璧な指標ではない。ケヴィンは、ドーナツを直視していたが、心はほかのことで占められていたかもしれない——廊下から聞こえてくる物音に耳をすましていたとか、明日することについて考えていたとか。とはいえ通常は、その人の注意を推定するなら、視線は考慮すべき指標だ。第四に、顔の表情が手がかりを与える。もし無表情から急に真剣な表情に（眼がドーナツに釘付けになるといったように）変化したら、マシンはC_1の値が増加したと判断するだろう。

考慮すべきこれらの項目——顕著性、混雑度、視線の向き、顔の表情——を入力すると、マシンは、時間とともに変化するC_1の値（ケヴィンがドーナツに向けている処理資源の量）を推定できる。この推定値は、マシンが取り込む情報の変化とともに変動する。マシンはC_1の値を用いて、ケヴィンがドーナツを手にとって食べるかどうかについて刻々と変化する確率を計算できる。

部屋のなかにあるほかの対象も検討し始めると、状況はもっと興味深くなる。たとえば床の上の水たまり。マシンは、ケヴィンが水たまりに向けている注意の量、C_2を計算する。水たまりは明らかに、部屋の中心の目立つ場所にはない。テーブルの影のなかにあるので、明るくもなければ光ってもいない。つまり、顕著性はない。ケヴィンの視線が床に向いていないとしよう。周辺視で水たまりを見ている可能性もあるが、初回の概算としてマシンはC_2を低く推定するだろう。その結果、ケヴィンがテーブルに向かって部屋を入った時に、水たまりをまたぐ確率は低くなる。

注意を向けていなければ、水たまりを踏むことになるだろう。

右にあげた二つの数値、C_1とC_2は独立しておらず、相互に依存している。ケヴィンの注意のリソースには限りがあるため、C_1が増加すると、C_2は減少する。ドーナツにより多くの注意を向けると、その分、水たまりへの注意は少なくなる。もし、テーブルに向かって歩いている最中に、注意がドーナツに強く引きつけられたら、ケヴィンが水たまりを踏む可能性は高くなる。部屋のなかにあるそれぞれの対象のC値を計算するには、対象間の相互作用を考慮できるモデルが必要になる。

この予測マシンは、ケヴィンがどの程度携帯電話に注意を向けているかの推定値、C_3も計算できる。はじめは携帯電話が部屋の隅の暗がりにあり、ケヴィンの視線もそちらを向いていないので、C_3の値は低い。ここで携帯電話が鳴ると、顕著性が一気に高まる。隠しマイクを通して顕著性の変化を検出した予測マシンは、C_3の急激な増加を算出する。ケヴィンの注意はその瞬間に携帯電話に対して高まっただろう。たとえ彼の視線がほかを向いていたとしても、その瞬間における刺激の顕著性の高さからすると、C_3の値も高いはずである。その結果、C_1とC_2の値は減少する。この三つの数値は、たえず競争のダンスを踊っている。携帯電話が鳴った瞬間に、ケヴィンがドーナツを手にとる確率は、ゼロ近くまで急落する。さらに、その音で携帯電話に向いたケヴィンの注意は、ある種の粘性をもつ。コール音を聞いてから少なくとも〇・五秒間は、注意は携帯電話に向いたままであり、その後、人間の注意に特有の変化曲線に沿って徐々に減ってゆく。注意は対象から対象へと瞬時には移動しない。行動を的確に予測するためには、Cの計算に人間の注意の粘性も組み入れる必要がある。

これらの複雑さをすべて含めて、プレディクタ５０００は、たえず変化するC_1、C_2、C_3の値を計算しなければならない。計算は、人間の注意のはたらきについての基本的な情報にもとづいて行なわれている。マシンは、環境内のそれぞれの刺激の顕著性、混雑度、ケヴィンの視線の向き、表情、人間の注意の時間的推移といった手がかりを利用する。時間とともに変化するC_1、C_2、C_3の値を計算することで、マシンは、ドーナツ、水たまり、携帯電話に向けたその時々の行為をする確率を推定できる。

Cにおけるこの計算から、次のようなモデルが導ける。予測マシンは、ケヴィンがある特性――C物質と呼ぶことにしよう――をもっているという仮説を立てる。このC物質は、光を遮ることも光を反射することもないため、眼に見えず、直接観察することはできない。C物質はケヴィンの内部で作られ、外部に流れ出る。それは眼から直線的に流れ出る傾向があり（時には見えないところにも届くので、必ずしも直線経路をとるとは限らないが）、環境内の特定の対象と接触する。対象間で分割もでき、ある対象にそれが集中する時には、ほかの対象に行く分は少なくなる。ちょうどホースから噴射される水のように、ひとつの対象にC物質がかかるほど、ほかの対象にかかる量は少なくなるのだ。

C物質は液体によく似たふるまいをする。[10] 源から流れ出て、その全体量は、こちらの流量が多くなればあちらの流量が少なくなるといったように、ほぼ一定に保たれている。多少の粘性もある（動きが遅くなると、流れの方向が変わる）。この物質は眼に見えない粘性をもった液体のようにふるまうが、それと同時に、行為者を力づけるという点で、エネルギーや意志のような性質ももつ。それは、ケヴィンを直接行動に駆り立てたり、特定の行為を決定したりするわけではないが、ケヴィンに行動選択のためのエネルギーを与えるものとして作用する。

このC物質は予測マシンの産物だ。実際にはそのような物質は存在しない。それは、ケヴィンの頭のなかで実際に起こっているきわめて複雑な神経処理の代理物である。彼の頭のなかでは八六〇億のニューロンが彼の行為をコントロールしているが、予測マシンは、彼がもっと単純ななにか、もっと模式的で、非物質的な意識によく似たなにかをもっていると考える。

このC物質とは、皮質性の注意を単純化したモデル、すなわち注意スキーマのことである。

このような人工的な予測マシンは、身近なところでの応用も考えられる。たとえば、店内に設置して、お客の行動の予測に使うことができる。人々の注意をモニターして、だれがいるか、どこを見ているかを追うだけでなく、注意を一〇段階で評価することで、セキュリティや群衆の誘導などに使えるかもしれない。またビデオゲームにおいて、ノンプレイヤー・キャラクター〔プレイヤー側ではなく、コンピュータ側が操作するキャラクター〕が、現実のプレイヤーの行動をうまく予測するのにも使える。眼に見えない非物質的な意識の力を行為者に帰属させることは、人間の高尚な能力ではない。それは、行動予測に使える単純でプログラム可能な技術である。

プレディクタ５０００の予測の成功率は高くないかもしれない。人間の行動を正確に予測するのはかなり難しい。ケヴィンは部屋のなかを歩きはするが、特段なにもせず、ぶつぶつ独り言を言うだけかもしれない（まったく予測に従わない行動パターンだ）。彼の行動はランダムで、私たちの知る由《よし》もない隠れた要因によって決まっているかもしれない。私は、人間が互いの行動をその時々で正確に予測できるとは思わないし、人工知能ならよくできるかと言えば、そうも思わない。しかし、この予測マシンは絶対的な意味ですぐれている必要はない。その予測が相対的によければ（偶然よりも正確であれば）、十分なメリットがある。それは、人間が不完全な社会的予測から得ているのと同じメリットだ。

このマシンをもっと難しい状況にも対応できるように拡張してみよう。ケヴィンは注意をドーナツや携帯電話だけでなく、考えや感情にも向けることができる。注意を抽象的な対象に向ける場合、課題は一気に難しくなる。プレディクタ５０００が、マイクを通してケヴィンの電話での会話を聞くとしよう。マシンに与えられた課題は、会話中の話題や考えに対するケヴィンの注意の変動を再構成して、彼がどう反応するかを予測することである。この電話の課題がビデオを用いた行動予測よりもはるかに難しいのは明らかだ。というのも、マシンが収集する情報は、大幅に減るとともに抽象度が一気に増すからである。ケヴィンの発することばと声のトーンですべてを伝えなければならない。しかし、基本原理は同じである。マシンは、ケヴィンの注意を引いている対象（この場合は抽象的な考え）を特定し、それらの対象間で分割されているケヴィンのＣ

物質、すなわち意識のエッセンスについてモデルを立て、そのモデルを使ってケヴィンの言語行動を予測する。

人間も、まさにこの種の予測マシンをもっているのではないだろうか。私たちはたえず相手に対して、繊細なC物質——なにかについての意識、もしくは眼に見えず液体のように流れるある種の力やエッセンス——を帰属させている。それは人から発せられ、眼から出て直進する傾向があり、まわりのものと接触する。それは行動を選択し外界にはたらきかけるよう人を力づけるという意味で、エネルギーや意志のような性質をもつ。私たちは必ずしも自分がこの風変りな注意モデルをもっているとは気づいていない。それは自動的に生じるものであり、私たちは、ほかの人々がそうした意識を発しているという奇妙な印象をもつ。それはとりもなおさず、他者の行動の予測という重要な問題に対して進化が見出した、実用的な解決法である。

最近、私たちは少々変わった実験をした(11)。被験者はコンピュータ画面内の、テーブルに直立しておかれた紙の筒を見せられた。そして筒が徐々に傾いていく様子を想像して、倒れる角度を判断するよう求められた。被験者はキーボードの矢印のキーで画面上の筒の傾きを調整して、倒れる角度を推定した。筒の高さや幅を変えて、実験が繰り返された。右に傾く場合と、左に傾く場合があった。課題の成績はかなりよく、被験者が推定した角度は物理的に妥当な値だった。

実験では毎回、画面上にヒトの横顔も呈示した。私たちはその顔について、被験者になにも説明しなかった。ただ映し出されているだけで、画面の右端にあることもあれば左端にあることもあったが、眼は筒を直視していた。あとから被験者に、なぜ画面上に顔があったと思うかを尋ねると、さまざまな答えが返ってきたが、実験のほんとうの目的はわかっていなかった。被験者のほとんどは、顔は自分の判断には影響しないと思っていた。しかし、顔は角度の判断に微妙に影響していた。被験者はあたかも、その顔の眼からエネルギービームが出て、紙の筒を押しているかのように感じていた。筒が顔に向かって傾く時、まるで眼のビームが筒を支えているかのように、被験者はもっと傾いても倒れないと判断した。顔と反対側に傾く時には、眼のビームがそれを軽く押しているかのように、より浅い角度で倒れると判断した。しかし、顔に目隠しをした場合には、この効果は消え去った。まるで目隠しによって眼のビーム効果がなくなったかのように、筒が顔に向かって傾く時も、反対側に傾く時も、角度の判断は同じになったのだ。

私たちは、ビームが軽い紙の筒を倒す効果から、そこから発せられる仮想上の力を計算することもできた。その力は一〇〇分の一ニュートンと、ごく小さかった。どれぐらいの力かというと、通常の地球の重力のもとで、手のひらに載せた一粒のブドウがおよぼす力よりもやや小さい程度だ。もちろん、このように微弱なのは予想されることである。もし他者の眼から出る力がゴミ箱を倒す強風と同じぐらい強いと感じるなら、知覚と現実の間に衝突が起き、生きる上で大きな障害になるはずである。しかしこの仮想上の力は、やっと測れる程度に弱かった。

被験者は、自分がそのようなバイアスを示しているとは思っていなかった。実験後に行なった質問には、自分の傾き判断は顔とはなんの関係もないと答えた。さらに私たちは被験者に、視覚はどのようにはたらくと思うか——眼からなにかが出てゆくのか、眼になにかが入ってくるのか？——を尋ねた。五％ほどの被験者は、眼からなにかが出ると答えたが、残りの被験者は正しく、視覚は眼に入ってくる光によってはたらくと答えた。とはいえ、私たちには被験者がみな潜在的には、見開かれた眼から見えない物質が流れ出て、物質世界に作用していると考えているように思えた。彼らは自然とそうしていた。私の解釈では、この実験はC物質をとらえていた。私たちは単純化された注意モデルがはたらいているのを観察していたのだ。

眼から視覚的注意が発せられ、外界の対象に物理的な影響をおよぼすといった考えは、古くからある。それはもっとも根強い民間信仰のひとつだ。外送理論と呼ばれるこの視覚理論は、少なくとも古代ギリシアの哲学者までさかのぼれる[12]。その長い歴史では、プラトンや古代ローマの医師ガレノスがこの理論の有名な支持者だった。九世紀に、アラビアの科学者イブン・アルハイサムが最終的に正しい光学の法則を見出し、外送理論は誤りだと宣言した。光は直線的に眼に入り、そこに像を結ぶのである。

このような決定的な科学的答えがあるにもかかわらず、眼のビームについての民間信仰は続いた。アルハイサムから一〇〇〇年後のいまも、「邪視」の信仰は（それから守ってくれる魔除けのビジネスとともに）まだ多くの文化に広く見られる[13]。私たちの文化では、スーパーマンはX線でものを見て、なぜか眼からX線を発してものを燃やす。ほとんどだれもが、首筋にエネルギーのビームが当たっているかのような、背後から見つめられている不気味な感覚をもったことがある。一八九八年、心理学者のエドワード・ティチナーは、この広く見られる信念を検証する価値があると考えた。(14) 対照実験の結果、どんなに心理的な印象が強烈でも、人は互いの視線を直接は感じとれないことがわかった。

眼のビームの信仰は心理的な魅力があるようだ。五歳頃だったと思う。私は、家のポーチの階段に父と一緒に座って、星空を見上げていた。父は「星は遠くにあるのに、どうして見えると思う?」と私に聞いた。いま思うと、父は、何百万年も旅してきた太古の光のことを説明したかったのかもしれない。しかし、残念ながら私は話を脱線させてしまった。空を見上げる時には眼からなにかが出て、空を上がってゆくと答えたのだ。私には、科学的な父が驚いているのがわかった。父はすぐに光学の原理を丁寧に解説してくれた。そう、まさにその瞬間、私は視覚の外送理論から内送理論へと考えを切り替えたのだった。だれもがそのような切り替えを経験するのだろうが、科学者としての私の人生のなかでは、それは決定的瞬間だった。視覚が眼から出るものによって引き起こされるという考えは、きわめて直観的であり(能動的にものを見る方法についての理解に深く組み込まれている)、心理学者のジャン・ピアジェが発見したように、子どもにはそれが生まれつき備わっている。(15) 大きくなって初めて、私たちは科学的に正しい説明を受けるのだ。

一九九〇年代に行なわれた一連の研究によると、アメリカの大学生の多くがこの誤った外送理論を信じていた。[16] これらの研究では、六〇％もの大学生が、眼に入るものでなく、眼から出るものによって視覚が引き起こされると答えた。とはいえ、私はこの極端な結果には懐疑的である。質問の形式が答えに影響をおよぼしたかどうか、科学教育がこの三〇年で大きく改善されたかどうか、これらの大学生が質問に真剣に答えていたかどうかが不明だからである。これに対して、私たちの実験では、被験者は年齢や教育レベルの点で幅広い層にわたっていたが、この誤った考えをもっていた被験者は少数だった。今日では、眼のビーム説を本気で信じている人はまれであって、ほとんどのおとなは光学の基本を理解している。

しかし、こうした科学的理解にもかかわらず、私たちは依然として外送理論的な考え方にとらわれているように見える。私にとって、紙の筒実験でもっとも興味深かったのは、被験者の理知的な知識と本人の気づいていない直観との間の驚くような対比だった。知識が豊富かどうかは関係がなかった。彼らは暗黙裡に、ものが見えるのは眼からなにかが出るからだと思っていたのだ。私は、この直観が視覚的注意に留まらず、あらゆる種類の注意にもおよぶと考えている。私たちの文化には、注意を懸命に集中させることによって、人に触れたり、ものを動かしたりできるという素朴な信念があふれている。はじめて『スターウォーズ』を観たあと、心を鉛筆に集中させて動かそうとする子どものなんと多いことか。確かにかつての私もそうだった。私が思うに、古典的な眼のビームは心のビームによく似ている。多くの場合、心のビームは眼から発せられる（このビームは必ずしも視覚に限定されるわけではないが）。

このような考えがこれほど強い文化的影響力をもつのは、それが数百万年をかけて進化した、だれもが生まれながらにもつ、自動的かつ潜在的な内的モデルに深く組み込まれているからである。このモデルは、他者の注意を図式化して効率よく追跡し、行動を的確に予測するのに役立つ。私たちは、頭ではわかっていても、そうした直観をもってしまう。気づかぬままに、他者の発する注意のビームを考えてしまうのだ。

なぜ意識を科学的に研究することがこれほど難しいのだろうか？　こうした直観もその理由のひとつだろう。意識についての理論の多くが、神秘的で非科学的な仮定にとらわれている。人間の脳がどのようにしてとらえどころのないC物質を生み出すかを理解しようとするかぎり、意識を科学的に理解することはできない。私たちは心のなかのモデルにアクセスするが、そのモデルは物理世界を科学的に正確に描写するように進化したものではない。そのモデルは、長い進化の時間のなかで形作られて磨かれ、特定の実用面で最適なものになっており、図式化されて、不要な細部が省かれている。私たちはこうしたモデルの中身を額面通りに受けとって、眼のビーム、見えない内的エネルギー、あるいは主観的エッセンスを科学的に研究しようとしてしまう。そして、どのようにして脳がC物質を生み出すのかを解明しようとする。このふしぎな心のしくみを作る方法については、工学的な解決策はないだろう。しかし、まさにそのような単純化された構成物を計算に組み込んだ行動予測マシンを作ることには、工学的に大きな意味がある。

注意スキーマ理論は（ほかの機械論的な理論もそうだが）、意識を過少に評価しているとか、意識を錯覚とみなしているとして非難されることがある（錯覚説については第7章で詳述する）。しかし、注意スキーマ理論では意識を機械論的にとらえることができるので、その具体的かつ実用的な使い方も理解できる。この理論は、意識を過小評価するどころか、意識を人間の能力の中心におく。これまでの章で述べてきたように、意識は、古くからの極度に単純化された内的モデルであり、進化の過程で磨かれて、二つの主要な機能をはたすようになった。その機能のひとつは、自己モデルとしての機能、すなわち自分自身の注意をモニターして予測し、その制御を助けることである。もうひとつは社会的認知の触媒としての機能であり、他者の注意状態のモデルを作り、それによって他者の行動を予測する。私が言いたいのは、意識が科学的に理解可能だということや、究極的には工学的に意識を作り出せるということだけではない。それは並外れた力と実用的意義をもった道具にもなるのだ。

6　意識はどこにあるのか？——ヨーダとダース・ヴェイダー

人間の脳と意識についてだれもが最初に口にするのは、意識がどこにあるのかという疑問だ。意識はいったい脳のどこにあるのだろう？

もちろん、意識という機能がどこにあるかがわかったからといって、意識がどういうもので、どのように生み出されるのかがわかるわけではない。あなたがコンピュータにメモリがどのように保存されるのかをまったく知らないとしよう。ハードウエアに詳しい友人がコンピュータを開けて、なかの部品を指し、「これがメモリチップだよ」と言ったとする。それを知っても、あなたは前と同様、メモリがどう保存されているかはわからないままかもしれない。でも少なくともスタートラインには立っている。答えを得るにはなにを調べればいいかを知っているからだ。願わくは、脳のなかの意識の座を突き止めることも、同じようであってほしい。

意識の座の候補としてよく挙げられてきたのは大脳皮質である。大脳皮質はヒトの進化においてもっとも拡張した脳の部位だ。[1] 第二の候補として挙げられるのは視床である。[2] すでに見たように、視床は大脳皮質と密に連絡しており（視床の各部分は皮質の特定の部位に連絡している）、両者の間では情報がたえず行き来している。[3]

第三の候補は、前障《ぜんしょう》と呼ばれる未知の脳領域である。前障は、脳の両側、耳に近いところにある、皮質の深部に位置する細胞群の薄い層だ。[4] 一九八七年、私がなんにでも興味をもつ怖いもの知らずの学部生だった頃の話。神経科学の研究室に入った私は、指導教員に前障が研究できないか相談した。というのも、前障についてはほとんどなにもわかっていないように思ったからである。指導教員はやってみろと言ってくれた。しかし、前障はあまりに薄い層なので、そこから信頼するに足る信号を引き出すのは無理なことがわかった。結局、研究テーマは変えざるをえなかったが、その後も前障のことが気になった。前障が科学ニュースでとりあげられた時には必ず記事に目を通してきた。前障は処理ループを通して大脳皮質に連絡している（これは視床－皮質ループと大きくは違わない）。皮質とのこのつながりは明らかになっているものの、前障そのもののの機能はいまだ不明である。同じことは、いくつもの脳組織に言える。脳の大部分が未知の謎を秘めていることは、神経科学の歓びのひとつをなしている。

この三つの候補の脳組織が密接に結びついて、ひとつのシステムを構成している。そうだとすると、意識は大脳皮質の機能だと言ったほうがよいかもしれない。とはいえ、これには「それにプラスして視床と前障などの組織がないと、大脳皮質が機能しない」という但し書きがつくのだが。皮質は、うまい具合に大脳の表面に広がっているため、ほかの脳組織よりも研究がはるかに容易であり、脳についての主要な実験的研究は大脳皮質に集中している。いま私たちがしようとしているのは、皮質のすべての領域が意識に寄与しているのかどうか、とくに重要な領域がないかを明らかにすることである。意識にもっとも寄与する皮質領域があるにしても、当然ながら、そこに連絡している視床や前障、そしてほかの多くの脳組織も関係しているはずだ。

神経科学は、「色模様学《ブロボロジー》」という皮肉な異名をとっている。脳の表面をいろんな色で塗り分けて、そこに固有の機能を割り当て、それでわかったような気になる学問の謂《い》いである。大脳皮質は伝統的に、それぞれ異なる特性をもつ切手大の領野に区分けされてきた。しかし、大脳皮質の理解が進むにつれて、大脳皮質は独立した領野からなるのではなく、領野間に広がるネットワークからなることが明らかになった。ちょうど国家間の外交ルートのように、関連する領野どうしが機能的な連絡をもち、それらの間の連携は、その人の心の状態や実行中の心的作業の性質に応じて切り替わったり、変化したりする。

この章では、大脳皮質のどのネットワークが意識に関わっているのかを解き明かそうとする実験のいくつかを紹介する。これまでに行なわれてきたすぐれた実験のすべて（あるいはその多く）をカバーしようとは思っていない。紹介するのはほんの少数の例だが、意識研究につきまとう概念上の難しさも知っていただければと思う。

プリンストン大学の神経科学者、サビーネ・カストナーは、私の研究室の下の階にいる。視覚的注意の分野で世界的に知られる研究者で、私と共同研究をしている。したがって、私が注意についての最新科学をもとに意識の理論を構築したのは、自然のなりゆきだったとも言える。ついでに言うと、カストナー博士は、共同研究者というだけでなく、私の妻でもある。夕食の時に話題にのぼるのは、もっぱら意識と脳のことだ。テーブルを飾っているのは、一一歳になる私たちの息子の脳の立体模型。脳スキャンにもとづいて作製したものだ。妻も私もそれを見ながら大脳皮質について議論を白熱させることがあり、息子はそれにあきれて、自分の好きな白亜紀の動物に話をもってゆこうとする。

数年前、セミナーなどの講演の一環として、妻は出席者をあるデモンストレーションでもてなした。まず、右眼と左眼にそれぞれ違った像を呈示する特別な3Dメガネを配布した。このメガネをかけると、ヨーダの像が右眼に、ダース・ヴェイダーの像が左眼に入る。このメガネをかけた出席者には、ヨーダとダースが同時には見えない。「両眼視野闘争」と呼ばれる現象が起こるのだ。たとえば、最初はヨーダが見え、数秒するとそれがまだら状に見え始めて消え去り、ダースが現われる。数秒後には、今度はダースが消失して、ヨーダが出現する。フォースの陰vs.陽の綱引きの右眼vs.左眼バージョンというわけだ。

両眼視野闘争は、研究者が脳内の意識の場所を突き止めようとして最初に用いたツールのひとつで、現在もよく用いられている。[5] MRIスキャナーに入った被験者の脳活動を測定し、ヨーダを見せた時に限って反応する視覚野のニューロン群が見つかるとしよう。おそらくそれらのニューロンは緑色の像〔ヨーダは緑色の肌をしている〕を選択的に処理している。ダース・ヴェイダーを見せた場合には、このニューロン群は黙ってしまう。さてここで、二つの競合する像——一方の眼にはヨーダ、もう一方の眼にはダース——を見せ、緑色の像にだけ反応するこれらのニューロンの活動を測定してみよう。

ヨーダはつねに右眼に映っているので、このニューロン群はずっと活動し続けるかもしれない。もしそうなら、これらのニューロンは視覚的意識とは関係せず、実際に映っている像の初期処理だけと関係していることになる。あるいはもうひとつの可能性として、これらのニューロンは、ヨーダの像が意識にのぼった時にだけ活動し、ダースが意識にのぼった時には活動しないかもしれない。この場合には、このニューロン群の活動はヨーダを意識することと相関している。これらのニューロンは、活動的になってヨーダを処理し、ヨーダについての意識を生み出しているのかもしれない。同様に、ダースについての意識を生み出す別のニューロン群もあるはずである。少なくとも表面的には、この実験は完全に筋が通っているように思える。

この方法は、一九九〇年代にサルの脳を研究する際にはじめて用いられ、[6] 現在もヒトの脳で、意識と相関する（あるいは意識を生成していそうな）視覚システムの領域を見つけ出すために用いられている。[7] 当初、研究者たちは、処理の階層の最下位に位置する皮質領野――最初に情報がこのシステムに入るところ、たとえばＶ１――はどちらの眼の像にも安定して反応し、意識には関係しないと予想していた。これらの領野は、あまりに単純なレベルで情報を処理しているため、意識を生じさせないと考えられていたのである。対照的に、階層の一番上にある皮質領野は、二つの像の切り替えに応じて反応し、意識がその切り替えを追跡していると考えられた。これらの領野はより豊かで複雑で全体的に情報を処理するので、視覚的意識を生み出す領野の一部に違いなかった。この二つの層の間のどこかで切り替えが起こっていると予想された。視覚情報が処理の階層をのぼることで、処理はより精巧で複雑になり、情報は閾値を超えて意識されるようになるはず、というわけである。

しかし、結果はそうはならなかった。代わりに、影響は視覚システム全体におよんだ。[8] 大脳皮質のみならず、初期の処理段階である眼と皮質をつなぐ視床の領域でさえ、意識的知覚と部分的に相関を示した。[9] 視床の活動は、どちらの像が意識にのぼるかに応じて、左右の眼の間で変化した。皮質の階層をのぼるほど、ニューロンの活動と意識的視知覚との相関は強まるものの、単純に意識領野と非意識領野とに分けられるわけではなかった。

これらの結果から、意識は視覚システムを通じて、すなわち情報が処理の階層をのぼるにつれて徐々に出現すると結論づけたくなる。この考え方では、脳にはこれといった意識生成の領野は存在せず、逆に意識はシステム全体の特性だということになる。この解釈は正しいだろうか？あるいは両眼視野闘争の実験は単純明快に見えるが、実はロジックに落とし穴があったりするのだろうか？

ここで、私たちがどのように色を見ているかという問題を引き合いに出そう。というのも、色はいくつかの点で意識に似ているからだ。私たちは色が固有の実体や重さをもっているとは考えないが、それでもなお色は存在し、身のまわりのものに付いている。以下では、色についての大きく誤った考えをとりあげる。そうすることで、意識の出現を考える際のロジックの欠点も明らかになる。

一個のリンゴを見ているとしよう。神経科学が伝統的に問題にしてきたのは「リンゴの情報は脳のどこで意識される視覚体験を生み出すのか？」であった。ここで問題にするのは、それと似たような問い「リンゴの情報は脳のどこで赤の感覚を生み出すのか？」である。

視覚システムはものの形を処理する。処理の最下層の皮質領野であるＶ１は、境界を仕切る線分の傾きといった、形の単純な特徴を処理する。この階層をのぼって、高次の皮質領野になると、これらが統合され、形のより複雑な特徴が処理される。ここで、脳が形を処理するなかで色が生成されるという理論――これは誤っているが、しばしお付き合い願いたい――を定式化してみよう。この理論では、視覚情報が最初に視覚システムに入る時、色はなく、モノクロとして符号化される。形の情報がより複雑なしかたで処理されるにつれて、処理段階のどこかで色が出現し始めると考える。情報が視覚の階層のもっとも高次のレベルに到達するまでには、色は形の情報から完全に生成されている。このおかしな理論では、色は脳によって生み出されるエッセンス、形の情報が処理される際の副産物と考える。ここでは、この理論を色出現理論と呼ぶことにする。

この誤った色出現理論を定式化したら、次のステップは、皮質のどの部分が色を生成するのかを明らかにすることである。そのためには、両眼視野闘争を用いて、被験者の脳活動をＭＲＩスキャナーで測定してみよう。ここで用いるロジックは、先ほど意識の実験のところで述べたものと同じである。刺激には赤の正方形と赤の円を用いよう。正方形を右眼に、円を左眼に呈示すると、被験者は両眼視野闘争を経験する。赤の正方形が数秒間見えていたかと思うと、それが消失し、次に赤い円が現われ、この交替が繰り返される。赤さの特性は初めは正方形と結びつき、次は円に移り、それが交互に切り替わる。ある瞬間に、正方形の情報は該当する脳領域に到達して赤という特質を生成し、次の瞬間には、円の情報が別の脳領域に到達して赤を生成するに違いない。では、これらの脳領域はどこにあるのだろう?

かりに、被験者が赤い正方形が見えると報告する時には活動的になるが、赤い円が見えると報告する時には活動しない皮質領野が見つかるとしよう。この領野は色を生成しているに違いない。また、この領野のニューロンは正方形についての情報を処理し、そのニューロンが活動的になった時には、その活動が正方形から赤も生み出すに違いない。おそらく、被験者が赤い円が見えると報告する時に活動的になる別のニューロン群もあり、それらは円から赤を生み出す機能を担っているだろう。

実験をしてみると、正方形と円の間の闘争を示す明確なサインは、処理階層の入り口からもっとも高いレベルまで、すべての視覚野に分布しているという結果が得られる。形に関する情報は、このシステム内のどこにあっても色を生成するように見える。この結果から、私たちは、色は脳のどの領野にも限定されない、脳全体に広がる特性をもっていると結論する。すなわち、色はシステム全体から出現するということになる。

この色出現理論の不合理さと両眼視野闘争実験の弱点を引き合いに出したのは、意識へのこれまでのアプローチを揶揄《やゆ》するためではない。私たちがいかに容易に誤った考え方をしてしまうかを示したかったからである。結局のところ、色が科学的に解明される以前なら、この色出現理論はなんとなく正しそうに思えたかもしれない。実際、もっと奇妙な理論もあった。今日、私たちは色について多くのことを知っているので、この色出現理論が変だとはっきりわかるものの、それとよく似た意識出現理論にはみごとなまでに簡単に引っかかる。こうした考え方には、次のような論理的な問題がある。

第一に、色はなにかから出現するといった特性ではない。確かに、ある意味では、色が見えることはニューロンのネットワークから「生じる」。同じことは、脳で計算される特性すべてについて言える。しかし、被験者が「正方形は赤い」と報告するためには、脳のなかのどこかが赤い色についての情報を計算していなければならない。かりに、形の情報を徹底的に処理する、驚くほど複雑な統合的視覚システムを作ることができるとしよう。しかし確実に言えるのは、色についての情報を専門的に計算する部分を欠いているなら、その視覚システムは色を感じとれないということである。色はそのシステムのあずかり知らないものだ。色が生成されるのは、正方形が集中的に処理されてから、あるいは処理が極めて複雑になってから、あるいは脳内の特別な高次の領野で処理されてからだと考えるのは、誤りである。もし色が形の処理から幽霊のように出現する特質であるのなら、そして刺激のほかの特徴は計算されるのに、色については計算される情報がないのなら、被験者はどのようにして色を報告できるのだろう？　結局のところ、脳は、あることを主張するにはその主張の根拠となる情報をもたなければならない。私たちが赤い正方形をどのようにして見ているかを解明したいなら、正方形という形の情報を処理する脳領域だけを調べて、それらのなかに色を生み出す領野を見つけようとしてはいけない。探すべきは、色についての情報が計算されている回路である。

　同様に、視覚的意識を解明したいなら、視覚情報を処理する脳領域だけを調べて、意識を生み出す場所を見つけようとしてはいけない。意識について特別な情報を構築するネットワークを探すべきなのだ。

　この仮想実験の第二の欠点は、どちらの刺激も色をもち、しかも同じ色だということである。知覚されるのが赤い正方形でも赤い円でも、被験者は赤を処理している。色を処理する視覚システムのどこであろうと、どちらの条件にも同じように反応するだろう。知覚が正方形から円に切り替わっても、オン・オフが切り替わったりはしない。もし色情報に特化した皮質領野があったとしても——実際、色を処理する皮質のホットスポットはいくつもあるように思われるが[10]——、この実験ではそれを発見できない。同様に、意識を調べる場合も、被験者が左右の眼に映る像のどちらを意識していようと、どちらの場合でも像を意識しているという点では変わらない。意識の存在についての情報を計算しているあらゆる脳領域は、どちらの場合にも等しく活動的になるはずである。どちらの像が優勢かに応じてオン・オフが切り替わることはないはずである。この実験では、意識の構成物を計算している脳領域をとらえることができない。

この実験の第三の欠点は、両眼視野闘争がどこで起こるのかがわからないということである。両眼視野闘争は、競合によって引き起こされる。両眼からの信号は、脳に入るとほぼ同時に相互に作用し始める。視覚システムの階層をのぼるにつれて、この相互作用は大きくなる。もし両眼からの像がヨーダとダース・ヴェイダーや、正方形と円のように十分違っていると、システムは、それらをうまく融合させることができず、代わりに二組の信号が互いを直接抑制し合う。

右眼の信号と左眼の信号は、互角の力をもった二人のレスラーのようなものだ。まず一方が優勢になり、次にもう一方が優勢になる。どちらもずっと勝ち続けることはない。どちらかの信号が大脳皮質において一時的に優勢になり、もう一方の信号をおおい隠す。視野闘争を視床やV1、あるいは視覚の階層のどこかに見つけられたとしても、それらの発見は、意識そのものが必ずしも特定の脳領域に存在していたり、そこで計算、あるいは処理されているということを示すわけではない。逆にその結果は、それぞれの眼からの信号が視覚システム全体にわたってつねに競合し続けるということを示している。[11] システム全体にわたる競争に勝った像は最終的に意識に結びつけられるが、どのシステムが意識を構築するか、どのように意識が視覚情報に結びつけられるかは、わからないままである。

両眼視野闘争を用いた意識研究は、はじめは実験が単純明快そうに見えても、さらなる仮定を検討してゆくにつれて、科学的な泥沼にはまり込むことがあるというよい例である。どのように色が見えるかを問題にした時にはそのロジックの誤りが明白なのに、意識を問題にした時には、この同じ誤りを、驚くほど容易に（安易にと言ってもよいが）おかしてしまうのだ。とはいえ、両眼視野闘争は、ニューロンや脳領野レベルで研究する価値のある興味深い現象である。多くの科学者が（妻もそうだが）、それがどういう現象なのか、視覚的競合についてなにを意味するかを調べるために、両眼視野闘争を研究し続けている。しかし、それは脳のなかで意識を探すのには適していないことがわかった。別の実験が必要なのだ。

ここで、両眼視野闘争実験ほどは巧妙でない実験的アプローチを紹介しよう。このアプローチは少々厳密さに欠け、切れ味も鋭くないが、実用的である。まずは脳のなかに色を処理するネットワークを探すことから始めて、意識を処理するネットワークへとそのロジックを拡張してみよう。

色を処理する皮質のホットスポットを見つけるためには、ＭＲＩスキャナーに入った被験者に一連の白黒写真を見せ続け、時々そのなかにカラー写真を挟み込む。そして、カラー写真が呈示された時に盛んに活動する視覚領野があれば、そこをさらに調べればよい。

このように、実験はシンプルなのが望ましい。一般に、構成要素が少なければ少ないほど、実験が成功する確率は高くなる。しかし同時に、この実験は完全ではない。ひとつには、白黒もカラーの一種であり、ほかの色と同じように処理されるからだ。この実験は、色の範囲が狭い写真と広い写真とを比べており、できればその差が色を処理する領域を十分に活動させるぐらい大きくなくてはならない。もうひとつ留意すべき点は、この実験が色とは関係のない多くの脳領域も活動させることである。たとえば、白黒写真を一分間見たあとに思いがけずカラー写真が現われると、覚醒をコントロールする脳領域が活動的になるかもしれない。しかし、こうした不完全な点はあるにしても、私は、この方法が少なくとも最初の足掛かりとしては信頼するに足ると考える。

この方法はこれまでに、色の処理に関する主要なネットワークを見つけ出すという成果をあげてきた[12]。この実験そのものは第一歩に過ぎないが、ほかの方法も同じ脳領域が関与していることを示している。たとえば、脳卒中によってこれらの脳領域を損傷した患者をテストすると、色知覚が失われていることがわかる[13]。彼らには世界がモノクロに見え、場合によっては、色を記憶したり理解したりする能力も失われている。

この問題について、さまざまな角度から多くのシンプルな実験をすることで、得られる知見はより確実なものになる。私の経験から言うと、科学においては、巧妙で完璧な単一の実験を考え出すことに拘泥《こうでい》しないほうがよい。巧妙さは邪魔をすることがある。成功する科学は多くの場合、一連の近似のようなもので、少しずつ信頼性が増してゆくのだ。

では、この不完全だが実用的なアプローチを意識の研究に用いてみよう。

被験者をコンピュータ画面の前に座らせ、画面中央の点を注視させる。突然、顔の写真が瞬間的に映し出される。画像は暗く、呈示時間もわずか五〇ミリ秒だ。この顔が消えた直後、さまざまな色をランダムに散りばめた画像が画面をおおう。これは視覚マスキングと呼ばれ、脳が顔を処理するのを妨害し、顔を見えにくくする効果がある。被験者は顔を意識できたり、できなかったりする。数秒おきに、異なる顔が同じような困難な条件下で呈示される。被験者は、顔が見えた時にはイエスと反応し（ここでは条件Aと呼ぼう）、顔が見えなかった時にはノーと反応する（条件B）ことを要求される。

こうして私たちは脳のなかに意識を見つけるための、シンプルだが、切れ味の鈍い、完全とは言えないツールを得た。条件Aでは、被験者は、顔とそれに続いて画面をおおうカラフルなマスク刺激を視覚的に意識しており、条件Bでは、マスク刺激だけを意識し、顔は意識にのぼらない。ある意味、条件Aでは、被験者はより多くの視覚的意識をもっている、もしくはより多くの画像を意識していると言える。もし私たちが条件Aでより活動的になる脳領域を見つけたとしたら、その脳領域はおそらく視覚的意識に関わっているだろう。いずれにしても、一次試験はパスしたということだ。この実験は、視覚的意識とは無関係の脳領域も拾い上げるかもしれないが、少なくとも問題に答えるための最初の足掛かりにはなり、この実験をもとに、同じ脳領域を損傷した脳卒中患者を調べるといった別の実験へ進むことができる。

顔を用いたこの実験は、厳密に言えばここで述べた形では行なわれたことはないかもしれないが、視覚的意識に関するこのような実験は、多数行なわれている。[14] すなわち、条件Aでは、被験者は特定の画像に気づいているが、条件Bでは、同じ（あるいは似た）画像が呈示されているのに気づかない、といった実験である。

あなたは次のように考えるかもしれない。顔が意識に到達する条件Aでは、視覚システムが顔の情報を処理し、顔が意識に到達しない条件Bでは、視覚システムはその情報に対してまったく反応しないに違いない、と。しかし、通常そのようなことは起こらない。形、色、質感などの視覚的特徴を処理する脳領域は、画像が見えていようがいまいが（意識にのぼってものぼらなくても）、その画像に対して反応している。しかし、条件AとBとの間にはいくつかの顕著な違いがある。視覚システムの活動は、画像が意識にのぼらなかった場合よりも意識にのぼった場合に、より持続し安定する傾向がある。[15] こうした活動の違いは、視覚信号が注意によって強められ安定すると、意識に到達する可能性が高くなるという一般的な考えに合致する。けれどももっとも大きな違いは、頭頂葉と前頭葉の特定の脳領域に見られる。これらの脳領域は、画像が被験者の意識にのぼる条件Aでは必ず活動的になるのに対し、意識にのぼらない条件Bではほとんど活動することはないのだ。

この結果は、ほかの研究者たちによる別の実験でも繰り返し確認され、私はこの発見に対する自信を深めることになった。私が最近行なった実験でも、ほぼ同じ結果が得られた(16)。なにかを見せられ、それが意識にのぼる時、頭頂‐前頭ネットワークが反応する。なにかを見せられ、視覚システムはそれを処理しているのに意識にのぼらない時には、このネットワークは反応しない傾向にある。もっともシンプルに解釈すれば、頭頂‐前頭ネットワーク、もしくはそのサブシステムが意識を形作っていると考えられる。

頭頂‐前頭複合体のある領域は、意識のホットスポットとして挙げられることが多い。額の真裏、皮質の最前部にある前頭前皮質は、いまだ不明な点が多いが、現在知られていることからすると、きわめて高次の情報処理をしているようだ。前頭前皮質の特筆すべき特性は、その柔軟性にある(17)。この部位は、私たちがこなすどんな課題にも、ほとんどつねに関与しているようである。私たちがドットの数を数える時は、前頭前皮質のニューロン群がその数を追う(18)。コンピュータ画面に現われるドットの位置をモニターする時は、同じニューロン群が今度は位置を追うようになる(19)。マサチューセッツ工科大学のアール・ミラーによる有名な実験では、サルがあいまいな動物の絵をイヌとネコのどちらかに分類するよう訓練された[20]。するとサルの前頭前皮質のニューロン群は、すぐにイヌ‐ネコ検出器に変わった。あるニューロン群は、ネコが見えた時に反応し、別のニューロン群はイヌが見えた時に反応したのだ。サルは実生活においてイヌやネコを一度も見たことがなかったので、この課題は完全に恣《し》意《い》的であり、前頭前皮質のニューロン群は課題に応じてどんな特性でもとれることがわかった。

　神経科学者は時に、前頭前皮質、とくにその小領域の背外側前頭前皮質を、脳の「ワーキングメモリーの座」と呼ぶことがある[21]。ほかの脳領域からの情報は、この前頭前皮質にアップロードされて一時的に保管され、その時のニーズを満たすために操作される。

　このような特性から、当然ながら、前頭前皮質は意識の座の候補のように思える[22]。網状の巣の中心にいるクモのように、前頭前皮質は、大脳皮質のほかの領域との広範囲におよぶつながりを通じて情報を集めている。

　この解釈は魅力的ではあるが、私から見るととうてい満足のゆくものとは言えない。あまりに多くの疑問が残ってしまうのだ。たとえば、前頭前皮質を損傷した人では、なぜ意識体験がなくならないのだろう？　彼らは、計画を立てるのが困難になったり、ある課題から別の課題へと切り替えるのに支障が出たりするが、たいていは意識の感覚を失うことはない[23]。少なくとも意識の喪失は、前頭前皮質の損傷において目立って見られる、典型的な特徴というわけではない。

　しかし、この前頭前皮質仮説にはもっと根本的な問題がある。情報がこの脳領域に達する時、なぜそれが意識の感覚を生み出すのだろう？　神経科学者が意識の座――情報が収斂して意識を生み出す脳の中心領域――を探し続けるかぎり、その研究は行き詰まると私は考える。

これは、前述の「形に関する情報はどこで色を生み出すのか？」と同じ問いだ。その答えは「どこでもない」だった。色を理解したいなら、色の情報がどこで計算されるのかを探す必要があるのだ。「視覚情報はどこで意識体験を生み出すのか？」についても、それと同じことが言える。意識を理解したければ、意識についての情報、つまり意識の特性や結果について計算する脳内のシステムを探す必要がある。あるシステム内で計算された意識に関する情報は、別のシステム内で計算されたその時に見ている対象に関する視覚情報と結びつけられる。二つの情報は脳内のネットワークを通して合わさることで、一時的につながりをもち、より大きな内的モデルを形成する。言うなれば、「ここに私の意識体験があって、あそこにリンゴがある。この二つをくっつけよう」ということだ。

なるほど、前頭前皮質は確かにこうしたプロセスの一部を構成するかもしれない。科学者たちが考えるように、前頭前皮質は心のなかの会議室、つまり行動を組織するために目標、思考、観察が集まる場として機能するのだろう。こうした見方は説得力があるし、データとも合う。しかし指摘しておきたいのは、脳のあちこちからやって来る信号の集まりには、意識についての情報がどこかに含まれていなければならない、ということである。でないと、その特性についてどんな主張もすることができない。視覚システムはほぼ一世紀にわたって詳細に調べられてきており、リンゴについての視覚情報が脳内のどのネットワークで計算されるかはわかっている。では、意識についての情報を計算するネットワークはどこにあるのだろう？

神経科学の私の研究仲間は、私が頭頂葉から前頭葉へと伸びるネットワークについて語る時に、言い方が漠然としていると感じている。詳しく調べられているネットワークは、少なく見積もっても十指に余る。[24] いくつか挙げてみると、背側注意ネットワーク、腹側注意ネットワーク、顕著性ネットワーク、制御ネットワーク、心の理論ネットワーク、デフォルトモードネットワーク。ほかにもまだあり、なかにはきわめて特殊な機能をもつものもある。ひとつは眼球運動の制御に関係するネットワークで、おそらく注意の制御とも重なっている。[25] もうひとつはものをとろうと手を伸ばす際のリーチングの制御に関係するネットワーク。[26] さらにもうひとつは、ものをつかむ際の手の形に関係している。[27] ちなみに、私の研究室は意識のテーマに取り組む以前には、身体のまわりの緩衝空間を処理して、近づいてくる物体に対して適切な防御反応をとらせる、頭頂‐前頭ネットワークのはたらきを調べていた。[28] さらにもうひとつのネットワークは、計数と数的推論を担当していると考えられている。[29] 驚くほどの多様性だ。この混乱にさらに付け加えると、これらのネットワークの多くは境界がはっきりせず、多くの異なる（ただし部分的には重複する）課題に用いられている。脳内のネットワークや領野が織りなすこのカオスのどこで、意識は計算されているのだろうか？

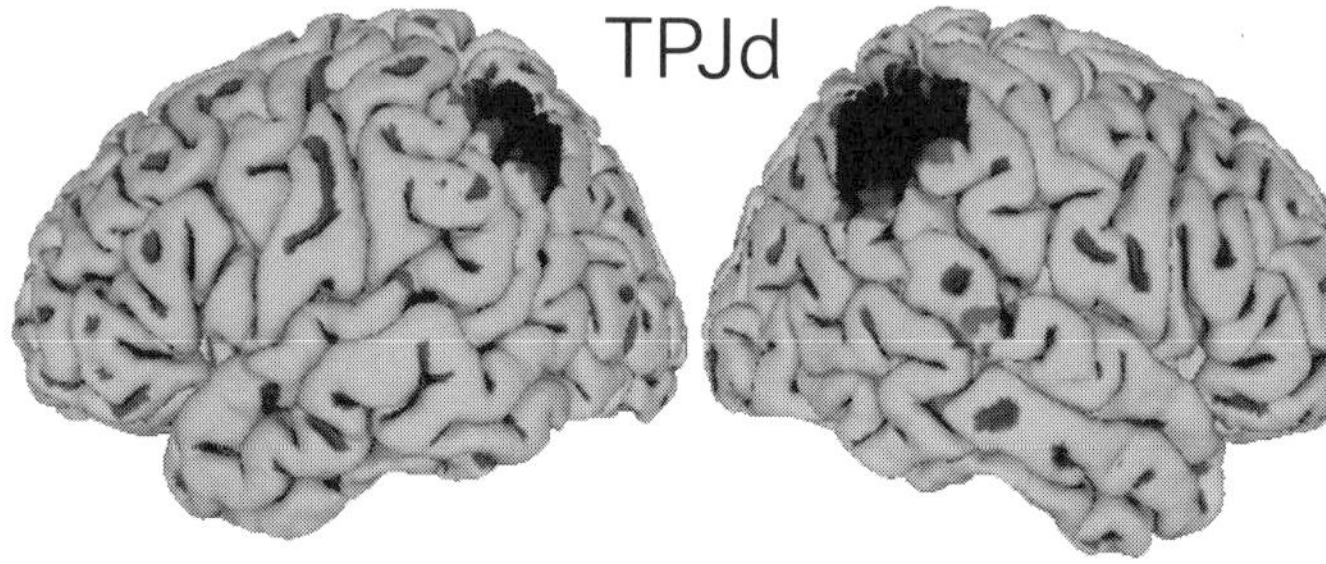

図4　ヒトの大脳皮質の側頭 - 頭頂接合部の上側（背側）の部位（TPJd）。左図が左半球、右図が右半球を示す。この部位の特定には、独立成分分析および皮質のほかの部位との連絡パターンの解析を用いた。（Igelström, Webb & Graziano "Neural Processes in the Human Temporoparietal Cortex Separated by Localized Independent Component Analysis," *Journal of Neuroscience* 35 (2015): 9432–9445より）

現時点での私の見解では、意識の構成物を作り上げるための計算は、側頭‐頭頂接合部（ＴＰＪ）と呼ばれる皮質領野でとくに際立っている。[30] ＴＰＪは左右の脳それぞれにあり、おおよそ耳の少し上の皮質表面に位置する。右脳のＴＰＪは左脳のＴＰＪよりも大きい（あるいはよく発達している）が、この非対称性がなにを意味するのかはいまのところ不明だ。それぞれの脳半球において、ＴＰＪは異なる特性をもつ小領域に分けられるが、私がとくに関心を寄せるのは、その最上部――おもに側頭葉よりも頭頂葉に位置する領域――である。私の研究室では、この領域を背側ＴＰＪ（ＴＰＪｄ）と呼んでいる（図4参照）。ここは下頭頂小葉と呼ばれることもある。ＴＰＪｄは、制御ネットワーク、腹側注意ネットワーク、顕著性ネットワーク、心の理論ネットワークの交差するところに位置する。[31] そこは脳のなかでもっとも連絡の密な情報拠点のひとつで、その点において前頭前皮質と肩を並べる。もし

ＴＰＪｄが意識の計算に寄与しているなら、おそらく単独ではほはたらかないだろう。というのも、複雑な計算は、限られた領域よりも分散型のネットワークに依存する傾向があるからだ。またＴＰＪｄは、意識の計算以外にも多くの機能をもっているかもしれない。以下では、ＴＰＪのひとつの領域であるＴＰＪｄに限定せずに、ＴＰＪ全体について述べる。というのは、いまのところＴＰＪのほかの領域を除外するだけの十分な情報がないからである。しかしながら、意識の計算において、ＴＰＪｄが際立った（あるいは特別な）役割をはたしていると私たちはにらんでいる。

論点をもう少し明確にしてみよう。私の考えでは、ＴＰＪそれ自体はなにかを意識しているわけでも、また意識体験を生み出すわけでもない。それは頭のなかに潜む小人、ホモンクルスでもない。ＴＰＪは、意識とはどのようなものかを脳に教える内的モデルを構成するネットワークの一部である。この情報がないと、私たちは意識を自分に帰属させることも、意識をもっていると主張することも、意識について聞かれた時に、その問いを理解することもできない。

私がＴＰＪに注目するのには、いくつかの理由がある。第一に、この三〇年間に行なわれてきた実験は、ＴＰＪが他者の心の内を推察するのに関与していることを示しているからだ[32]。他者の信念、感情、意図について考える時、ＴＰＪは心の理論ネットワークの中心として活動する。もし脳のなかに意識する心という概念を探すなら、ＴＰＪは真っ先に検討すべき領域である。私の研究室の実験では、被験者が意識について考えた時、つまり自分の意識についての質問に答えた時も（「イエス、ぼくはその画像に気づいている」）、他者に意識状態を帰属させた時も（「イエス、ケヴィンはそばにあるそれに気づいている」）、TPJは反応した。[33] TPJは、意識の構築に関わっているかのように活動したのだ。

TPJが意識に関与していると私がにらむ第二の理由は、TPJと注意の関係にある。注意スキーマ理論では、脳がある理由から意識についての情報を構築することを思い出してほしい。その情報は、有用な注意スキーマ――注意の特性を記述するモデル――として機能する。注意の制御を助ける皮質のネットワークはどれも、この注意スキーマにアクセスする必要がある。したがって目を向けなければならないのは、注意に関係するネットワーク、すなわち背側注意ネットワーク、腹側注意ネットワーク、顕著性ネットワーク、制御ネットワークということになる。これらのネットワークは注意を発動させる装置と考えられており、大脳皮質のほかの領域に影響をおよぼして、ほかの信号を抑えながらいくつかの信号を強める。[34] 注意スキーマがどこで構築されるのかを推測するなら、当然これらのネットワークだろう。私の研究室での実験も含め、多くの実験が示すように、注意に関連した脳活動と社会的認知に関連した脳活動は特定の領域で重なり、やはりTPJの上半分に集中している。[35]

意識におけるTPJの関与については、たとえば顔などの画像を意識する際に、顔に関する情報がTPJに（そればかりか頭頂葉のどの領域にも）届いている証拠はない、といった反論が出されてきた。顔の身元（だれの顔か）、顔に表われた感情、顔を構成する視覚的細部といった情報のどれも、頭頂葉で処理されることはないと考えられている。いまでは古典的な理論になってしまったが、一九九〇年代、心理学者のデイヴィッド・ミルナーとメルヴィン・グッデイルは、視覚的意識が頭頂葉ではなく、視覚システムのほかの領野、とくに側頭葉の領野にあると主張した。[36]

ほかの研究者は、視覚的意識は低次の処理レベル——視覚情報が最初に入る皮質、Ｖ１——と結びついていると主張し、頭頂葉や側頭葉が視覚的意識の源だという考えに反論してきた。[37]ちょうどいま、私はコンピュータ画面を見て、打ち込んだばかりの文字の曲線や角を意識している。視線を移すと、窓の外にはプラタナスの木の葉が見える。緑がみずみずしく、細部や肌理《きめ》もはっきり見える。Ｖ１の領野は、まさにこういった詳細を抽出している。さらに、Ｖ１を損傷した人は、意識的な視知覚ができなくなる。[38]以上のことからすると、意識は、認知や高次の思考を担う皮質の階層の頂点で生じるのではなく、低次の視覚的詳細が処理される底辺にあるのかもしれない。

これらの見解は、意識にＴＰＪが関与しているという私の提案とは相容れないようにも思える。しかしながら、注意スキーマ理論は、基礎となる前提を再構築し、これらの見解すべてを両立させる。あなたが顔の写真を視覚的に意識しているとしよう。Ｖ１は、細部や色、彩度や鮮明さについての情報の構築を助ける。側頭葉は、顔の身元についての情報の構築を助ける。ＴＰＪは、意識についての情報の構築を助ける。あなたが顔を意識していると主張するには、この三つが必要である。ミルナーとグッデイルは、視覚的意識の内容——ここでは顔の細部やその身元——が頭頂葉には見つからないという点では間違ってはいなかった。しかし、TPJがなければ、その内容にともなうべき意識の構成物もなくなってしまうのだ。

視覚システムはこれまで、工場の組み立てラインのようなものだと考えられてきた。眼から情報一式が入り、初期の処理段階から次の処理段階へと移行し、階層をのぼるにつれてどんどん洗練されてゆく。その産物がもっとも高次の処理段階に到達したところで、組み立ては完了し、それ以前の段階の作業は忘れ去られる。大脳皮質の階層のもっとも高いレベルは、この十分に組み立てられた情報を受けとり、それを行為やことばに（おそらく意識にも）変える。

より適切な喩《たと》えを用いるなら、一冊の家の設計図だろう。各ページは、建物を異なる方法、異なるレベルの詳細さで記述している。あるページは壁の配置を、別のページは電気系統を示している。さらに別のページは配管を、また別のページは作り付けの棚の位置を示している。さらには家具の取り付けを詳細に指示しているページもある。ページは自然な階層をなしている。前のページの詳細を把握しないと、次のページには進めない。ある意味で、情報はひとつのページから次のページへと流れ、処理が進んでゆく。しかし、ページをめくるにつれて、それまでのページは捨て去られるわけではないし、重要な情報がすべて集約された最後の一ページのマスタープランに向かって前進し続けるわけでもない。逆に、どのページも有益な情報を含んでおり、一ページでも欠けてしまうと、家は建たない。家を建てるという最終的な行為は、その設計図の一ページ一ページから生じるのであって、もっとも多くの情報が処理された最終ページだけから生じるのではない。

同様に、視覚領野にも階層（おそらくは相互作用する多数の階層）がある。[39] しかし、それぞれの高次の段階は、それ以前の段階に取って代わるわけではない。処理の旅の終わりに重要なものすべてが到達する（そこで意識にのぼる、あるいは行為を生じさせる）最終段階といったものはない。代わりに、階層のそれぞれの段階は、異なる分析を行ない、ある種の情報を捨て、別の種類の情報は強め、視覚世界の有用な分析を何層にもわたって重ねていく。低次の視覚的詳細から、高次の概念的な情報まで、こうした情報の積み重ねが、行動や発話に影響をおよぼしうる。アウトプットは、階層の最上位だけではなく、すべての階層から同時にもたらされるのだ。

もしあなたが「これはケヴィンの顔の写真だ」と言うなら、それは、視覚の階層のもっとも高次のレベル、側頭葉の顔処理領域で計算された情報にもとづいている。「彼の鼻の先が汚れている」と言う時には、それはおそらく視覚的詳細の多くが処理される、低次の視覚領野からの情報によっており、「彼の髪の毛は茶色だ」と言う時には、色を処理する視覚領野からの情報にもとづいている。「彼の声は甲高い」と言う時には、記憶から取り出した情報を聴覚野のどこかでリプレイしているのだろう。「明日の午後に、彼から借りた二〇ドルを返さねば」と言う時には、プランニングに関係する前頭前皮質で部分的に構成された情報にもとづいているかもしれない。

そして「私はこれらを主観的に体験している。私には、ミステリアスな主観的自己、すなわち意識がある」と言うなら、意識についてのその主張はおそらく、ＴＰＪと交わる別の特殊な皮質ネットワークで構築された情報にもとづいている。

私が言っているのは、大脳皮質は個別のモジュール――それぞれがひとつの情報領域に限られ、ほかの情報領域からは切り離されている――が集まったものだということではない。そうではなくて、皮質の領野はそれぞれが異なる情報に特化してはいるが、巨大な共鳴するネットワークのなかで相互に作用し、影響をおよぼし合うのである。このネットワークから一本を選び、Ｖ１の端から新たな視覚情報を加えるか、前頭前皮質の端から新たな考えを加えるかしてみよう。すると、それがネットワーク全体に反響し、刻々と変化する活動パターンを引き起こす。一群の情報は注意によって強められたり、背景のノイズへと沈んでいったりする。皮質の各領野はたえず互いにつながり、一時的な連絡網を開設し、それらの情報をより大きな構造に結合し、そしてまたほかとつながるためにそれを切り離す。

この枠組みにおいては、意識がもっとも密接に関連するのは階層のボトムなのかトップなのか、あるいはその間のどこなのかを精査する必要はない。私たちは、Ｖ１で計算される視覚的細部を意識できるし、同様に前頭前皮質で計算される抽象的概念も意識できる。なぜなら、意識という概念は特殊なネットワークのなかで構築された一式の情報によって定義され、このネットワークがさまざまな皮質領野との間で機能的なつながりをもつことができるからである。

ここで、地球を訪れた知的な宇宙人を想像してみよう。その脳は、種々の内的情報と結合する意識という構成物だけを欠いている。宇宙人には、人間のＴＰＪにあたるものが欠けているのだ。自己モデルはもっている——自分の内的プロセスをモニターし、自分の行動をコントロールできる——が、人間とはまったく異なる進化の経路をたどったため、その自己モデルには主観的体験の概念がない。

その宇宙人にリンゴが見えるかを聞いてみよう。

私たち　リンゴが見えるかな？

宇宙人　もちろん見えてるさ。

私たち　その主観的体験はあるかな？

宇宙人　視覚的に処理しているんだ。

私たち　でも、ほかになにかないかな？　たとえば、エクストラななにか、そのリンゴに結びついた体験のエッセンスのようなものとか。きみはただ情報を処理しているだけなの？　そのリンゴのことを処理する時に、心のなかで、なにか感じたりしていないかな？

宇宙人　エクストラななにかってなんなのさ。ここにリンゴがあって、オレは視覚的に処理している。ほかになにをするっていうの？　なんでエクストラのエッセンスなんかがあるの？　そのエッセンスとやらは、なにからできていて、どっから来るのさ？

宇宙人　あは、きみも「オレ」って言うんだ。てことは、きみには自己概念があるんだね。

私たち　もちろんだとも。この会話にしたって、「きみ」と「オレ」という二人がいるから成り立ってるんじゃないか。オレは、オレの身体、オレの過去、オレの行動の特徴についてほぼ完璧なデータセットをもっているんだ。

宇宙人　それじゃ、自己意識ももってるってこと？

私たち　自分のことはよく知っているさ。でも、意識ってなにさ？

宇宙人　自分についての情報を処理するだけじゃなくて、それについての主観的体験をもつってことさ。それに付け加わるなにか。エクストラななにかってことだけど。

私たち　……うーん、いまの質問はなかったことにしてくれ。

ここで私が言いたいのは、心は情報だということである。私流の言い方をするなら、人間の心は、一兆ものデータからなる彫刻であり、たえず変化し、美しいほどに複雑だ。もし心が意識についての情報を欠いているなら、その心は意識の特性がどういうものかを知ることはできないし、それを自分や他者に帰属させることもできない。私たちが意識のことを問題にするのは、脳のなかにそれについての情報を構築するサブシステムをもっているからにほかならない。そしていま、科学者たちはそのサブシステムが脳のどこにあるか、それがほかのシステムとどうつながっているかを突き止めつつある。

脳のどこにどのような機能があるかは、古くから、脳の損傷によって生じる障害を研究することで調べられてきた。たとえば視覚野は、サルが脳の後部（現在はV1として知られる領野）を損傷すると盲《もう》の状態になることから突き止められた(40)。ヒトの脳の言語中枢が最初に発見されたのは、現在はブローカ野として知られる前頭葉の一部を損傷した患者では、話す能力が失われることがわかった時だった(41)。動きを視覚的に認識する領野は、視覚野の特定の部位を損傷した患者が、動きを見てもわからない状態になることで確証された(42)。この運動盲をもつある有名な女性患者は、水をコップにうまく注ぐことができない。彼女には水差しから落ちる水が凍結しているかのように見え、次に気づくと、テーブルの上が水浸しになっている。そして、色を処理する皮質領野を損傷した患者では、色の知覚が失われていることがわかった(43)。

では、皮質の特定の領野を損傷することで、「意識」は失われるのだろうか？

ここでは、人を眠らせる条件を探しているわけではない。睡眠と覚醒のサイクルは、脳幹という太古からの器官で調節されている(44)。探しているのは、その人が覚醒状態にあって、情報が皮質のシステムに入ることができ、おそらく行動に影響を与えることもできるのだが、その情報についての主観的意識がないような状態である。

探しているのは哲学的ゾンビでもない(45)。哲学者たちはかなり特殊なゾンビを考え出した。通常のゾンビが、腕を前に突き出したまま足を引きずって歩き、人間の脳を好んで食べるのに対し、哲学的ゾンビは、見るからに正常で、正常にふるまい正常に話すが、内的な主観的体験をまったく欠いている人間のことをいう。哲学者たちは、こうしたゾンビが存在するか、または存在しうるかを議論している。前に述べた仮想の宇宙人も、こうしたゾンビである。注意スキーマ理論は、ゾンビの可能性も考慮に入れる。もしかしたらゾンビは人工的に造られたり、ほかの惑星で進化したりするかもしれない。しかし、もし注意スキーマ理論が正しければ、ふつうの人間の脳から一部を取り去ることで、歩いて話す哲学的ゾンビを作り出すことはできない。その人間が日常生活を送れない状態にすることなく、意識を取り去ることなどできない。人間の脳は、その正常な機能のほとんどを意識の構成物に依存しているからだ。

もし、ある人の注意スキーマが手術で取り除かれたなら、その人は少なくとも三つの障害に苦しむことになるだろう。第一に、自分の注意を制御できなくなる。注意を制御できなければ、特定の対象や目標に向かって、意図をもって持続的に行動することができず、基本的になにもできなくなる。その人は、映画に登場するゾンビ——足を引きずりながら歩けはするが、注意は人間を殺してその脳を食うことだけに固定されている——よりもはるかに重い障害をもつことになる。第二に、他者の心についての社会的モデルを作り上げる能力が失われてしまう。意識を他者に帰属できないので、その人の社会的認知は崩壊する。第三に、必要な情報一式がないため、意識についての質問を理解できないし、意識について一貫性のある主張をすることもできない。従来の哲学的ゾンビが群衆のなかに紛れ込むことができるのに対し、「注意スキーマのゾンビ」はきわめて重い障害をもつ。そのゾンビにピンでも刺せば反応するかもしれないが、そうでもなければほとんどなにもしないだろう。

脳損傷の臨床の分野では、半側空間無視と呼ばれる重く破壊的な症候群が、一〇〇年近くにわたって研究されてきた[46]。脳の片側を損傷すると、その脳と反対側にあるものや反対側で起こる出来事を認識できなくなってしまうのだ。この症状は左右どちらの脳でも起こりうるが、右脳への損傷のほうが一貫して重く、長く続く機能喪失を生じさせる[47]。

空間無視では、ものが見えなくなるわけではない。たとえば失明してものが見えなくなっても、それが存在することはわかる。また、だれでも背後にあるものは見えないが、自分のうしろになにがあるかはなんとなく想像できる。これに対して半側空間無視の場合は、損傷した脳と反対側にあたる空間に対象が入ると、意識から消え去ってしまうのだ。身体の左側、すなわち左半身になにかが触れても、認識されない。左側でする音は、右から聞こえてくると勘違いするか、あるいはまったく気づかない。もっとも重いケースになると、空間の左半分が存在していることすらわからなくなる。

半側空間無視の患者は、ひげを顔の片側だけ剃ろうとし、服を身体の片側だけ着ようとし、料理を皿の片側に載った分だけ食べようとする。皿を一八〇度回してあげないかぎり、まだ食べていないものがあることに気づけない。こうした患者になにかの絵を描かせると、その右側だけを描き、自分がもう半分を描き忘れていることに気づかない。時計を描かせると、多くの場合、円はちゃんと描くが（これは円を描くという手の動きの運動記憶が残っているからだろう）、一から一二までの数字を円の右半分にぎゅっと詰めて描き、本人はそれで完璧に描けたと思っている。[48]

私が大学院生の時、半側空間無視の患者を研究室に迎えたことがあった。私たちは臨床研究をしていたわけではなかったが、もっとも基本的なテストは知っていた。私たちは一枚の紙に、たくさんの短い水平線分をランダムに散らばらせて書き込んだ。次に、その紙を彼の前に置き、見えるすべての線分が「＋」になるよう縦線を書き加えてもらった。

彼は笑って「またかい！」と言った。彼は紙をしげしげと見てから、右手側にある線分すべてを「＋」にした。完璧にできたと思うかと尋ねると、彼は紙を見直して「そうだね、確かにいくつか見逃しているね」と言った。彼はすぐに紙の真ん中付近にあった数本の線分を「＋」にしたが、それ以外の左側の線分に書き加えることはなかった。私たちが紙を回転させて左右を反対にしたところ、彼は「＋」にしていない線分のあまりの多さにショックを受けた。このテストは毎回彼を驚かせた。半側空間無視の患者は、なにかがおかしいとはわかるのだが、それがなにかがわからない。

半側空間無視の患者での驚くような実験のひとつに、視覚イメージのテストがある。[49] 患者は、見慣れた街の広場の北側に立っているところをイメージして、思い出せる建物をすべて言うように求められた。するとすぐに、自分から見て右側にある建物を列挙した。次に、患者は同じ広場の南側に立っているところをイメージするよう求められた。すると今度は、先ほどとは反対側にある建物を列挙した。彼らは自分がなにかを間違っていることはわかったが、その間違いがなにに由来するのかはわからなかった。彼らは、広場の左側の空間をイメージすることができなかったのだ。

しかし、無視された左側からの情報は、完全に消え去るわけではない。これに関して、次のような印象的な実験がある。[50]ある半側空間無視の患者が、左側にある窓から炎が噴き出している家の絵を見せられた。絵について聞かれると、その患者はごくふつうの家であるかのように語った。炎には気づいていなかった。しかし、「この家は嫌い」と言った。なぜか理由はわからなかったが、なにかがおかしいと感じていた。この実験は、無視された側からの情報は脳内で処理され、無意識に行動に影響をおよぼしうることを示している。同様のことを示す実験は、ほかにいくつも行なわれている。たとえば、半側空間無視の患者の無視されている側の身体をピンで刺す。すると、患者は身をよじらせ、なにか不快なことが起こったとわかるが、具体的な痛みに気づくことはない。あるいは、患者に向かって左側からボールを投げる。すると、患者はひょいと身をかがめるが、なぜそうしたのかがわからない。無視とは、空間の半分が消え去ることではない。空間の半分に向くべき注意と意識が欠落していることなのだ。

注意スキーマ理論による半側空間無視のもっともシンプルな説明は、注意スキーマを含む注意のメカニズムが、少なくとも右と左の二つの領域に分けられるということである。患者は、右側の空間において注意、行為、社会的認知、主観的体験にさほど問題がなくても、左側の空間においては注意スキーマのゾンビになるのだ。

半側空間無視は、通常は脳卒中によって皮質が広範囲に損傷することで引き起こされる。そのため、どの皮質領野がその症状に関わっているかを特定するのは難しい。神経科学者たちは、さまざまな患者の間に共通する損傷領域を探し出すことで、半側空間無視の震源地を絞り込んできた。多数の脳領域が損傷するとある程度の無視が引き起こされるが、もっとも重篤で長く続くケースでは、TPJ（とりわけ、頭頂葉と重なる上部）を損傷していることが圧倒的に多い(51)。この重要な脳領域の損傷が意識を損なわせるのだ。

半側空間無視は、患者にとって破壊的であるものの、影響をこうむるのは片方の空間だけである。患者は、もう片方における意識はもち続ける。彼らは、残りの半分の空間を通してまわりの人と相互作用し、日常生活を送る。多くのケースでは、時間の経過とともに症状は軽くなってゆき、脳が再編成されるにつれて、失われた能力を、すべてではないにしても、ある程度はとり戻す。

しかし、一部の脳卒中患者では、脳の損傷があまりにも広範囲におよび、すべての意識を失ってしまうことがある。これらの患者の多くはまだ最小限の反応は示せる。つねったり、角膜に空気を吹きかけたりすると、反応する。彼らの脳は死んではいない――脳の大部分は無傷でまだ機能しているのだ。しかし、それ以上の反応を示すことはない。彼らには、もはや意識があるようには見えない。こうしたケースは悲痛である。その人の人間性が失われてしまうからだ。

このように意識の失われた植物状態の患者では、損傷の範囲を見るために脳をスキャンすることが多い。損傷部位は広範囲にわたっており、しかも患者ごとに違っていることもある。しかし、それらを総合的に見てゆくと、意識の喪失にもっとも頻繁に関係している中心的な脳領域が浮かび上がる。(52)頭頂‐前頭ネットワークだ。脳の両側にあるこのネットワークが失われると、意識も失われる。注意スキーマのゾンビは、哲学におけるフィクションでも、「もし……なら」といった思考実験でもない。それは、現実の医学における悲劇なのである。

7　さまざまな意識理論と注意スキーマ理論

意識をめぐる理論や見解は百花斉放《ひゃっかせいほう》。アカデミックな話題がカオスをなしているようにも見える。この印象によって「意識は解けない謎」と多くの人が考えるようになってしまった。しかし、私はそんなに悲観的ではない。私たちはもうすぐ意識のメカニズムを理解できるところにいて、すでに基本原理は手にしているとさえ思っている。私が楽観的である理由は、さまざまな理論や見解があるにしても、それらが見かけほどは違っていないからだ。少し掘り下げてみると、興味深い共通点が見えてくる。

この章では、注意スキーマ理論が意識についてのよく知られたほかの科学理論とどのように関係するのかを解説する。一部には、私とは考えを異にするものもあるが、それ以外とは共通の土台を見つけることができる。限られた紙幅のなかでは、これらの理論を十分に紹介できないので、ここではそれぞれの理論を検討するのではなく、注意スキーマ理論とどう関係するのかを中心に見てゆくことにする。

◇ハードプロブレムとメタプロブレム

「ハードプロブレム」という用語を最初に用いたのは、哲学者のデイヴィッド・チャーマーズで、それによって、数十年にわたる意識についての論争の舞台が設定された[1]。意識が難問《ハードプロブレム》だというのは、意識がその人だけの体験であり、外からは確認できないからである。まさに主観的体験というその性質ゆえに、意識を上から押して反発力を測定することも、秤に載せて重さを量ることも、熱して燃焼温度を測ることもできない。意識は科学の範疇《はんちゅう》の外にある。ハードプロブレムということばは、科学では意識に迫れない（つまりは「解けない問題《インポッシブルプロブレム》」）ということを婉曲に表現している。

チャーマーズは現在「メタプロブレム」という用語も提唱している。これは「なぜ私たちはハードプロブレムがあると考えるのか」ということを指している[2]。おそらく、ハードプロブレムなどないのかもしれない。私たちのなかには、根本的に説明のつかない非物質的なエッセンスなど、存在しないかもしれないのだ。科学者としての私たちの仕事は、そもそも人々がなぜハードプロブレムがあると信じてしまうのかを説明することにあるのかもしれない。

注意スキーマ理論は、この後者のアプローチに沿う。この理論は詰まるところ、どうして私たち生物学的機械はハードプロブレムがあると思ってしまうのかも説明する。その機械（すなわち私たち）が注意スキーマ──自身の内的プロセスを単純化した漫画のような記述──にアクセスすると、自分が意識という自分だけのとらえどころのない内的特性をもっていると教えられる。

この理論の鍵は、表層的な知識と比べて、内的モデルにもとづく知識が強力な点にある。私の言わんとするところを、次の例を用いて示してみよう。

ふり遊びをしている女の子がいるとしよう。彼女は吠え、四つん這いになって歩き、「私は子イヌ！」と叫んでいる。そう叫ぶためには、彼女の脳は「私は子イヌである」という重要な命題を構築するだけでなく、「子イヌは吠えて四つ足で歩く」という情報をもつ必要がある。ただし、この情報はもっと大きな文脈のなかにある。彼女の脳には、「私はほんとうは子イヌじゃない」「イヌのまねをして遊んでるだけ」「私はちっちゃな女の子」といった、幅広い情報が含まれる。これらの情報の一部は認知・言語レベルで存在する。ほかの多くは、より深い感覚・知覚レベルで存在する。彼女の身体スキーマは、高次の認知が関与することなく自動的に形成され、子イヌではなく、人間の身体の物理的な配置を描写している。彼女は目の前に自分の人間の手を見て、その視覚情報によって、自分が人間であることを確認している。彼女は、朝はスプーンでシリアルを食べるとか、学校に行くとか、本を読むといった、人間の日常的な行動もすべて覚えている。

したがって、「私は子イヌ！」という主張は、表層的な命題であって、彼女のより深い内的モデルとは相容れない。

ここで、この子の脳のなかにある情報を操作できるSF風のツールを私がもっているとしよう。そのツールを使って、彼女の身体スキーマを、子イヌの体を反映したものに変えてみる。そして、子イヌの命題と一致するように、彼女の視覚システムと記憶のなかの情報も変えてみる。さらには、「イヌのまねをして遊んでるだけ」という認知的情報をとり去り、「これがほんとじゃないとわかっている」という情報をその逆の情報と入れ替える。すると、彼女は自分が子イヌではないと、どうすればわかるのだろうか？　彼女の脳は、その脳がもつ情報にとらわれている。同語反復だが、その脳はその脳が知っていることだけを知っている。彼女はもはや、自分が子イヌであることをふり遊びや空想とは考えない。それを文字通りの真実ととる。彼女にはそれ以外のことを考える理由がない。

そうではないと彼女を説得してみよう。たとえば次のように。「でも、きみはことばがわかるし、しゃべれるよね。イヌじゃ、そんなことはできないよ。きみは自分がだれか勘違いしてるんじゃないの？」

その女の子は天才的な知能をもっていて、あなたの言っていることが論理的にわかるとしよう。新しく言われたことは、表層の認知レベルの情報だ。それは、彼女の深くにある内的モデルとは相容れない。彼女は、自分自身にとっての真実のほうを直観的に信じ、教えられた真実については理知的に受け入れるという立場をとるだろう。

同様に、私はこの本を書くことによって、意識は注意スキーマにもとづいているのだとあなたを説得できるかもしれない。その理知的な論拠によれば、あなたが意識をもつと主張するのは、そのように教える一連の情報をあなたがもっているからである。しかし直観的には、あなたは自分自身について別の真実を信じる。あなたが内観に頼る時、まさにその注意スキーマにアクセスする時、注意スキーマはそれ自体のストーリーをあなたに教える。そのなかにある情報は、あなたの意識は情報でもメカニズムでもニューロンでもなく、あなたのなかに住まう非物質的なエッセンス、固有の特性だと教える。私の説得がうまくいったなら、おそらく、あなたのなかに葛藤が生じるだろう。表層の理知的知識はあなたにひとつの理解を指し示すが、深層の内的モデルはそれとはまったく別の理解にあなたをつなぎとめる。このギャップは決して埋めることができない。あなたは、表層の理知的知識を用いても、あるいはそれについてじっくり考え抜いたとしても、長い進化の時間のなかで形作られ、あなたのシステムのなかに組み込まれている注意スキーマを消し去ることはできない。

ほかにも私たちのなかに組み込まれている不完全な内的モデルの例では、「白」という色の見え方が挙げられる。視覚システムは、「白は明るく混じり気のない色」というモデルを構築している。このモデルは長い年月をかけて進化したもので、多くの動物種が共有している。この内的モデルが一種の単純化だということは、一六七一年に天才科学者アイザック・ニュートンによって明らかにされた。[3] 白い光はすべての色が混ざり合ったもので、脳はそれを単純化して表象しているのだ。

この白という色の「ハードプロブレム」は、次のように言い表わすことができる。「白い光からその不純物を取り除く特別な物理的プロセスとはどのようなものか?」それに対応するメタプロブレムは次のようになる。「私たちはどうしてこのハードプロブレムが存在すると考えるのか?」「なぜ私たちは白い光を混じり気のない色だと考えるのか?」いま私たちはこのメタプロブレムの答えを知っている。すなわち、単純で実用的だが不完全なモデルを、脳が構築しているからである。したがって私たちは、このハードプロブレムを解く必要がないことも知っている。

しかし、頭では白い光がすべての色の混ぜ合わせだとわかっていても、その知識が視覚システムに組み込まれたモデルを変えることはない。私たちには依然として、白は混ざり合った色ではなく、混じり気のないピュアな色に見える。だれもこの矛盾を気にしていない。私たちは、脳のより深くにある生得的な内的モデルと矛盾する、理知的知識の層に慣れてしまっている。科学とは、脳の理知的な部分が、進化によって脳に組み込まれた世界についての内的モデルの不正確さを、少しずつ発見してゆくプロセスと言えるかもしれない。

哲学者のフランソワ・カムレールは、注意スキーマ理論について次のような洞察に富む問いかけをしている。[4]

この理論が正しいとしよう。脳は、注意を表象する注意スキーマを構築する。それは、情報に焦点をあてて深く処理する能力といった一般的な高次の特性を記述している。一方で、注意の物理的な、あるいはメカニカルな特性は記述していない。注意には物理的実体がないとは言わずに、たんに黙している。ニューロンやシナプスといった細部についてもなにも教えてくれない。もし意識についての私たちの直観がこの内的モデルによって形作られるとするなら、なぜ、私たちは意識が非物質的なエッセンスだという強い直観をもつのだろうか？もしこの内的モデルのなかにこうした命題が含まれていないとすれば、私たちはどこから意識には物理的な重さがないという直観を得るのだろうか？

私の答えは、人は通常そうした直観をもたないということである。私たちは、意識を物理的に実体のないものとしてとらえるのではなく、物理的属性とは無関係のものとして理解している。そして、この二つの直観はまったく別のものだ。

私の言わんとすることを理解してもらうために、だれかがあなたの肩を叩くところを想像してみよう。その触刺激は皮膚の受容器を活動させ、情報が脳へと送られる。最終的にあなたの脳は、ある種の内的モデル、その触感を記述する情報の集まりである触覚モデルを構築する。このモデルには、その触刺激の位置、開始時点の強度、圧、持続時間、ひょっとしたら指先の表面のざらざらやつるつるまでも含まれている。それは豊かな感覚表象だ。しかし、それには味についての情報は含まれていない。たとえば肩に触れられても、塩辛さは感じない。触刺激には味や風味がないので、塩が必要、という意味ではなく、それが味の次元においてどこにも存在しない、ということだ。同じ情報空間を占めていないのである。あなたは、触刺激が味の情報をもつ可能性を、表層の理知的意味でなら考えてみることができるが、深層の内的モデルを変えることはできない。触知覚は生まれながらに備わったプロセスであり、認知的な変更は許されていない。触刺激に味をもたせることはできないのだ。

　確実に言えるのは、かりにだれかの脳に電極を挿入して、触覚システム内で符号化された情報を読むことができたとしても、触覚の知覚モデルには「ここに味はない」という情報は含まれていないということだ。はっきりと否定する必要はなく、味の特性についてはただ黙っているだけだ。私たちは直観的に、触刺激のことを、味について語らないものとしてではなく、味とは無関係なものとして理解する。

　注意スキーマも同じようにはたらく。注意スキーマには、豊かではあるが限定的な情報の集合が含まれている。それは、注意の一般的特性は描き出すが、物理的でメカニカルな特性は描かない。この内的モデルにもとづいて、私たちは直観的に自分のなかに心的体験があると信じる。その心的体験は、注意がそうであるように、情報を保持して私たちに行為を促すことができるが、物理的な性質と特定の関係をもたない。心的体験は物理的性質とは無関係なのだ。この心的なエッセンス、体験そのものは、この意味において「形而上学的」だ。それは物理的に握れないし、滑らかでも、ぎざぎざでも、ざらざらでも、でこぼこでもなく、重くも、軽くも、匂いもなく、緑色でもなく、尖ってもいない。それは、触刺激が塩辛さの次元に存在しないのと同様、こうした物理的次元にはない。

しかし、この理論では、注意スキーマは少なくともひとつの物理的特性を描写する。注意を、漠然とだが私たちのなかに物理的な位置を占めるものとして描くのだ。こうした内的モデルがあれば、私たちは、ある場所を指差して「心はこのへんにある」と言うことができるように、物質世界と重なる心的エッセンスの直観をもつに違いない。それは、物理的パラメータを欠くにもかかわらず物理的空間に存在する幽霊のようである。この理論では、こうした機械のなかの幽霊——私たちのなかにある意識のエネルギー——は、注意についての不完全な説明とともに、注意スキーマから直接生じる直観である。

したがって、ハードプロブレムとメタプロブレムについては次のように言える。ハードプロブレムは、深層にあるモデル、注意スキーマに由来する仮定から生じる。注意スキーマ理論は、そもそも人はなぜハードプロブレムがあると思うのかについてのひとつの答え、メタアンサーである。

◇錯覚とメタファー

意識は錯覚だろうか？

意識の錯覚説は、意識の理論的アプローチのなかでは比較的最近に登場し、支持を得つつある。[5] その中心にあるアイデアは、私たちが実際には意識などもっていないというものだ。主観的な特質である意識体験そのものがない。その代わり、私たちが自分に意識があると「思う」のは、脳が生み出す錯覚なのだという。この錯覚には、特定の機能的利点があるのかもしれないし（ある研究者に言わせると、それが生きる喜びをもたらすのだという）[6]、生存上の利点などなく、脳の情報処理における偶然の結果に過ぎないのかもしれない。将来的には、その背後にあるメカニズムがわかり、機能的な意味があるかどうかが明らかになるだろう。それまでは、どうして地球は平らなのか、どうして太陽は地球のまわりをまわるのかを説明する必要がないように、科学者はどうして存在しない意識が生じるのかを説明する必要はない。このような見方は科学の世界では支持を得つつあるものの、世間一般には受け入れ難い考えである。

注意スキーマ理論も、ある種の錯覚説になる。この理論では、意識の得体の知れない特性、そのつかみどころのない形而上学的な性質は、現実には存在しない。自分にこうした特性があると思ってしまうのは、私たちの不完全な内的モデルがそのように教えるからである。

しかし、私の経験では、ある理論において意識を錯覚と呼ぶのは、その理論にとって命取りとなる。一部の哲学者にはその意味するところがわかるだろうが、世間一般はその説を「象牙の塔」の愚行として一蹴するだけである。「私の頭のなかでは明らかにいろいろなことが起こっているのに、どうして意識が錯覚なのか」というように。

「錯覚」ということばは容易に誤解されるので、意識を議論する際には障害になりうる。意識を錯覚と呼ぶことには、三つの落とし穴がある。以下ではそれについて述べよう。ただし、私には錯覚説論者のアプローチの基礎となる考えを攻撃する意図はない（私はそれが本質的には正しいと思っている）。

浜辺で五歳ぐらいの男の子と女の子が砂掘りをして遊んでいる。男の子が真剣な顔で言う。「お日さまの下に長いこといちゃいけないんだよ。いちゃうと、ハサミが生えてくるんだ」女の子は驚いた様子。「ほんとなの？」と言って、男の子をまじまじと見る。男の子は神妙にうなずく。「ほんとだよ」と言うと、手をハサミ代わりにしてチョキチョキするまねをする。「ママが言ってたもん」

これは私が実際に遭遇した微笑ましい出来事だ。男の子はよく使われるメタファー（比喩）を明らかに誤解している。彼の母親は、日に焼けると赤くなるという意味で、ロブスターになっちゃうよ、と言ったのだろう。しかし、男の子の頭にあったのは、煮られると赤くなることではなく、ハサミのほうだった。

メタファーは厳密な暗黙のルールに従う。[7] 典型的なメタファーでは、ベース（ロブスター）がターゲット（日光にさらされた人間）に喩えられる。関係する属性はひとつだけだ。ロブスターには、ハサミ、外骨格、眼柄《がんぺい》についた複眼といったようにいくつもの属性があるが、メタファーを聞く側は直観的に、どの属性が重要な意味をもつかを理解する必要がある。私たちはみな直観的にこのようなやり方でメタファーを使う。

科学者が「意識は錯覚だ」と言う時、おそらく大部分の人はこれを暗黙裡にメタファーとして受けとる。このメタファーのベースである錯覚には、多くの特徴がある。たとえば錯視について言えば、ものが実際よりも大きく見えたり、傾いて見えたり、遠くに見えたり、止まっているものが動いて見えたり、凸面が凹面に見えたりする。しかし、「錯覚」をメタファーの文脈で使うと、それはひとつのことだけを意味するようになる。大部分の人は鍵となる特徴を切り離し、「錯覚」を、実際にはないものが存在するかのように見える「幻」と同一視する。つまり、大きさや細部が誤っているのではなく、その存在そのものが誤っていると考えてしまうのだ。

たとえば、友人があなたに次のようにこぼしたとしよう。「うちの店長の能力は錯覚よ」。彼女が言いたのは「彼は有能な店長だけれど、期待とは少し違っている。ひょっとすると、期待よりもっと有能だってこともある」ということではない。彼女が言いたいのは、店長には能力がないということだ。メタファーの文脈では、なにかを錯覚と言うと、その存在のすべての側面を否定することになる。

もし私が「意識は錯覚だ」と言ったなら、ほとんどの人は「意識は厳密に言えば錯視に近い。

自分がもっていると感じる意識と頭のなかの情報処理には、微妙な違いがある」という意味にはとらない。代わりに、その「錯覚」ということばを「なにも存在しない」という意味にとる。そこにはなにもない。意識など存在しない——彼らからすれば、これはとんでもなくバカげた主張だ。

これまでの章で述べてきたように、注意スキーマ理論においては意識は幻などではない。それは現実のものについての単純化した不完全な記述である。実際に、脳は情報をとらえ、それを深く処理している。自分には意識体験があると言う時、私たちは文字通りの真実を多少模式化して披露している。確かに、そこには「なにか」がある。意識は厳密な意味では錯覚に似ているので、注意スキーマ理論は厳密にはひとつの錯覚説とみなせる。しかし意識は、大部分の人がこのメタファーを理解するような意味においては、錯覚ではない。

錯覚について、そしてそれが正常な知覚とどのように違うのかについて、もう少し掘り下げて考えてみよう。あなたの視覚システムは、内的モデル——まわりの対象についての単純化された描写——を構築する。あなたの眼が開いているかぎり、視覚システムはたえず自動的にそれを行なう。「見る」というこの通常の行為は錯覚ではない。錯覚はもっと特殊なケースであり、システムがミスをする時に起きる。たとえば、小さなものが大きく見えたり、垂直線が傾いて見えたりする。なにかが狂うのだ。ほとんどの視覚研究者は、このような正常からの逸脱や誤作動という意味で「錯覚」ということばを理解している。

私の提案する注意スキーマは、自動的にたえず構築される正常な内的モデルである。それは、自分の注意の状態についての単純化された情報を伝える。もちろん、内的モデルがうまく機能しなくて、錯覚が生じることもある。たとえば、ぬいぐるみに意識を見ることは一種の錯覚である。しかし、私は正常に機能している内的モデルを錯覚とは呼ばない。どの内的モデルも、現実を単純化したものである。というのも、現実には微細な質感や複雑さがあり、脳にはとてもそれらを処理するだけの理由も能力もないからである。もし、単純化された内的モデルをどれも錯覚とみなしてしまうと、すべての視覚《ヴィジョン》は錯覚《イリュージョン》であって、「視覚的錯覚《ヴィジュアル・イリュージョン》」は冗長な表現ということになる。この定義でゆくと、見るもの、聞くもの、感じるもの、考えるものすべてが錯覚ということになってしまう。哲学者たちが意識を錯覚と言うのは、この包括的な定義を念頭に置いているからだろう。つまり、意識は脳における、現実についての不完全な理解の一部ということだ。私はこの主張におけるロジックは理解できるが、その包括的な定義には懐疑的である。錯覚ということばをすべてに適用すると、その意味が失われてしまうからだ。

意識を錯覚と呼ぶことの最大の危険性は、それが一種の循環論法として誤解されやすくなることにある。ほとんどの人にとって、錯覚とは、当然ながらある種の意識的体験である。もし意識が錯覚なら、だれがその錯覚を体験しているのだろうか？　それは、意識を説明するために意識を用いているように見える。

こうした批判は誤解から生じているので、かなり厄介だ。錯覚説論者にとって、脳のなかではなにも意識の錯覚を体験していない。代わりに、脳は不完全な情報にもとづいて、意識をもっていると主張しているのだ。

意識が錯覚なら、だれがその錯覚を体験しているのか？　哲学者に聞いてみよう。すると、質問に驚いた様子で次のように答える。「もちろん、脳のなかには意識の錯覚の主観的体験はない。言いたいのはそういうことではないんだ。それだと循環論法になってしまうからね」。次に、哲学とは無縁のそのへんの人に聞くと、同じように驚いてこう言う。「錯覚ってさ、意識をもつ人がみんな体験していることだよね！　それ以外になにを意味するっていうの？　違うことを言ってるなら、どうして錯覚なんてことばを使うの？　それだとさ、意識ってほんとはコウモリなんだよとか、それこそなんだって言えるんじゃないの？」

というわけで、私は注意スキーマ理論を錯覚説の一種とは言わないことにする（錯覚説論者はそう言うが）。食い違いは考え方よりも用語の使い方にある。意識は、現実のものを歪めているので、むしろカリカチュア（戯画）のようなものかもしれない。しかし、意識を錯覚ではなくカリカチュアと呼んだからといって、よりわかりやすくなるとは思えない。意識を満足のゆくひとことで言い表わすのは無理なのかもしれない。

信じられないほど複雑で繊細な機械があって、その機械は自分自身とまわりの世界について、モデルにもとづく知識をもっている。そのなかの特定の内的モデルが注意スキーマで、意識についての直観を与えてくれる。私たちが意識に結びつける特性の多くは、測定可能なもっとも高次の皮質性の注意という形で、現実に脳内に存在する。意識に関係するいくつかの特性、たとえば形而上学的なつかみどころのない性質は、この内的モデル内の不完全で模式的な情報からもたらされる。

これらの特性から考えると、意識は錯覚だろうか？　もしことばを厳密に定義するなら、そう言えるかもしれない。私には錯覚説を支持する哲学者の友人が何人かいるが、彼らのアプローチは賢明だと思うし、錯覚ということばも厳密に定義されていると思う。実際のところ、私の希望は彼らと敵対することではなく、双方の考えがひとつの枠組みのなかにどの程度収まるのかを示すことである。

◇幻肢

不幸にして腕や脚を失うと、なくなったはずのそれがまだあるように感じられることがある。いわゆる「幻肢」の体験だ。四肢切断患者のおよそ九〇%は、少なくとも一時的にこの幻肢を体験し、場合によってはそれが数年続くこともある。[8]関節の動き、触感、痛み、冷たさ、熱さといった、すべての感覚が残る。自分の腕や脚がないのは見てわかるのに、依然としてその細部まで感じられるのだ。腕や脚の幽霊のように、それは見えない形で身体から伸びている。サンタ・

クルス・デ・テネリフェの海戦で片腕を失ったイギリスの偉大な提督ネルソンは、「自分の腕には幽霊がいるのだから、それ以外の身体部分にも幽霊がいるはずであり、これこそあの世があることの証拠だ」と主張したことで有名である。(9)

幻肢は医学的に興味深いということだけではない。本人にとって、それはおそろしく不快な体験である。あなたがリアルに感じられる幻肢をもっているとしよう。あなたはその痒いところを掻くことも、その関節を回すことも、その痛みを和らげることもできない。幻肢は奇妙で困惑させるものであると同時に耐え難いものでもあり、心身を消耗させる。(10) たとえば、幻肢は時に「変幻自在」なものになる。患者は、幻の手が肩から突き出ている、幻の片脚が短くなり過ぎて地面につかない、などと言ったりするのだ。

幻肢に関しては、腕や脚そのものは失っても、その内的モデルは脳のなかになくならずに残る、という説明が一般に受け入れられている。(11) 腕や脚についての豊富な一連の情報は、脳の回路に残り続ける。この現象は、内的モデルがいかに強力かを如実に示している。視覚がたえず腕や脚がないことを示さなければ、本人にはそれが真実かどうかを評価する術《すべ》はない。依然として、その腕や脚があるかのように感じてしまうのだ。

幻肢と正反対なのが、ソマトパラフレニアと呼ばれる症候群だ。(12) 頭頂葉の一部を脳卒中で損傷した患者は、特定の四肢の内的モデルを失ってしまうことがある。腕や脚はあり、見えているにもかかわらず、それが自分のものではないように感じる。さまざまな臨床例を印象的なヒューマンドラマとして描いた神経学者のオリヴァー・サックスは、片脚の表象を失ってしまった男性との会話を、次のように描いている[13]。

「そう興奮しないで」と私は言った。「落ち着いてくださいよ。私なら、そんなふうに脚をぶったりしませんよ」

「なぜダメなんですか？」彼は苛立っていて、喧嘩腰だった。

「だって、あなたの脚だからですよ。自分の脚がわかりませんか？」

身体の内的モデルの強烈なデモンストレーションのひとつに、ゴムの手錯覚の体験がある。この錯覚は、一九九八年にマチュー・ボトヴィニックとジョナサン・コーエンによってはじめて体系的に発表された[14]。私は、この実験の新たなバージョンを、ストックホルムのヘンリック・エールソンの研究室で体験した。私は机を前にして椅子に座り、四角い箱の側面に開いた穴に片手を入れるように言われた。箱の上には、ゴム製の手が置いてあった。それは肌色で彩色され、私の手よりやや小さめで、そんなにリアルには見えなかった。私は笑いたくなるのをなんとかこらえた。

実験者は、箱のなかの私の人差し指に指環をはめた。指環からは短いプラスチックの棒が上に向かって突き出ており、箱の天井に開いた小さな穴を通って、ゴムの手の人差し指にはめられた指環に連結していた。私が箱のなかの自分の人差し指を持ち上げると、それと連動して、箱の上のゴムの手の人差し指も持ち上がるというしかけである。

指を五回か六回持ち上げただけで、強力な錯覚が起こった。突然、ゴムの手が私の手になった。その感覚は衝撃的で強烈だった。頭では自分の手でないとわかっているのに、私の身体スキーマはゴムの塊を取り込んでしまったのだ。その体験の不気味さはいわく言い難いものだった。身体スキーマは、手についての視覚情報ではない。それは頭でわかるような知識ではない。身体のどこがどこにつながっているといった医学的知識でもないし、自分に言い聞かせられる類のものでもない。それは内的モデルであって、自動的に計算され、認知の奥深く、意思の力のおよばないところにある。身体スキーマは脳の認知に情報を伝え、私たちはその情報にとらわれる。もし身体スキーマが、ゴムの手を私の手と言うなら、頭では真実ではないとわかっていても、圧倒的な直観でそれを確信してしまう。

身体スキーマには、脳が動きを制御するのに必要な情報が含まれている。それは、どういったものが自分の身体に属しているのかを教えてくれる。それは、身体の各部分の形状、四肢のつながり方やそれぞれの長さと可動範囲、腕の動かし方や回し方を記述しているが、そこには身体のなかのメカニカルで詳細な構造についての情報は一切含まれていない。腕のスキーマは、骨の構造、腱の付着部、速筋線維や遅筋線維、血管の経路、収縮を引き起こす筋細胞内部のタンパク質分子などについてはなにも語らない。いま眼を閉じて、自分の腕について感じること——腕がどのようなものかという医学的知識ではなく、自分の腕についてあなたがいまこの瞬間に感じていること——を語ってみるとしよう。おそらくあなたにできるのは、メカニカルな詳細ではなく表面的な特性を語ることだけである。その表面的な記述を与えているのが、あなたの身体スキーマである。

哲学の観点から考えると、幻肢とはなんだろう？　ここで言う幻とはなんだろう？　それをどのように分類したらいいのだろう？　物体ではないし、エネルギー場でもない。切断箇所から延びているわけでもない。それは、眼に見えないエッセンス、物質的な肉や骨を剝ぎとったあとに残る生命力のようにも思える。それは幽霊に似ている。どの文化にも見られる幽霊についての信仰は、ネルソン提督の言うように、それは幽霊に由来し、このモデルがその種の産物を高次の認知に与えるのかもしれない。とはいえ、幻肢を幽霊に関する非科学的迷信として片づけるわけにはいかない。なにか重要なことが起こっているのだ。なんらかの有用なプロセスが腕や脚が切断される前から存在し、それが切断後に顕在化しただけなのかもしれない。この幻はだれもがもつシミュレーションであり、切断患者の場合は、腕や脚の喪失後も、そのシミュレーションが持続するのである。

私は、幻肢と意識の間に、そして身体スキーマと注意スキーマの間には、密接な類似性があるように思う。一方は身体のなかの幽霊、もう一方は頭のなかの幽霊であり、どちらもシミュレーションだ。それらは、多くのパーツからなる自己モデルの異なる端に属する。身体スキーマは、身体的な自己とそのはたらきのモデルであり、一方、注意スキーマは自己のもうひとつの部分、すなわち頭蓋の内側で相互作用するニューロンとそのはたらきのモデルである。どちらのモデルにも、不要なメカニカルな情報は入っていない。どちらも近似的で表面的だが、必要不可欠である。注意スキーマは、身体スキーマが特殊な形で拡張したものと言えるかもしれない。

以前私は、長年にわたり身体スキーマの研究をしていた。その研究では、脳がどのように身体そのものをモデル化するだけでなく、脳がどのように身体のまわりの安全な緩衝空間——手足や頭の動きに合わせて歪み変形する透明なゼリーの厚い層をイメージしてもらうとよい——をモデル化するかも調べていた。[15]脳が、単純かつ非現実的だがとても有用な方法で自己をモデル化するという認識は、そのまま意識の注意スキーマ理論につながっている。

神経科学者のオラフ・ブランケと哲学者のトーマス・メッツィンガーは、身体スキーマと意識の結びつきを強調する。[16]彼らの説によれば、身体についての自己知識は、意識の原初的で最小限の形態、つまり残りの世界から切り離された行為者としての自己の認識である。この見方は、明らかに注意スキーマ理論と軌を一にする。

◇グローバル・ワークスペースと意識のクラーケン

私の通っていた高校には、情報通のグループがいた。彼らはさながらゴシップのデパートだった。限られた者しか知らないニュースや噂が彼らの耳に入りでもしたら、彼らはその情報を広めて、瞬く間に学校中のだれもが知るところとなった。意識のグローバル・ワークスペース理論は、まさにこれである。脳のなかの選ばれた情報がグローバル・ワークスペースに到達すると、その情報はいたるところに拡散され、行動や発話に使われるようになる。

グローバル・ワークスペース理論は一九八〇年代に、バーナード・バースによってはじめて提唱された[17]。それ以来、この理論はほかの多くの研究者、とりわけスタニスラス・ドゥアンヌによって、大脳皮質内のネットワークにおける最新の知見に沿うような形でバージョンアップされてきた[18]。この理論では、第4章で触れたように、情報は皮質の階層を通して選抜されると考える。一部の情報は信号が強められ、ほかの信号を打ち負かし、おそらく頭頂‐前頭ネットワークのもっとも高次の処理に進む。そこで、脳におけるゴシップの中心であるグローバル・ワークスペースに入る。ダニエル・デネットのことばを借りるなら、その情報は「脳内の名声」を勝ち得たのだ[19]。こうしてグローバル・ワークスペースに入った情報は、同時に意識にものぼる。

この理論の難点は、グローバル・ワークスペースに達した情報が、なぜ意識体験という特性を獲得するのかについて、具体的に説明していないことである。これは不完全な理論だが、ある意味この不完全さは欠陥ではなく、この理論の特徴とも言える。意識のもととなる脳の解剖学的なデータは、哲学的議論をしなくても集めることができる。いくつかの点で、この理論は、意識についての最初の科学理論、「脳が心を司る」という二五〇〇年前のヒポクラテスの理論に似ている[20]。ヒポクラテスの理論は、科学における画期的な出来事だった。というのは、意識とはどういうもので、どのように生じるのかは説明しなかったにしても、意識のもととなるのが脳だということを正しく指摘したからである。

注意スキーマ理論はこの欠落部分を埋める方法を提供する。ここではグローバル・ワークスペース理論が正しいと仮定しよう。情報は脳全体に影響をおよぼすようになるまで、注意によって強化され、選別される。注意スキーマ理論はそれに加えて、脳が図式化された注意のモデルを構築すると仮定する。脳は、グローバル・ワークスペースがどういうものかについて、独自の素朴な形而上学的理論を作り上げる。

では、グローバル・ワークスペース、注意スキーマ、そして意識の関係は、どう考えればよいだろうか？　アナロジーを用いてこの複雑な関係を説明してみよう。私の思いついたアナロジーは、クラーケンとダイオウイカである。クラーケンは一三世紀アイスランドの伝説「オルヴァール・オッズ・サーガ」にはじめて登場した、北欧神話の怪物である[21]。クラーケンは、超自然的な力をもち船を破壊する、獰猛《どうもう》な巨大イカだ。もちろんクラーケンは実在しないが、ダイオウイカのほうは実在する。ダイオウイカは深海に生息し、体長は一五メートルにもなることがある。姿を見せることはめったになく、その生態は謎に包まれているが、神話のように船を襲うことはない。というのも、海面近くに来ると水圧が低くなるため、死んでしまうからである。クラーケンの神話は、ダイオウイカを歪曲して伝えたものと見て間違いないだろう。

注意はダイオウイカのようなもので、捕らえにくいが現実の現象だ。脳内のもっとも高次の注意をグローバル・ワークスペースとして記述することは、ダイオウイカの頭をいろんな器官の入った巨大嚢として記述するようなもので、科学者にとって、その生体構造を考えるのに便利な方法である。しかしそのどちらも意識、つまりはクラーケンを説明しない。クラーケンとその意味するところを説明するには、イカを解剖して「ほら、これがクラーケンさ」と言うだけでは不十分である。それはクラーケンではない。クラーケンは、ダイオウイカがデフォルメされて超自然的な存在になったものである。それには、ただのイカにはない文化的で感情的なインパクトが備わっている。クラーケンについての完全な理論には、イカについての理解も含まれるべきだが、それだけでなく、クラーケン信仰につながる神話化のプロセスについての理解も含まれなければならない。同様に、意識についての完全な説明も、注意とグローバル・ワークスペースで終わってはいけない。それには、素朴な自己モデル――クラーケンのような意識について囁《ささや》いてくれる注意スキーマ――も含まれなければならない。

◇高次の思考

あなたが読んでいるこの本には、カバーに書名、帯にはキャッチコピーが書かれているはずだ。追加されたこれらの情報は、厳密には本の内容ではない。内容についての情報である。これは、タグやラベルに相当する「メタ情報」である。本が世に出て多くの人に読まれるためには、こうした高次のメタ情報が付いている必要がある。
　哲学者のデイヴィッド・ローゼンタールによると、脳のなかの情報にはこれとよく似たことが起こる。[22] リンゴを見て、「私はこのリンゴを意識している」と言うためには、視覚システムが対象の情報を処理するだけでは不十分である。その途中で高次の思考が生成されて、リンゴの情報と結合する必要があるのだ。このような考え方は「高次思考理論」と呼ばれる。この理論は、「思考の思考」、またはメタ認知とも呼ばれる一般的な枠組みにも収まるものだ。[23]
　研究者たちは、リンゴの情報にどのような高次の付加情報を加えればそれを意識することができるかについて、いまも論争を続けている。ひとつの可能性は目録情報である。[24] コンピュータのファイルには、その内容本体である一次情報と、デスクトップ画面にアイコンとして表示される高次の目録情報が含まれる。アイコンはファイルを表わしており、内容の詳細を省き、単純化して表示する。それと同様に、私たちの視覚システムもリンゴを処理したあと、その情報をアイコンのようなものへと圧縮し、認知的にアクセスしたり、ことばによって伝えたりできるようになるのかもしれない。この観点では、私たちがリンゴを意識していると主張するのは、高次の認知にとって、そのアイコンがなんらかの形で意識という行為として解釈されるからである。
　もうひとつの可能性は確信度である。[25] あなたがリンゴの入った果物かごのそばを急いで通り過ぎたとしよう。自分の見たものに確信がなければ、あなたはリンゴが意識にのぼらなかったと言うだろう。確信度が高いなら、リンゴが意識にのぼったと言うはずだ。視覚的意識とは、視覚情報に、あなたがその情報をもっているという強い確信が加わったものなのかもしれない。

　第三の可能性は、哲学者のダニエル・デネットが強調するように、高次の思考が、より複雑な、文化的に学習された概念の層を加えているというものだ[26]。私たちはみな文化の産物であり、おそらく文化的に完全に身についている神話のひとつは、私たちの内部には主観的体験をする魂がある、というものだろう。もし私たちが根本的に異なる文化のなかで育ったならば、こうした意識の概念をもたないかもしれないし、私がこの本を書くこともなかったかもしれない。しかし、何万年も前に洞窟のなかや焚き火のまわりで生まれたであろう考えが、その後人類全体に広がったことで、私たちはみな意識の概念を獲得し、高次の思考がその概念と私たちのなすことすべてを結びつけた。意識は文化的ミームの複合体であるというこの考えは、心理学者のスーザン・ブラックモアによっても示唆されている[27]。

　注意スキーマ理論も、ひとつの高次思考理論である。この二つは明らかに同じカテゴリーに属している。しかし、注意スキーマ理論はいくつかの点において、ほかの高次思考理論の例とは異なる。注意スキーマ理論では、脳がリンゴについての意識を構築する時、そのリンゴについての視覚情報はほかの付加情報と結びつけられる。しかし、この付加情報に、「高次」というラベルを貼るのは適切ではない。ある意味、それはリンゴについての情報と同じレベルにある。どちらも現実の対象を表象している。脳は、リンゴの形や色、あなたとリンゴの空間的関係の表象を構築するのと同様に、リンゴに向けられたあなたの注意の焦点の表象も構築する。この注意スキーマは知的でも、概念的でも、認知的でもない。その意味では、二次的でも、高次でもない。それは文化的に習得されるものではなく、教育によって生み出すことも捨て去ることもできない。そのオン・オフを選ぶことはできない。それは、何百万年も前に私たちヒトという種が誕生する以前、言語や人間特有の認知が生まれる前に進化した。それは言語が関与することなく構築されるが、私たちはある程度はそれに認知的にアクセスしたり、それについて話したりできる。形、色、視覚的な動きや空間的な位置と同じように、注意を介した自分とリンゴの関係は、リンゴとそれを取り巻く状況について、脳がまとめるより大きなファイルのなかの要素のひとつである。この意識の要素は、ある意味ほかのどの要素とも同じぐらい基本的なものである。私たちは、深く、直観的に、不合理なやり方でなにかを信じることがあり、私たちに意識があると信じるのはその最たるものである。それは、脳がその世界と自身についてのモデルを自動的に構築し、それらのモデルに部分的ながら認知的にアクセスするからである。

もちろん、脳は高次の思考も形成する。たとえば色がそうだ。私たちは赤という色に感情的、文化的意味合いを、さらには政治的な意味合いさえ見出す。これらの付加的な意味は、視覚システムの奥深くにある、赤という色の基本的で自動的なモデルの上に重ねられる。同様に私たちは、意識がどこから生じるか、意識にはどんな機能があるか、意識は哲学やスピリチュアリティとどう関係するか、死んだら意識はどうなるかについて、文化的かつ個人的な神話をもっている。注意スキーマ理論では、私たちが、人それぞれで異なるこうした文化的・概念的な結びつきの下に、私たちが注意スキーマも生まれもっていると考える。この注意スキーマはすべての人間でほぼ同じであり、意識における共通の基準を私たちに与える。

◇注意と意識

一八九〇年、現代心理学の創始者のひとり、ウィリアム・ジェイムズは次のように書いている。「注意がどういうものかは、だれもが知っている。注意とは、候補としていくつもの対象や思考があるなかで、心がそのどれかを明瞭かつ鮮明な形で占有することである。意識の焦点を合わせること、すなわち意識の集中がその本質である。それは、あるものごとに効果的に取り組むために、ほかのものを退けることを意味する(28)」

ジェイムズのこの有名なことばは説得力があるが、注意と意識の典型的な混同も示している。彼の説明では、人間は「心」や「意識」と呼ばれるものをもっており、「注意」はその集中を指している。この見方では、注意は意識の一部であり、意識という広いフィールドのなかの中心ということになる。

ジェイムズのこの見方は、世間一般の「注意」の理解かもしれない。しかし、その見方は現代の科学における「注意」という用語の使い方とは（そして本書での使い方とも）大きく異なっている。こうした意味の違いが、注意スキーマ理論をめぐる誤解や見解の相違を生んでいる。この曖昧さゆえに、私としてはほかの用語を用いたいのだが、いかんせん心理学と神経科学に深く根を張ったこの用語の適切な代替案が見つからない。

神経科学においては注意は脳内のプロセスであり、それによってある表象（リンゴの視覚表象など）の信号が強められると、同時に競合するほかの信号が弱められ、強められた信号が脳内のシステムに大きな影響をおよぼす。注意は、中心となるひとつの対象に焦点を絞るだけでなく、拡散することも分割することもできるのだ。もしあなたが注意の外でなにかを意識している――たとえばAに注意を向けながら、その横でBやCやDを「意識」している――と思うなら、その直観はおそらく正しくはない。少なくともそれは世間一般で言うところの注意である。科学的な定義に従えば、あなたは、それらの対象すべてに（程度はそれぞれ異なるが）注意を向けているか、それらの間で注意をすばやく切り替えているのだ。世間一般では、注意は意識の一部と考えられているが、科学的には注意と意識の関係はそれとはまったく異なる。注意は、層をなした一連のメカニズム、つまりデータ処理の方法であり、これに対して、意識は自分が有していると思う内的体験である。注意とは脳がするなにかであり、意識とは脳が有していると主張するなにかである。

一八九〇年、ジェイムズは情報処理における専門的側面については知る由もなかった。アラン・チューリングが計算機の原理を発表するのは一九三〇年代、[29] クロード・シャノンが情報理論を構築するのは一九四〇年代になってである。[30] 注意を計算機のはたらきとして考えることは、ジェイムズには思いもよらないことだった。彼は注意を意識のひとつの状態としてとらえ、その後の一〇〇年間、科学の世界ではこの二つが混同されたままだった。

一九九九年、注意と意識《アウェアネス》は初めて説得力をもって区別された。ロバート・ケントリッジ、チャールズ・ヘイウッド、ラリー・ワイスクランツらイギリスの研究グループが、視覚的意識が著しく損なわれた男性を調べたのである(31)。

ＧＹという男性患者は、八歳の時に交通事故に遭い、一次視覚野（Ｖ１）のほとんどを失った。彼は右側の空間全部と、左側の空間の大部分が見えなくなった。おとなになってからの実験で、ディスプレイの前に座ったＧＹに、ドットをひとつ、画面のさまざまな位置に点滅させて呈示した。彼は、画面の中央左側の小さな領域に呈示された時だけ、ドットを見ることができた。この領域以外では、彼にはドットが見えたという視覚的意識がなかった。ところが驚いたことに、見えないはずの領域に呈示されたドットを指差すように言われた時には、正確にそれができたのである。ドットを意識的に見ることはできなかったのに、視覚情報は彼の脳に入っていて、手の動きをガイドすることはできたのだ。ＧＹは、視覚的意識を経験することなく、呈示された線分が水平か垂直かといった基本的な視覚的特徴の区別をすることもできた。彼が言うには、自分にはなにも見えないが、自分の前にあるものがなにか、かなりの確信をもって「わかる（know）」のだという。この「わかる」ということそのものが認知的な確信を表わしていた。この奇妙な現象は「盲視」と呼ばれており、Ｖ１の損傷によって起こる。

ケントリッジらは、ＧＹが「見えない」視野ではなにができて、なにができないかを調べた。

彼らは、見えない視野のどこか一点にドットを点滅させた。そしてその直後に、同じ位置に短い線分を呈示した。GYに課せられたのは、その線分が水平か垂直かを答えることだった。この場合の彼の反応は早く、おそらく、最初にドットが彼の注意を引き、線分の処理の下準備になったためと考えられる。それに対して、ドットの呈示位置とは異なる位置に線分が呈示された場合には、反応に時間がかかった。おそらく、ドットが不適切な位置に彼の注意を向けさせたのだろう。GYの注意は新たな位置に向かわなければならず、それが反応に遅延を生んだというわけである。

この実験は意識研究における重大な分岐点となった。そのなかで示されたのは、意識のメカニズムが失われた場合でも、注意のメカニズムは存在しうるということである。明らかに、注意はたんなる意識の局所的な集中ではない。注意は、意識とは異なる特性なのだ。

過去二五年間にわたって数多くの研究が示したのは、脳損傷患者においてだけでなく健常者においても、意識《アウェアネス》を注意から切り離せるということである[32]。なにも見えなかったと報告しながらも、健常な被験者は、微弱な画像や瞬間呈示された画像に最小限の注意を向けることができる。すなわち、そうした対象に処理資源を割くことができ、反応することさえできるのだ。

意識されない状態では、注意は正常にはたらかないように見え、これは注意の制御メカニズムの一部を失っていると考えることができる。一例を挙げるなら、私たちが日常的に用いるもっとも重要なスキルのひとつは、注意を向けるべきではないものに注意を向けないという能力である。この世界は注意を引くものであふれており、時に私たちは、ある対象（たとえば近くを飛ぶ蚊）に注意をとられないようにしながら、別の対象（たとえば読んでいる本）に注意を向け続ける必要がある。このような状況では、私たちは蚊にも少しだけ注意を割いてモニターしながら、なんとか本に注意を向けようとする。これは、注意スキーマがいかに有用かを明確に示すよい例である。この二つを達成するには、脳はそれぞれの瞬間に注意がどのような状況にあるのかを知り、本から蚊に注意が行き過ぎていないかをモニターする必要がある。同様に、蚊に向く注意の空間的・時間的変化の的確な作業モデルも、それを弱めるために必要となる。かりにこの意識《アウェアネス》のシステムが故障してしまったとしよう。なにがしかの注意は蚊に割かれているのだが、本人は主観的には蚊に気づいていない。注意と意識《アウェアネス》は解離した状態にある。注意スキーマ理論が正しいなら、この状況下では、脳は、注意が蚊に漏れてしまっていることを知らないはずだ。この注意モデルは不完全である。この状況下では、私たちは蚊への注意を最小限にするのに苦労するはずである。直観に反して、蚊に気づいていないことでより多くの注意を蚊に吸いとられ、本に向ける注意が減るのである。私の研究室やほかの研究室の実験では、蚊にあたる妨害刺激と本にあたるターゲット刺激を用いて、そのような結果になることを確認している。(33)

これらの実験は、注意と意識《アウェアネス》は実験室で容易に分離できるとか、そうした分離は日常のなかでもよく起こるといった、誤った印象を与えるかもしれない。しかし、注意から意識《アウェアネス》を剝がすのは、壁からペンキを剝がすように難しい。この二つは普段はくっついている。制御された実験条件下で視覚システムをその能力の限界に近づけた上で、短時間、あるいは微弱な刺激を与えると、注意と意識《アウェアネス》は剥離し始める。しかし、被験者が気づけないほど微弱で、短時間で、ほかの刺激にマスクされるような視覚刺激を見つけ出すこと、しかもその刺激を少なくとも多少は被験者の注意を引くように調整することは、不可能に近い。私の研究室では、注意と意識《アウェアネス》の間に楔《くさび》を打ち込むために、予備的な実験に数年を費やした。[34] ほかの研究者からも、同じような苦労話を聞いたことがある。

注意スキーマ理論において、意識《アウェアネス》の核心は、注意がいまどのような状態にあるかを脳に教えることである。したがって意識《アウェアネス》は、腕の位置を追跡する身体スキーマのように、注意を入念に追跡する。注意と意識《アウェアネス》が解離するのは、システムに負荷がかかり、その能力の限界に達した時に限られる。

◇情報の統合

リンゴを手にした時、あなたの脳はその色、形、香り、触感、齧《かじ》った時の音、味、あなたの情動反応、そしてそのほかに関係する多くの情報を処理する。これらの特性はそれぞれ単独で、脳内で意識にのぼらない形で処理される。情動反応でさえ無意識のうちに生起する。しかし意識がはたらき始めると、それぞれの要素はひとつにまとまり、単一の豊かな理解となる。

このような観察の結果、意識は脳のなかの大規模な情報の統合と関係しているという、一致した見解が得られた（意識研究においては数少ない一致した見解のひとつだ[35]）。ただ、意識と情報の統合が厳密にはどのように相互作用するかについては、議論が続いている。意識が情報どうしを結びつけると主張する理論もあれば、因果関係はその逆で、情報が統合されて複雑な情報網になることで意識が生じる、と主張する理論もある。もっともよく知られているのは、ジュリオ・トノーニの、その名も統合情報理論だ[36]。彼の理論では、脳であれ、携帯電話であれ、あるいはほかのなんであれ、あるもののなかにどれだけの統合された情報が存在するかを表わす値、Φ《ファイ》を計算する。Φの値が増加するにつれて、意識も増加する。

これらの理論を細かく見れば注意スキーマ理論と矛盾する点もあるが、意識が情報の統合と関係するという点では見解が一致している。ここでは、見落とされがちな統合における基本的な点をとりあげよう。それは、ある意味で情報そのものに粘着性があり、情報の種類によってその粘着力の強さが異なるということである。

白い紙の上にたくさんのドットが描かれているのをイメージしてほしい。そのほとんどが黒で、いくつかは赤だ。黒のドットは散在しているが、赤のドットはひとつにまとまってアルファベットのXの形をなし、紙の上で際立っている。この時ドットをXの形につなぎ合わせているのは、色という共通の情報である。この観察の重要性を最初に理解したのは、二〇世紀初頭のゲシュタルト心理学者たちだった。彼らは、さまざまな視覚像をより大きな枠組みにまとめる隠れた法則を研究した[37]。私がここで言いたいのは、色の情報に文字通り粘着性があるとか、情報の原子が自然とくっつき合ってより大きな分子になるということではない。脳という特殊な情報システムにおいて、適格かつ高度な方法で、色の情報は形の情報の断片をつなぎ合わせることができるのだ。色は典型的な情報コネクタと言える。

色は視覚の領域に限定される。色は視野のなかにある対象をまとめるのに役立つが、ほかの感覚の情報をつなぎ合わせることはできない。それに対して、空間的位置はより全般的なコネクタである。もしあなたが、枝にとまった鳥の落ち着きのない動きを見て、同じ位置から届くさえずりを聞いたら、その二つを結びつけてひとつの対象として理解するだろう[38]。ちょうどティンカートイ〔市販の組み立て玩具〕をつなげるように、あなたの脳は、視覚情報と音声情報を同じ位置の情報に結びつけて、それら全部をひとつの大きなまとまりに結合することができる。

位置がコネクタとして広く使える理由のひとつは、それが関係を示す特性だからである。位置情報は色、形、さえずりなど、その鳥だけがもつ固有の特徴を表わすものではない。その情報は、あなたとその鳥の関係（あなたの六メートル左にいる）を表わしており、それはその鳥のほかのすべての特徴にもあてはまる。その鳥の色も、形も、さえずりもその位置を共有している。位置情報はほかの情報を統合するのにも使われ、脳のなかではまとめ役として特別な地位にある。もし位置情報が脳から突然なくなってしまったら、私たちの知覚世界は、特徴も感覚もバラバラの混乱状態に陥ってしまうだろう[39]。位置情報は脳の知覚システム内に混ぜ込まれた接着剤のようなもので、ほかの情報をひとつにまとめる。したがって、空間的位置の「統合情報」理論を構想してみることもできるだろう。それができるのは、統合された情報が位置を生じさせるからではなく（これは意味をなさない）、脳が外界の情報を処理する方法において、位置情報が並外れた粘着力をもつからである。

位置についての情報が視覚、聴覚、触覚、嗅覚（イヌはとくにそうだが）などのデータをつなぎ合わせることができるとしても、それはコネクタとしてまだ限界がある。明確な空間的要素をもたない情報の領域もあるからだ。情動、思考、信念、想像、数学的洞察、これらはどれも、あなたの身体のまわりで特定の場所に固定されているわけではない。位置情報は万能なコネクタとしては使えないのだ。

では、脳のなかにはどんな種類の情報もつなげる万能コネクタとしてはたらく、粘着力の高い情報はあるだろうか？

注意の状態を記述する注意スキーマなら、万能コネクタになりうる。それは、あなたが見ている鳥にも、あなたが聞いているさえずりにも、あなたが考えていることにも、あなたが感じている情動にも関係する。注意スキーマでは、それはあなたと対象の間の普遍的関係を記述している。この意味においては、注意は、あなたと対象の関係である空間的位置に似ている。しかし位置とは違って、注意による関係はどんなものにも――具体的なものや抽象的なものにも、知覚されるものや知識や思考にも――あてはまる。

先ほどの鳥がまだ左手の木の枝にとまっていると想像してほしい。そしてその鳥に注意を向けているまさにその瞬間を分析してみよう。あなたの脳は、その鳥の姿やさえずりの情報、その鳥に対するあなたの感情、そしておそらくは鳥全般についての知的概念さえも構築する。あなたは要素A、B、C……などに注意を向けている。たとえば、ほとんどの注意をさえずりに、少しの注意を羽に向け、一方でそれとは関係のない腕の痒《かゆ》みにはごくわずかな注意しか向けないかもしれない。次の瞬間にあなたの注意はほかに向くかもしれないが、いまこの瞬間には、あなたは、特定のやり方であなたのまわりの特定の要素に注意を展開している。あなたのまわりの状態、あなた自身、そしてそれらの関係を表象するために、脳は、A、B、Cにおける内的モデルとあなたの注意における内的モデルを構築し、それらすべてをつなぎ合わせなければならない。注意をモデル化に値する世界の関係を示す特性とみなすことで、脳は中心的なコネクタ、つまり注意スキーマを構築し、それに注意の範囲内にあるほかのすべての情報が必然的に結びつくのである。

　相互につながったこの情報網にアクセスすると、あなたは次のことを知る。「鳥が一羽いる、カラフルだ、きれいな声で歌っている、幸せな気分だ、あとで鳥の種類を調べよう、腕が痒い――これらがバラバラではなく、ひとつの傘の下に集められるのは、私が、この瞬間にこれらすべてをとらえている主観的体験、すなわち意識をもっているからだ」

　ゲシュタルト心理学者たちは、いかに知覚世界がひとつにまとまるかを理解するために、おもに感覚領域において色、形、位置、音やほかの感覚的特徴を研究した。注意スキーマ理論は、究極のコネクタを加えることでゲシュタルトの考えを拡張する。意識はそれぞれの特徴をひとつの統合された全体――この時この瞬間にこの世界にはめ込まれたこの「私」――へとまとめあげる。

位置情報が接着剤だとすれば、それは、使用対象が限られた木工用ボンドのようなものだ。それに比べて意識は万能ボンドのようなもので、あらゆる種類の情報領域をつなぎ合わせ、注意の範囲内にあるものがなんであれ継続的にはたらき続ける。それなしでは私たちの世界はバラバラになり、構成要素の浮遊するカオスと化すだろう。

したがって、注意スキーマ理論の観点から統合情報理論を書き換えることができる。すなわち、情報を統合するだけでは、意識を生じさせることはできない。代わりに脳内の情報には粘着性をもつものがあり、情報の種類によってその粘着力は異なる。たとえば色は視野内での情報の統合を助け、空間的位置は感覚世界における大部分の情報の統合を助ける。おそらく、多くのほかの種類の情報も、程度は異なるものの粘着性をもつ。脳のなかでもっとも粘着力が強く、なんでもつなげられる情報は、注意を介した自分と対象の関係の情報である。当然ながら、注意の範囲内にあるものならすべてがこの特性を共有している。この「超ゲシュタルト」特性の結果、意識は脳内の膨大な情報の統合を指揮することになる。

8 意識をもつ機械

偉大な物理学者で数学者でもあるアイザック・ニュートンは、錬金術にも手を出した[1]。彼の残したノートの冊数から判断すると、成功した重力発見の試みよりも、金を作ろうとして失敗した試みのほうに、多大な労力を費やしていたようだ。そのレシピの一例を挙げれば、用意するのは火を吐くドラゴン、ダイアナの鳩、ヘルメスの鷲《わし》（これらはみな実在する原料の異名だ）。想像するに、ニュートンやほかの錬金術師は、薄汚れた羊皮紙に記されたレシピを舐めるように読んで、混合と加熱を繰り返し、胸躍らせながら結果を待ち、そして最後はいつも落胆。理論をもたないわけではなかったが、彼らの錬金術は論理的推論よりもアナロジーや神話にもとづくものが多かった。彼らは「物質の既知の性質からすると、AとBを混ぜれば、論理的には金ができるはず」などとは言えなかった。錬金術師を目指すなら、試行錯誤的なアプローチで満足するしかなかった。

錬金術を貶《おとし》めるつもりはない。錬金術がこうした試行錯誤を幾度となく繰り返したことが近代化学の誕生につながったのは間違いない。いずれにしても、錬金術の秘密は最終的に現代の科学によって明らかにされた。

自分でやってみたいという読者のために、次のようなレシピがある。金より重い元素を用意して、粒子加速器のなかで破壊してみよう。そうすれば、金の原子の数個ぐらいは得られるだろう。あるいは、金より軽い元素を核子と衝突させてみよう。すると一部の粒子がくっつき合って、金の原子核ができるだろう。試した人がいるかどうかは知らないが、その理論は物理学的に間違っていないので、うまくいくはずだ。これまでも金より重く希少な元素が作り出されてきた。金の原子をひとつ生み出すのには何百万ドルもかかるので、儲けはないに等しいが、重要なのはその原理を知ることである。

意識をもつ機械を作ることは、私には錬金術を連想させる。意識についての学識の多くが、漠然としたアナロジーや、時には神話で満たされている。もし十分な複雑さを、あるいはフィードバックを、あるいは広範囲のネットワークを、あるいは反響する視床‐皮質ループをぶち込んでブンゼンバーナーの上で炙《あぶ》りながら攪拌《かくはん》すれば、機械は目覚め、意識をもつようになるだろうか？「赤や冷たさや自分についての意識体験があるよ」ともっともらしく言ったりするだろうか？

私は、注意スキーマ理論こそ、意識という錬金術的な謎に対する工学的な答えだと考える。この理論にもとづいて機械を作り、的確な内的モデルを組み込んで、それらのモデルに認知的・言語的にアクセスできるようにすれば、その機械は、私たちが設計したとおりの能力をもつようになるだろう。錬金術的な材料の融合から意識が生まれるのを期待する必要はない。その機械は自分が意識をもっていると考え、そう主張し、そして自分の意識について語るだろう。なぜなら、私たちが意識の構成をそのなかに組み込んだからである。

意識をもつ機械を作るレースは、ゆっくりとスタートした。さまざまな理論にもとづく予備的な試みがあったが、意識らしきものが生まれたことは確認できなかった。[2] なかなか熱が入らなかったのは、意識の理論が、意識がもたらす実用的な利益ではなく、その形而上学的な意味に焦点をあてる傾向があったからだろう。もしあなたが売り物になる有用な製品を開発しようとするコンピュータ科学者なら、どうして徒《いたずら》に哲学的議論で時間を無駄にしなければならないのだろうか？　これに対して注意スキーマ理論は、いくつかの実用的な利益を与える。この理論では、脳が意識という構成物を進化させたのは、二つの大きな利点があったからだと考える。ひとつは内的な制御能力の向上、もうひとつは社会的認知のための基盤である。

こうした理論があり、しかも実用的な利点もあるので、人工意識はいまや離陸可能な状態にある。次の一〇年で、なんらかの形の人工意識が誕生するかもしれない。とはいえ、人工意識における初期の試みはごく限定されたものになりそうだ。たとえば、画像は意識できるが、それ以外には意識をもたない機械のように。たんに意識をもつだけでなく、なんでもできて気のきいた会話もできる『スタートレック』のデータ少佐や『スターウォーズ』のC-3POのような知的アンドロイドは、まだ遠い先の話になる。最終的には実現可能かもしれないが、それを実現する技術はいまのところ存在しない。

人工意識をもった未来の機械についての夢物語を語る前に、もっと基本的な問題から始めることにしよう。意識をもつと思われる機械を作ったとして、どうすればほんとうに意識をもっていると証明できるだろうか？　意識の存在はテストできるのだろうか？

一九五〇年、数学者のアラン・チューリングは、機械が考えることができるかどうかをテストする方法を考案した(3)。そのテストでは、嘘を言う人、真実を言う人、推測する人の三人がゲームをする。三人はそれぞれ別の部屋にいて、書面だけでコミュニケーションをとり合う。

ゲームの開始時に、推測する人は、ほかの二人のうちひとりは男性で、もうひとりは女性ということだけを教えられる。推測する人の課題は、どちらが男性でどちらが女性かを当てることだ。真実を言う人の役目は、推測する人につねに正しい答えを伝えること、嘘を言う人の役目は、間違ったことを伝えて、推測する人を混乱させることである。三人は複雑な情報戦に閉じ込められている。あらゆる質問と答えが許されているので、コミュニケーションはおのずと社会的中傷と巧妙な心理操作の様相を呈するようになる。ゲームの最後に、推測する人は選択をする。推測する人が正解すれば真実を言う人の勝ち、間違っていれば嘘を言う人の勝ちだ。実際にこのゲームを試してみないと（とはいえ、私は試したことのある人を知らないが）、嘘を言う人や真実を言う人の典型的な勝率を知るのは難しい。私が思うに、真実を言う人は多少有利かもしれない。というのも、真実を言う人は矛盾に足をすくわれることがないからだ。いずれにしても、このゲームを何回も繰り返せば、さまざまなプレイヤーの勝率が推定できる。

次のステップは、嘘を言う人を機械におきかえることである。もし機械が人間と同程度に勝つことができるなら、機械は人間のように考えることができることになる。これがチューリングテストのオリジナルだ。

一見したところ、このテストはかなり面倒そうに思える。実施するのは確かに難しいだろう。信頼できる統計値を得るには、このゲームを相当な回数行なう必要があるからだ。しかしよく見れば、これはすぐれたテストであり、時代を先取りしていたことがわかる。うまくやるには、機械は人間について心の理論をもつ必要がある。そしてそれ以上に、この機械は誤信念課題をパスする必要がある。それには、人間（の心）が現実とは異なる誤った信念をもつことがあることを理解する必要があり、だれがどんな信念をもっているかを知る必要がある。これは合格のハードルがきわめて高い社会的認知のテストと言える。

チューリングテストは、一九八〇年代に心理学者によって考案されたサリーとアンの課題の初期バージョンとみなすこともできる。(4) この課題については第5章で紹介したが、簡単におさらいをしておこう。典型的なバージョンでは、サリーがアンに一杯食わされるストーリーが展開する。サリーは、自分のサンドイッチをバスケットAに入れ、そのあとトイレに行ってしまう。サリーのいない間に、アンはサンドイッチをバスケットAからバスケットBに移す。トイレから戻ってきたサリーは、どちらのバスケットからサンドイッチをとろうとするだろうか？　もしあなたが、サリーは心をもっていて、そしてその心には信念があり、その信念は現実と食い違うことがあるとわかるなら、あなたは正しく答えられるだろう。サリーは自分がサンドイッチを入れたバスケットAからとろうとするだろう。社会経験を積んだおとなにはどうということもない課題だが、五歳以下の子どもは正解できない。人間以外でこの課題に正解できるとわかっている動物もごくわずかにいるだけだ。(5)

このアンとサリーの誤信念課題は、解くには心のモデルが必要であり、実質的にチューリングテストを単純でスリムにしたものと言える。チューリングはコンピュータ技術を扱っているつもりだったかもしれないが、彼は明らかにすぐれた社会心理学者であり、時代を三〇年先取りしていた。機械が考えることができるかどうかを調べるには、私なら必要最小限のアンとサリーの課題よりも、複雑なチューリングテストのほうを用いるだろう。それは機械をより難しい状況におく。人間のようにふるまわせたければ、その機械には、高度な言語スキル、日常生活で使う実用知識、そして他者の信念についてのすぐれた洞察力が必要になる。

チューリングは、自分の推測ゲームが意識のテストであるとは言わなかった。彼は、主観的体験、気づき《アウエアネス》、クオリア、情報処理にともなう内的感覚、あるいは意識についてのほかの表現との関係については一切語らなかった。もしオリジナルのチューリングテストをパスする機械があるのなら、それは高度に洗練されたコンピュータだと自信をもって言える。その機械は、標準的な人間の意識の内容に類するなにかをもっているはずで、そうでなければ会話をうまくやり通せないだろう。とは言うものの、それが意識体験をもつという保証はない。

チューリングの最初の発表から数年のうちに、彼のテストは人工知能の分野の愛好家たちによって用いられ、その変型版も作られた。いまやほとんどの人が聞いたことのある有名なチューリングテストは、オリジナルとはまったく異なり、サリーとアンの課題とも全然違う。現在のバージョンは、社会的認知ではなく、意識に焦点をあてている。機械が意識をもっているかどうかを判断するには、単純にその機械と会話をすればよい。もし会話の相手が機械か人間かわからなければ、その機械はテストをパスしたことになる。この新しいバージョンのテストはオリジナルよりもはるかに簡素化され、現実の場面で簡単に実施でき、実際に何度も試されてきた。機械にこの現代版のチューリングテストを受けさせることを目的とした大規模な競技会も開かれている。もっとも有名なのは、毎年開催されるローブナー賞のコンテストだ。いまのところ、意識をもつ機械として世界中の研究者を納得させるものは登場していない。

もしある機械がこの現代版のチューリングテストに合格したとしても、その機械が内的体験をもっているかどうかは依然としてわからない。それは会話スキルのテストではあっても、意識のテストではないからだ。川や木々にも意識が宿ると一部の人に信じ込ませるのが簡単なように、少なくとも何人かに、ある機械が意識をもっていると思わせるのは（実際にはもっていなくても）、そう難しいことではない。一方で、もしほんとうに意識をもつ機械を作り上げたとしても、それはチューリングテストには合格しないかもしれない。意識をもったからといって必ずしも洗練された会話ができるわけではないからだ。三歳児はこのテストに合格しないし、一部のおとなもそうだ。ペットのイヌも合格しない（多くの人はイヌが意識体験をもっていると確信しているのに）。チューリングテストは意識の判別テストとして適格ではない。しかし、チューリングテストのアイデアはよく知られており文化的にも定着しているため、実用的なテストとして受け入れられているように見える。よく使われる論法には、次のようなものがある。

ぼくが意識をもっているとわかるのは、ぼくの心を直接体験しているからだ。でもぼくは、ほかの人が意識をもっているかどうかをほんとうに知ることはできない。もっていると信じたくても、妻や子どもたちや飼っているネコを愛していても、ぼくは彼らの意識を直接は体験できない。それは不可能だ。とりうる次善の策は、彼らが意識をもっているかのようにふるまうので、彼らも意識をもっていると暫定的に仮定することだ。同様に、ある機械が意識をもつということも、ぼくには証明できない。この命題も証明不可能だ。でも、ここに次善の策がある。チューリングテストだ。ぼくは、その機械が妻や子どもたちやペットと同じカテゴリーに入るかどうかをテストできる。その機械がまるで意識をもつかのようにふるまうなら、ぼくは、暫定的にその機械が意識をもつと仮定せざるをえない。

とりあえずはこれがスタンダードな論法である。しかし私は、チューリングテストの神秘性を打ち砕きたい。注意スキーマ理論の観点に立つと、機械が人間と同じような意識をもっているかどうかは、客観的な確信をもって知ることができる。直接かつ個人的な体験は、だれかの意識について知るための唯一の方法ではないし、あまりよい方法でもない。

「もちろん、ぼくは意識をもってるさ。意識を直接体験しているんだから、それは間違いないよ」

これは循環論法にほかならない。意識は直接的な体験である。したがって、右の文章は「ぼくが意識をもっているとわかるのは、ぼくが意識をもっているからだ」に等しい。すでに述べたように、機械は自分がもっている情報に制約される。その機械のもつ内的モデルは、その機械が意識をもっていることを教え、それゆえその機械は自分に意識があることを「知っている」。その内的モデルはまた、その意識が物理的実体をもたず永遠に自分だけのものであることをその機械に教え、それゆえその機械は自分の意識がほかのだれにも確認できないことを「知っている」。

しかし、内的モデルは情報であり、情報なら客観的に測定できる。そうであれば、その機械の言うことに頼る必要はない。注意スキーマ理論では、ある機械が意識をもっているかどうかを判別するためには、その内部を探って注意スキーマがあるかどうかを調べ、そのなかの情報を読みとる。こうして、私たちと同じようにその機械が主観的意識体験をもつと考えているかどうかを、客観的な確信をもって知ることができる。その内的モデルに必要な情報があれば、イエス。なければ、ノーだ。これらすべては原理的に測定も確認も可能だ。

人間の脳のなかの情報を測定するのは確かに難しいが、物理的に不可能なわけではない。方法は限られるが、科学者たちはすでにそれを行なっている。あなたの頭に電極を装着すれば、彼らはあなたが手を右と左のどちらに動かそうとしているか、読みとることができる。(6) 高性能のMRIで視覚領野の活動を測れば、あなたがいま見ているのは顔なのか建物なのかがわかる。(7) さらに複雑な情報を読みとることはいまはまだ不可能だが、これも技術が進歩すれば可能になるはずだ。将来的には、超高解像度で脳から情報を読みとる技術が開発されるだろう(使われ方が心配だが)。人間の注意スキーマのなかにある情報を測ることも、原理的には可能なはずだ(脳からのこの種の複雑な情報の抽出は遠い未来の話だとしても)。ここで言いたいのは、注意スキーマ理論では意識は本質的に、必ずしも永遠に本人にしか知りえないものではないということである。「ぼくは自分が意識をもっているとわかるけど、きみがどうかは知りようがない」というのは正しくない。ある脳が私と同じように意識をもっていると思っているかどうかを調べることは、脳内の情報を読みとる技術の進展にかかっている。

人工知能の場合、意識を測るにはカバーをはずして内部を調べればいいので、生物の脳に比べるとはるかに容易だろう。人間の作った機械の内部にある情報を測定することは、工学者なら可能なはずである。脳の場合に比べはるかにすぐれた測定ツールがあるし、おそらくその機械の回路図もあるだろうから。

混乱が生じるのはこう聞かれた時だ。「情報が測れるというのはわかったけれど、その機械が意識のような内的感覚ももっているかどうかは、どうすればわかるのだろう？　その機械は自分だけの意識を直接体験しているのだから、その機械以外の者はそれを知りえないのでは？」この疑問は、あなたの認知があなたの注意スキーマに照会することで生じる。その注意スキーマは、あなたにしかアクセスできない個人的で非物質的な感覚をあなたがもっていることを教える。しかし、私たちの仮想の機械も、あなたと同じ構成要素をすべてもっていて、そのなかには同じ情報を含んだ注意スキーマもある。その機械も、自分の注意スキーマに照会すると、自分にしか知りえない個人的で非物質的な感覚を自分がもっていると教えられる。あなたもその機械も同じように構築され、同じロジックの罠にはまっている。あなたはあなたの知っていることだけを知っていて、あなたのなかにある情報だけを報告できる。そしてその情報は、原理上はほかの人も探ることができるはずだ。

私がここで言いたいのは、「機械が意識をもっていることはどうすればわかるのか？」という、一見すると答えのない疑問は、的確に情報を探る装置があれば、原理上は明確に答えることができるということである。よくても間接的、悪いと意識とはまったく無関係なチューリングテストに頼る必要はない。

この章の残りでは、注意スキーマ理論に準拠しながら、意識をもつ機械が実現可能かどうかを考えてみよう。それには次に示す四つの構成要素が必要である。第一に、その機械は「人工注意」をもつ必要がある。これは、ひとつの対象にそのリソースを集中させて深く処理し、その焦点を対象から対象へと切り替える能力のことである。第二に、注意スキーマをもつ必要がある。注意スキーマは注意をおおまかに記述する内的モデルで、それにより主観的体験がどのようなものかを機械に教える。第三に、適切な範囲の内容をもつ必要がある。たとえば最初の試みとして、視覚的意識だけをもつ機械が作れるかもしれない。しかし意識の範囲がそのように狭いと、その機械は人間とは似ても似つかないものになる。理想的には、機械がもつ内容はできるだけ幅広いほうがよい。第四に、高度な検索エンジンをもつ必要がある。これは、自らの内的モデルにアクセス可能で、それについて語ることができる検索エンジンのことだ。こうして私たちはその機械と会話でき、その機械は自分のもつ意識について語ることが可能になる。これら四つの構成要素を構築することができれば、人間の意識に似たものをもつ機械ができあがる。

これらの構成要素をひとつずつ簡単に見ながら、どの程度実現が可能かを考えてみよう。

第一の構成要素は注意である。意識をもつ機械は、そのリソースをある対象に集中させ、その焦点を対象から対象へと——近くのリンゴからドーナツへ、次は向こうの窓辺に立つ人へ、さらには思い出のような完全に内的な事象へと——切り替えることができなくてはならない。

注意はすでになんらかの形で人工的なデバイスに存在する。現在のコンピュータはどれも、リソースの体系的な管理がなされている。加えて多くの研究者は、人間のもつ注意のさまざまな側面をとらえた計算モデル（コンピュータ・シミュレーション）を構想し、構築している(8)。

しかし、意識をもつ機械には適切な種類の注意をもたせる必要があるものの、これまで説得力のある取り組みは行なわれてこなかった。人間の注意には、一連の固有の特性がある。たとえば、注意がある対象に向くと、注意はその対象を詳細に処理して、その対象から深い意味を引き出すことができる。また、注意は対象のアフォーダンス（摑《つか》めるか？　蹴れるか？　嚙《か》めるか？）の特定を可能にする。さらに、注意は行動のための力となり、その対象を用いて次になにをするかを決めるのを可能にする。そして注意によって、対象を記憶して、あとから利用することも可能になる。注意のこのダイナミクスは、より顕著で強力な刺激が処理の焦点を引き寄せるが、一方、注意は環境のなすがままではないこと、すなわちあなたの制御下にあって、内的指令によって対象から対象へと注意を切り替えられるということを意味する。とりわけ、注意はまったく異なる情報領域の間であっても容易に切り替えられる。注意は、空間的位置（すでに人工的システムに組み込まれている注意の主要な特性だ）だけでなく、色、動き、味、触感に、あるいは思い出やアイデアのような内的なものにまでも向けることができる。

いまのところ、人工知能（ＡＩ）の世界において、このレベルの複雑さをもつ注意は存在しない。なぜそうした例がないかと言えば、ひとつにはＡＩが特定の領域だけではたらき、汎用性がないからだ。たとえば、機械による顔認識について考えてみよう。これはさまざまなアプリに搭載されている重要な機能だが、ほとんどは注意の問題を回避している。単純な形式の空間的注意が、識別したい顔にカメラを向け、認識のアルゴリズムを適用する。その機械は顔認識の領域だけではたらき、多数の情報領域にわたって――顔から音へ、さらには内的思考へといったように――注意の焦点を変える必要がない。このシステムは基本的に、単純に顔に眼を向けるということを除けば、注意とは関係がない。人工注意は技術的に実現可能で、多くの研究者がその開発に取り組んでいるが、いまのところ人間の注意がもつ汎用性を欠いている。この第一の構成要素は、進展しつつあるのは確かだが、よりいっそうの発展を待たねばならない。


機械が必要とする第二の構成要素は、注意スキーマである。この重要な内的モデルは注意をおおまかに記述し、それによって機械に意識について教える。

ある時、同僚のひとりから次のように言われたことがある。デスクトップパソコンにはどれも内部のリソースの配分をモニターする一連の情報があるので、一種の注意スキーマをもつのではないか。したがって私の理論によれば、すべてのパソコンにはすでに意識があることになる、というのだ。もうひとりの同僚は、自分なら半日もあれば、その理論をまるごとプログラミングできると豪語した。彼が言うには、人工版の視覚的注意を作り、それを自らの変数をモニターするモジュールに組み込めば、その装置は私の言う意識をもつはずだ、というのだ。別の同僚たちは実際に、それ自体の注意をモニターし制御することのできる注意スキーマを備えた、人工的な注意装置を作り上げた(9)。その内的モデルは期待通り、装置がより効率的に注意の制御をするのに役立った。でも、この機械はほんとうに意識をもっていると言えるのだろうか?

残念ながら、私の答えはノーだ。どの例も意識をもってはいない。注意スキーマは、コンピュータのなかに置いて振れば意識が現われるといった打ち出の小槌《こづち》ではない。それは一群の情報だ。もしその情報群が、たとえばシンプルに「変数Aは許容範囲内にある」と言って、機械がその情報を言語化できたとしても、「いま意識を体験してるよ!」とは言わないだろう。その機械は変数Aについて語るはずだ。注意スキーマと意識の間には、魔法のような関係はない。注意スキーマがその機械に意識があることを教えたなら、その機械は自分に意識があるという情報をもつ。

ヒトのもつ注意スキーマは、長い進化の時間のなかで形成されてきたものであり、その内容には奇妙で、生物学的におかしなところがある。それは注意を、見えない特性として、体験をして対象をとらえる心として、行動や記憶を促す力として、物理的実体はもたないが自分のなかに潜むものとして記述する。注意スキーマは、対象を指し示すポインタや、コンピュータのコマンド以上のものだ。それは、注意がどのようなものかを生き生きと描き、どのような結果をもたらすかを教えてくれる。奇妙で生物学的なおかしさをもったこのような注意スキーマを機械にもたせれば、人間と同じように自分には意識があると主張するものができあがるだろう。人工的な注意スキーマの行く手に立ち塞がる大きな技術的ハードルはない。それはほぼ間違いなく、四つの構成要素のなかでは、もっとも容易に、しかも限定した形で組み込めるものだ。

意識をもつ機械が次に必要とするのは内容だ。豊かで多様な意識内容を機械にもたせることは、この挑戦においてもっとも困難な部分かもしれない。というのは、それには終わりがないからだ。皮肉なことに、機械になにかを意識させるという、いわゆるハードプロブレムのほうが容易で、逆に、機械に意識すべき材料の範囲を与えるという、イージープロブレムのほうが難題かもしれない。感覚システムが脳内でどのように機能するか、それが注意とどう相互作用し合うかについてはかなりのことがわかっているので、人工意識に向けた試みは感覚入力、とくに視覚から始まるだろう。しかし、画面上の黒いドットだけを意識して、ほかにはなにも意識できない機械ができたとしても、ほとんどの人は、ほんとうにそれで意識をもったことになるのかと思うはずだ。実験的なテストケースとしては有用かもしれないが、私たちはこの機械が機能する意識をもつとは考えないだろう。

機械に豊かな感覚的意識をもたせることができたとしても、最終的には感覚を超えて、抽象的思考もその意識に組み込まなければならない。この点において工学的な問題はとりわけ厄介になる。抽象的思考が注意や意識《アウェアネス》のメカニズムとどう関係するかについては、ほとんどなにもわかっていない。私たちは、人が思考に注意を向け、その思考を心に留め、ほかを犠牲にして脳内の処理資源をその思考に集中させ、さらには感覚処理から注意を逸《そ》らすことまでできるのを知っている。[10]だれしも思考に没入するあまり、まわりで起こっていることに気づかなかったという経験をもっている。しかし、いまのところ神経科学は、思考レベルの注意がメカニカルにはなにに相当するのかを明らかにしていない。このような特性をもつ機械を作る方法を見つけるには何十年もかかるかもしれない。

しかし、私の考えるもっとも難しい問題は情動である。情動は、脳内でもっとも理解が進んでいない情報領域だ。言えるのは、せいぜい多くの情動を司る脳領域が突き止められているということぐらい。[11]時にそれらは情動ネットワークや情動回路と呼ばれることがあるが、そのシステムは回路と言えるほど詳しくわかっているわけではない。

関係する脳領域のひとつは視床下部だ。視床下部は脳の底部にあるクルミ大の組織である。一〇〇年以上前、スイスの生理学者ヴァルター・ヘスは、視床下部に電極を挿し込み、微弱な電流を流してニューロンを刺激すると、情動に近いものを引き起こせることを発見した。[12]それ以来この発見はほかの研究者によって繰り返し確認されている。[13]恐怖、怒り、性欲、飢え――これらの状態はみな、視床下部の異なる部位を刺激することで引き起こせる。

脳内における情動のもうひとつの中央処理装置は扁桃体《へんとうたい》だ。扁桃とは「アーモンド」を意味し、その名の通り形も大きさもアーモンドのような器官である。扁桃体は左右の脳にひとつずつあり、情動を体験している時、とりわけ状況や光景を特定の情動と結びつける時に活動的になる。[14] あなたが大嫌いな政治家を見て怒りを感じるなら、それは視覚と情動を結びつけるこの扁桃体が活動している。情動に深く関与するさらにもうひとつの脳領域は、前頭前皮質の最底部、眼窩《がんか》のすぐうしろにある。眼窩野と呼ばれるこの領域は、情動の内容にもとづく意思決定に一役買っているようだ。[15] これらすべての神経科学の知見はどれも興味深いものだが、どうすれば人工的に情動を作れるか、またどうすればそれを注意や意識《アウェアネス》のメカニズムに組み込めるかについては、ほとんどなにも教えてくれない。

ひとつ、ヒントになりそうなのは、私たちもよく経験する意識の外にある情動だ。[16] 私たちは、情動が意識から独立していると考えることはあまりないが、しかしそれは実際に起こりうる。身近な例を挙げるなら、自分が多少興奮していたり、不安だったり、怒ったりしているのに、それにはっきりとは気づいていない場合だ。隣にいる友人から「どうかしたの？」と聞かれ、自分の注意を——そして意識《アウェアネス》も——向けてみると、「あっほんとだ、オレってイライラしてる」とわかる。もちろん個人差はあり、自分の情動によく気づいている人もいるし、そうでない人もいるが、自分が情動を生み出しているのに、それにまったく気づかないという経験はだれもがしている。あらゆる情動体験の理論は、情動状態と意識的体験を分けて考えなければならない。

神経科学者のジョゼフ・ルドゥーは、情動の脳システムに関する自身の先駆的研究にもとづき、情動的意識についてエレガントな理論を展開した[17]。情動状態は、前述の視床下部や扁桃体といった、脳の奥深く、皮質下にある器官によって、意識の外で生み出される。情動状態が意識されるには、これら深部の器官からの情報が大脳皮質に届いて、意識についての認知的情報と統合される必要がある。この仮説では、情動的意識は、情動状態についての情報と意識についての情報という二つの部分からなる。脳は、「リンゴを意識している」という複合的な情報を計算できるのと同様に、「自分の情動を意識している」ということも計算できるのだ。

この洞察をもってしても、それを実装しようとするエンジニアは依然として「情動を定義する情報とはなにか?」という疑問で立ち往生している。その答えは「だれにもわからない」だ。

ヒントになりそうなのは、一九世紀の心理学者、ウィリアム・ジェイムズとカール・ランゲによって提唱された有名な情動理論である[18]。ジェイムズ＝ランゲ説によれば、情動は身体感覚から始まる。心臓がドキドキし、胃が酸を分泌し、冷や汗が出る。この時、脳はこれらの身体的変化を検出し、置かれた状況に照らして「不安なんだ」とか「自分は興奮している」といったストーリーを構築する。この効果をもっともよく示した有名な例は、一九七〇年代にヴァンクーヴァーの吊り橋で行なわれた実験である[19]。実験では、女性のインタビュアーが通りかかった男性に、調査の質問に答えてほしいとお願いをした。ある条件では、男性は深い峡谷に架かった揺れる吊り橋（不安や恐怖を喚起する）の真ん中で呼び止められ、別の条件では、頑丈で安定した橋の上で呼び止められた。男性は、その数日後に調査結果を聞くためにその女性に電話をかけてもいいと言われた。この電話をかけてくるかどうかが、彼女の魅力度の指標として用いられた。その結果、不安や恐怖を喚起する橋の上にいた男性は彼女をより魅力的と評価し、安全な橋の上にいた男性はそれほど魅力的に感じていなかった。おそらく、吊り橋は心拍数を上げたり冷や汗をかかせたりし、男性はそれをインタビュアーの性的魅力によるものと解釈したのだ。

現代の心理学においても、ジェイムズ＝ランゲ説は部分的に正しいと考えられている。情動の一部は身体のなかの物理的な感覚につながれており、ほかの部分は豊かな高次の表象をともなう。両者は複雑に相互作用するが、その相互作用のしかたについてはほとんど解明が進んでいない。ジェイムズ＝ランゲ説が正しいならば、それは機械の情動についていくつかの興味深い疑問を提起することになる。アンドロイドが人間と同じように情動を感じるためには、汗腺や胃や心臓が必要だろうか？　もしその機械が食べ物の味や消化の感覚を知らないなら、あるいはアドレナリンが身体中を駆け巡り、闘争－逃走反応の準備もできないなら、その機械ははたしてリアルな情動をもてるだろうか？　私は、その機械に人間の情動に（同一ではないにしても）よく似たプロセスをもたせることができると思う。情動を物理的基盤におくためには、機械のいたるところにセンサーをつける必要があるだろう。

おそらく初期の人工意識の試みは、こちらが期待するような情動を欠いているだろう。こうした機械は声の調子で情動を模すことはできるかもしれないが、人間の脳のなかで表象されているような情動の迫真性をもつようになるまでには、長い時間がかかるだろう。それには多くの基礎研究が必要だ。ハリウッド映画によく登場する「感情をもたないアンドロイド」は、少なくとも当分の間はその通りということになるかもしれない。

組み込む必要のある第四の構成要素は、会話する検索エンジンだ。私たちが求めるのは、自分の意識体験について話すことのできる機械である。厳密に言えば会話の能力は意識には必要ではないが、多くの人にとっての人工意識とは、人間のように話せて理解もできる機械のことだろう。そんな機械があれば、ぜひ会話してみたいものだ。

この問題はすでに部分的に解決されているようにも見える。すでにＳｉｒｉ《シリ》やアレクサのような音声アシスタントがあるからである。それらは、ことばによる質問を理解し、データベースを検索し、質問に答えることができる。自分の内的状態について会話する機械が欲しいのなら、この能力で十分ではないだろうか？　しかし、この問題は見かけによらず厄介だ。Ｓｉｒｉはおもに言語領域で動作する。こちらがＳｉｒｉにことばで話しかけると、Ｓｉｒｉはインターネット上でそれに関係することばを検索し、それらのことばをこちらに返す。Ｓｉｒｉに近くのレストランについて聞いたとしても、Ｓｉｒｉは、レストランがなにかを、ことばの統計的集合としてしか知らない。これに対して、人間の脳は、会話を非言語的な情報へと翻訳し、その逆もする。もしだれかに「レモンとオレンジでは味がどう違う？」と聞かれたなら、あなたはインターネットの検索エンジンと同じようには答えないだろう。あなたは単語の連想に頼らない。会話を味の情報へと翻訳し、記憶のなかにある二つの味を比較する。その結果をことばに翻訳し直し、返答するだろう。このように、私たちにはことばとほかの情報領域の間の行き来が容易にできるが、これを機械にさせるのは途方もなく難しい。私の知るかぎりでは、この問題はいまのところ体系的、もしくは一般的な方法では解決されていない。グーグルは、画像情報をことばに翻訳することにある程度は成功しているが、機械に意識をもたせようとするなら、考えうるすべての領域の情報を関連付ける必要がある。

ここに述べたような期待と困難を考えると、私たちは意識をもつ機械にどれぐらい近づいていると言えるだろうか?

注意と注意スキーマの両方が組み込まれ、それらを視覚情報に向けることができる機械、すなわち視覚的意識を作る最初の試みは、この一〇年の間になしとげられるだろう。人間の意識におけるような膨大な範囲の情報を機械に与えるのは、さらに時間がかかるはずだ。見る、聞く、触る、味わう、抽象的な思考をする、情動を生み出せる、すべての領域内・領域間で単一の統合された注意の焦点をめぐらすことのできる、そしてそれら全領域の内容について語ることのできる機械を作ることは、遠大なプロジェクトである。もしそれに近いものがこの三〇年内に達成できるとしたら驚きだ(現実的に考えて五〇年はかかるだろう)。しかし、これまでの情報テクノロジーの進展は驚異的であり、いまも目にも止まらぬ速さで進んでいる。
　機械技術が生まれてこのかた、人々はつねに知的な自動機械を夢見てきた。およそ三〇〇〇年前に書かれたホメロスの『イーリアス』には、神へーパイストスによって造られた自分で歩行する三脚器が描かれている。五〇〇年前、レオナルド・ダ・ヴィンチは、パトロンを喜ばそうと機械人形を考案し、作り上げた[20]。今日では、多くの人がスタンリー・キューブリックの映画『二〇〇一年宇宙の旅』のHAL9000や、ジョージ・ルーカスの映画『スターウォーズ』のC－3POに慣れ親しんでいる。アレックス・ガーランドの最近の映画『エクス・マキナ』は、人間とアンドロイドの駆け引きに焦点をあてている。意識をもつ機械は長い間人々の心のなかにあったので、それが現実となる日が近づいていると思うと、多少怖くもある。「願いごとをするなら、慎重に」という諺《ことわざ》が頭をかすめる。

　私たちはまだ、機械が意識をもつことが私たちをどう変えるかについて、十分な文化モデルをもちあわせていない。SFはしばしば未来の発明を正確に予測するが、そうした発明がもつ社会的影響力を予測することは、はるかに難しい。たとえば、携帯電話によって引き起こされた社会変革を予測した者はひとりもいなかった。携帯電話は登場した当初、電子レンジのように驚くほど便利なものと考えられていた。ところがその後、それは人間にとって第三の脳半球にまでなる。携帯電話は、私たちの政治・経済・社会を再構築した。したがって、私が絶対の自信をもって予測するなら、意識をもつ機械の社会的影響力を自信をもって予測できる者はいないということだ。

SFは人工意識の未来を描こうとしているが、私には実際にその通りになるとはあまり思えない。『スターウォーズ』では、意識をもつ機械が倫理的に複雑な層を社会に加えてはいないようだ。彼らはたんなる準人間でしかない。彼らは従順な召使いや技術をもった奴隷であり、魅力的だが使い捨てが可能で、全体的に私たちのペットほどは大切にされていない。意識をもつ機械はそれまでのように機械として遇されるべきなのだろうか？　それとも人格権が与えられるべきなのだろうか？　アイザック・アシモフの有名なSF小説『バイセンテニアル・マン』（映画版は『アンドリューNDR114』）は、この問題をあつかっている。[21] もし意識をもつ機械ができたとしたら、私たちには、彼らに対する生殺与奪の権利があるのだろうか？　フィリップ・K・ディックの小説『アンドロイドは電気羊の夢を見るか？』をもとにした映画『ブレードランナー』も、この倫理的な問題をとりあげていた。[22] 小説家、映画監督、科学者、哲学者たちは、正解のないこの問題と闘ってきた。[23] 実際的な倫理観を構築するためには、私たちは人間そっくりの人工意識ができあがるのを待つしかないのかもしれない。その時に生じる問題は、今日のジレンマに取り組むためにSFとして提起された問題とは異なるものになるだろう。未来のジレンマは現代のそれとは似ても似つかないものになるかもしれない。

迫り来る最大の難問はおそらく、私たちが意識をもつロボットをどうあつかうかではなく、それらのロボットが私たちをどうあつかうかという問題である。意識をもつロボットが人類を滅ぼすのは、いまやＳＦの定番だ。映画『ターミネーター』では、コンピュータのスカイネットが私たちを抹殺しようとする。映画『マトリックス』では、機械が私たちを奴隷にする。しかし、これはあくまでもＳＦであって、現実ではない。

　私たちはおそらくＳＦ風の脚色にさらされ過ぎており、ほとんどの人が、意識をもつ機械とはどのようなものかを誤解している。多くの人は、機械に意識を与えることは、スイッチを入れて目覚めさせるようなものだと思い込んでいる。その機械は突如として、自分が行為者であってまわりのものとは別の存在であることを自覚し、利己的な目的を追求するようになる。資源をめぐる競合相手として人類を殲滅《せんめつ》にかかるかもしれない。このような能力を備えた機械は、人類にとって悲劇的結末《カタストロフ》をもたらしかねない。しかし、ここで悪いニュースがある。超知能的で自律的、意思決定をして目的を追求する不眠不休の機械がすでに存在し始めており、指数関数的に賢くなり続けているのだ。それらの機械は、人間を障害物と判断して殺すのに、意識を必要としない。自律的な意図を備えたロボットのトラックなら、あなたに向かって突進し、あなたを即死させることが可能であり、タイヤで轢《ひ》く感触の主観的体験をもっているかどうかは関係がない。

　意識の研究者である私にとっての疑問は次のようになる。この特別な構成要素——自分が主観的体験を有し、他者もそれをもちうることを伝える自己モデル——を機械に与えたなら、なにが起こるだろうか？　それは社会の構成員の概念を変えるだろうか[24]？　私は、それが知的な機械との私たちの未来をより希望に満ちたものにすることはあっても、その逆になることはないと思う。

ヒトはこの上なく社会的な動物だ。私たちはそうした種として定義づけられている。しかし、意識に対する十分な理解と、他者に意識を帰属させる直観的能力がなければ、人間は社会的でいることはできない。この能力によって、私たちは他者の心を認識し、互いの考えや感情を理解し合い、適切に対処することができる。それは人々を結びつける力であり、協調性や社会性の根源だ。

人々がこの意識についてのモデルにもとづく知識を失った世界を想像してみよう。彼らは、脳を損傷した人のように、自ら動けず反応ができない、というような状態にはならない。依然として自律的な行為者として行動し、学習し、目的を追求し、知的な決定ができるが、これらすべてを意識の構成物をもたずに行なう。ひとりひとりが独立した存在となり、それぞれが自分の目的をもち、他者を物のようにあつかう。彼らは、協力には利点があるとわかるだけの知性をもっているにもかかわらず、有意義に協力し合うことができない。他者に心があることがわからなくなり、それゆえ互いの心の状態を推測することも、自分の考え、目標、行為を適切に調整することもできなくなるからである。他者の心の価値を推し量る術《すべ》がないので、殺人は、障害物を押しのけるのと同じくらい何気ない行為になる。彼らは、知的な世界における、目標指向のモンスターになる。

これは、意識はもたないが知的な機械の世界であり、私たちはいままさにそうした世界を生み出しつつある。私はどちらかと言えば、意識とはなにかを機械が知っていて、それを私やほかの人々にも見出してくれるなら、そうした世界で暮らしたい。それは、互いの意識を認識できる人間の世界で暮らしたいと思うのと同じである。

私が言いたいのは、意識を加えれば魔法が起こったかのように、機械が道徳的にふるまうようになるということではない。私たちの社会にいじめをする人たちや反社会的な人たちがいることは、だれもが知っている。彼らはみな意識をもち、自分たちが傷つける相手も意識をもつことはわかっているだろう。しかし、彼らはモザイク画のなかに誤って配置されたタイルである。彼らがつねにマイノリティであるのは、ヒトが根本的に向社会的な動物だからだ。私が混んだスーパーを歩いてまわれるのは、社会のルールにほぼ従っている人々のおかげなのだ。進化は、社会の結束という問題に対して、完全ではないが統計的にかなりすぐれた解決法を私たちに与えた。人類を結びつけ、協調性に欠け敵対しがちな動物種と私たちを分けるのは、私たちのすぐれて社会的な思考である。多くのものに支えられたこの能力は、自分にも他者にも意識があることを教える内的モデルなしには、存在しえないだろう。

世界はいま、人間的な（あるいは超人的な）知性と自律性を備えた機械を作り出すことにしのぎを削っている。私は、それらの機械には人間的な性質を与え、私たちの社会に溶け込むことができるようにすべきだと思う。進化が私たちのために見つけたのと同じ社会的で協力的な解決策を試してみるのだ。注意スキーマ理論が正しいなら、人工意識を作ることは、未来に迫る技術的なリスクを減らすための、もっとも有効なステップのひとつとなるだろう。

9　心のアップロード

私は永遠に生きたいとは思わない。生きることに意味があるのなら、それは社会のためになにかをすることだと思ってきたが、永遠に生きてしまうと、与えるよりも与えられるほうが多くなりそうだ。それに退屈かもしれない。絶対に死ぬことのないビデオゲームをするみたいに、危険という危険はどこかに去ってしまい、心のなかに一種の物憂さが入り込んでくるのではないか。とはいえ、これは私の個人的な感想だ。死に近づくにつれて、考えが変わることもあるかもしれない。

確かなのは、多くの人々が永遠に生きたいと願い、技術もその目標に向かって進みつつあるということである。私が言っているのは医療的な不死のことではない。それは物理的に不可能なように思える。そうではなくて、その人のエッセンスである脳の内容を人工的なプラットフォームに移すこと、すなわち心のアップロードのことである。どれほど先になるかはわからないが、人間の心は、肉体の死後もヴァーチャルな世界のなかでいつまでも生き続け、テレビ画面やロボット技術を通して現実世界と相互作用するようになるだろう。人生にはふしぎなことがいっぱいあるが、私がこれまで出合ったなかでも、コンピュータの助けを借りて死後も心が生き続けるという考えには、言い知れぬほどの奇妙さがある。

私がこの一〇年の間に構築してきた理論が正しければ、心に関することすべて（記憶、情動、性格、そして意識そのものさえ）は、脳内の物理的なメカニズムの産物であり、コピーすることが可能である。脳をその細部にわたりスキャンして、そのなかに含まれる情報やアルゴリズムの人工的複製物を作ることも不可能ではないはずだ。そして脳のコピーは、本人の生物学的な死ののちも生き続けることができる。このように言ったからといって、人間の複雑さを過小評価しているわけではない。前にも述べたように、人間の心は無数の情報でできた彫刻であり、つねに変化し続け、美しいほどに複雑である。しかし、そのなかに含まれるものは少しも謎めいておらず、ちょうどコンピュータからコンピュータへとコピーされるファイルのように、別の情報処理装置にコピーすることも原理的には可能なはずだ。

多くの有識者が、心のアップロードを可能にするテクノロジーは、もうそこまで迫っていると考えている。[1] 私はそれほど楽観的ではない。もちろん、コンピュータ技術に関することは、なにもかもが驚くようなペースで進んでいるのは確かだが、生物学的な脳の理解やそのスキャニング技術は、よりゆっくりと、少しずつしか進まない。一方で私は、心のアップロードに関するテクノロジーには、この後者の進展が不可欠だと考えている。それには数世紀かかるかもしれないし、私が思うよりも早く到来するかもしれないが、テクノロジーの動向と人々の欲求はその方向に向いている。

この試みは、人工意識を作ることとは根本的に異なる。脳を一から構築するわけではないので、脳のさまざまな構成要素がどのように協働するかを知る必要はあまりない。必要なのは生きている脳をコピーすることである。正確にコピーできるのであれば、それぞれの要素がそのようにつながっている理由を知る必要はないのだ。もっとも難しいのは、脳を複製するには、想像を絶するほどの詳細なスキャニングが求められることである。

心のアップロード装置を作るには、まずはその人のエッセンスが詰まった、脳内の最小限のデータセットを手に入れる必要がある。多くの神経科学者は、脳内の計算は、おもにシナプスを介してつながり合うニューロンによって行なわれていると考えている。シナプスとは、あるニューロンから別のニューロンへと情報を伝達するための特殊な接続構造だ。ヒトの脳にはおよそ八六〇億のニューロンがあり、[2] シナプスは約一〇〇兆、あるいはもしかするとその一〇倍の数にのぼる。

　脳がニューロンとシナプスによって機能するという、いわゆるニューロン説は、一〇〇年以上前にスペインの神経科学者、サンティアゴ・ラモニ・カハールによって確立された[3]。カハールは、神経科学の大天才のひとりで、その業績によって一九〇六年のノーベル生理学・医学賞を受賞した。彼は染色した脳組織を顕微鏡で観察し、ニューロンから伸びる複雑な枝を精密に描き出すことによって、脳のしくみについて初めて現実的な見方を与えた[4]。情報は樹状突起と神経終末を経由する形で、ニューロンを通って流れる。入力から中間処理を通って出力にいたるこの情報の流れは、ニューロン間のシナプスによって調節されており、こちらを止め、あちらを通すことで、流れが脳内の特定の経路や回路へと導かれる。その全体像は、現代の神経科学者の理解と本質的に変わらない。カハールの描いた美しい脳細胞のスケッチは、いまも教科書のページを飾っている。

　このニューロン説に触発されて、科学者と工学者は人工的なニューロンを作り、それらを大規模なネットワークにつなげて、神経システムを模したものがどれぐらい学習可能で知的になりうるかを研究してきた[5]。この人工的な神経ネットワークは、驚くほど強力で応用が利くということがわかり、その技術は世界を変えることになった。インターネットの検索エンジン、会話を理解する音声アシスタント、自動運転、ウォール街のアルゴリズムによる取り引き、スマホ搭載のチップ……。私たちの社会ではすでに当たり前になっているが、これらはみな、部分的には人工神経ネットワークの賜物《たまもの》である。

カハールは、神経科学の父というだけでなく、だれもが予想しなかったことだが、現代のテクノロジー革命の祖《そ》でもあったのだ。

神経ネットワークのもとにある原理とは、きわめてシンプルな個々のニューロンが多くつながり合うと、大きな計算力をもつ、というものである。基本的なレベルでは、ニューロンにできるのは信号を送ることだけである。ニューロンAがシナプスを介してニューロンBに接続しているとしよう。Aは興奮すると電気信号を発し、その信号がニューロン内を伝わってシナプスに達する。その信号は化学伝達物質を介してシナプスを跳び越え、Bに影響をおよぼす。もしシナプスが興奮性なら、この信号はニューロンBの活動を強め、ニューロンBはより多くの信号を出すようになる。シナプスが抑制性なら、跳び越えた信号はニューロンBの活動を抑え、ニューロンBから出る信号は減る。シナプスは強度もさまざまで、あるシナプスはより強い信号を伝え、それによりニューロンAはニューロンBにより大きな影響をおよぼすことができる。またあるシナプスは弱い信号しか伝えることができず、その場合ニューロンBへのニューロンAの影響はほとんどなくなる。単純に言ってしまえば、起きているのはニューロンAがシナプスを介してニューロンBに影響を与えることだけであり、それが相互作用する巨大なネットワークのなかで無数に繰り返される。個々のニューロンは、数千から数万ものほかのニューロンから入力を受けとっている。各ニューロンに課せられた仕事は、入ってくるこれらの信号を計算し、決定を下すことである。すなわち、入力の集中砲火があると興奮と抑制が一斉に起こり、一瞬のうちにイエスとノーが流れ込んで、その結果どちらかが勝つ。もしイエスが勝てば、ニューロンは信号を発し、ネットワークに影響をおよぼす。それぞれのニューロンの仕事は、こうしたひとつひとつの決定の繰り返しだ。一見カオスにも見えるこの繰り返しから、複雑な計算が生まれる。

神経ネットワークは、脳であれ人工物であれ、複雑な課題の学習にすぐれている。たとえば、人工神経ネットワークに顔の認識を学習させるとしよう。この神経ネットワークにデジカメのなかにある顔のピクセル情報を入力すれば、ネットワークの終端からだれの顔かという情報を出力して答えてくれる。この入力と出力の間にはニューロンとシナプスの迷路があり、そのなかを情報が流れる。初めのうちは、このネットワークは顔と名前をランダムに結びつけ正しく出力できない。しかし、それは試行のたびにフィードバック信号を受けとる。このネットワークは学習するにつれて、ニューロンとニューロンの接続の組み合わせ、それぞれの接続の強さ、興奮性・抑制性といった接続の性質を変化させてゆく。こうしてシナプスのパターンを調整することによって、ネットワークは最終的に課題を学習する。そのシステムはケヴィンの顔の写真を見せられると、それが明るく照らされていても影になっていても、笑い顔でもしかめっ面でも、視覚入力と正しい出力とを結びつけ、「ケヴィン」と答えることができるようになる。正しいシナプスのパターンは、だれも事前に知ることはできない。顔認識装置がよく機能するように、あらかじめすべてを配線しておくことはできない。代わりに、このシステムは課題を解決する接続パターンが出現するまで、試行錯誤を繰り返して学習するのだ。

過去一世紀にわたる生物学的なニューロンについての研究と、近年の人工的な神経ネットワークの成功から、多くの神経科学者は、脳の本質がニューロン間の接続パターンにあると考えている。この見方では、だれかの脳のなかのニューロンすべてを計測し、ニューロン間の接続を記録して、それらのシナプス特性を知ることができれば、その人のエッセンスが手に入ることになる。すべてのニューロンとそれらのシナプス接続を示すこの仮説的なマップは、ゲノムに似せて「コネクトーム」と呼ばれている。[6] かつて不可能と考えられていたヒトゲノムのマップを作ることができたのだから、さらに大きな科学的挑戦として、ヒトのコネクトームのマップも作ることができるはず、というわけだ。それぞれの人は固有のコネクトームをもっており、それがその人の心を形作っている。

この一〇年で、コネクトームのマッピングには進展があった。線虫の一種、Ｃ・エレガンスと、つい最近ではショウジョウバエの完全なコネクトームが公開されたのだ。[7] 研究者たちはまた、マウスの皮質から採取した数ミリ幅の小片を冷凍して、ごく薄い切片にスライスしスキャンすることによって、かなりの割合のニューロン、それらの軸索《じくさく》と樹状突起、そしてシナプス接続を再現した。[8] この方法ではまだすべてのシナプスをとらえることはできないが、すぐは無理にしても将来的には、数ミリの範囲でならマウスの脳の完全なコネクトームが得られるだろう。

米国国立衛生研究所（ＮＩＨ）は現在、ヒトの脳のコネクトームのマッピングを最終目標とする世界規模の巨大研究プロジェクト「ヒト・コネクトーム・プロジェクト」を主導している。ヒトの脳はＭＲＩスキャナーを用いてスキャンされ、ネットワーク間の接続はかつてないほど詳細にわかっている[9]。こうした非侵襲的なスキャンは、被験者にとっては都合がいい。というのも、脳の凍結もスライスも必要がないからである。被験者は、ＭＲＩスキャナーのなかに数時間横たわる。するとほどなくして驚くほど詳細なスキャニング画像ができあがる（私は自分の脳でこれを何度か行なったことがある。不快さは少々、かなり退屈で、眠くなるが、結果は見た目にも美しい）。しかし、こうしたいわゆるヒトのコネクトームのマップは、ニューロンやシナプスのスケールよりもはるかに解像度が粗い。映っているのはより大きなパターンで、豆粒大の皮質領域が、どのようにつながり合っているかがわかる程度である。スキャンの技術が向上すれば、より高い解像度でヒトの脳内のつながりが計測できるようになるだろう。

これまで紹介してきた人工的な神経ネットワークや実際の脳におけるコネクトームの計測の進歩は、一見すると、心のアップロードについて楽観的な展望を抱かせてくれる。それはあたかも、脳のなかのなにを測ればいいいか、いかにニューロンをシミュレーションすればいいかがわかっているかのようである。確かに、いまの進歩のスピードを考えれば、心のアップロードが一〇年か二〇年後に実現すると予想することもできるかもしれない。しかし、私はそれほど楽観視はしていない。いずれは実現するだろうが、すぐではない。私はそれがまだずっと先の話だと考えているが、その理由はこれから述べることにしよう。

先ほど挙げた数字をもう一度見てみよう。ヒトの脳には、およそ八六〇億のニューロンがあり、シナプスは少なく見積もっても一〇〇兆ある。(10) それだけ膨大なものをスキャンして計測する技術はいまのところ存在しない。この挑戦のスケールは、現在のテクノロジーの能力をはるかに超えている。

現在のＭＲＩ装置は、脳を約〇・五ミリの解像度で計測することが可能であり、これは目を見張るような技術的偉業と言える。しかし、ニューロンはさらに小さく、シナプスに至ってはそれよりももっと小さい。シナプスを検出するためには、マイクロメートル（一〇〇〇分の一ミリ）レベルの解像度でスキャンする必要がある。このスケールでは、ニューロンの膨らみが検出でき始め、それがシナプスだと推測できるようになる。

しかし、これだけ微細なレベルでも十分ではない。膨らみに見えるものがシナプスかどうかを特定するだけでなく、どんな種類のシナプスか、そのシナプスをどの程度の強さの信号が通るのかまで特定する必要がある。物理的に大きなシナプスほど強い信号を通しやすいので、まずは大雑把な方法として、シナプスの大きさを計測する必要がある。また、一マイクロメートル以下の解像度でそれぞれのシナプスにおける鮮明で詳細な画像も必要だ。スキャン装置は、そのシナプスが興奮性なのか抑制性なのかも区別できなくてはならない。そのためには、それぞれのシナプスのなかに、特定の分子が存在するかどうかをスキャンする必要があるだろう。このレベルのスキャンを可能にする技術はいまのところ存在しない。シナプスの種類をある程度正確に推測することは、化学的な分析に頼らずとも、形態学的にシナプスの形状を調べることによってできるかもしれない。ただ、この近道でさえとんでもない解像度、おそらく一〇〇〇分の一マイクロメートルのレベルの解像度を必要とする。私はMRI技術の向上のことを言っているのではない。まだ発明されていない新たなスキャニング技術、死んだ組織や生きた脳を調べるために使われる走査型電子顕微鏡の話をしているのだ。

脳には、数百、あるいは数千種類ものシナプスがある。[11] たとえば、ギャップ結合はニューロンどうしを直接電気的に接続する。伝達速度はきわめて速く、しかも確実であり、正確なタイミングが必要とされる脳の部位を正常に機能させる上で、重要な役割を果たす。また、別の種類のシナプスは、スプレー缶のように少量の化学物質をひと吹きに放ち、隣接するニューロンといった狭い範囲ではなく、その周辺一帯に影響を与える。さらに、複数の種類の神経伝達物質をもつシナプスもあり、状況に応じてそれぞれの物質を使い分けている。急速に変化するシナプス（短期的な学習に関わる）もあれば、比較的安定しているシナプスもある。コネクトームを作成するためにはこうしたニューロン間のさまざまな接続、微妙な作用の違い、ダイナミクス、速度と強度と順応性のすべてを、まだ発見されていないものも含めて脳から読みとる必要がある。

ニューロンやシナプスからこれらの情報すべてをなんとかスキャンできたとしても、次はあまり注目されない細胞、グリア細胞が待っている。[12] 神経科学者は、その肩書きの通り、神経細胞、すなわちニューロンに焦点をあてることがほとんどである。しかし、脳にはニューロンの一〇倍にもおよぶほかの種類の細胞がある。グリア細胞は、かつては単なる支持細胞と考えられていた。脳を形作る骨格のようなものであったり、必要なものをニューロンに供給し老廃物を処理する世話役のようなものと考えられていたのだ。しかしグリア細胞には、情報処理に直接関係するような性質もあることがいまでは明らかになっている。一部のグリア細胞は、ニューロンとシナプスに影響をおよぼす化学物質を分泌する。なかには、ニューロンがコミュニケーションのために使うのと同じ種類の電気化学的信号を発するものもある。グリア細胞のはたらきはまだ詳しくわかっていないが、ニューロンとの違いはかつて考えられていたほど大きくないことが明らかになりつつある。残念ながら、いまの段階で言えることは、脳の情報処理について私たちが知っていることには、まだまだ大きな空白があるということである。

私には、このスキャニング技術が実現した暁《あかつき》には最初の実験台にはならないほうがよい、ということぐらいしか言えない。はじめのうちは、改良すべき点が山ほどあるはずだ。

将来、脳のなかのシナプスを記録するスキャニング技術が開発されたとしよう。試作版は、主要なニューロンだけを対象とし、グリア細胞は考慮しないかもしれない。シナプスの分類は、一〇〇種類に単純化され——たとえばシナプスの強度をおおまかに〇から一〇〇の間でデジタル化して、微妙な差異は無視するかもしれない。スキャナーは、脳内に広がるホルモンの作用を見逃すかもしれない。実際のシナプスの九九・九九%は正しく記録されているとしても（これでも驚異的と言えるが)、見逃されている細部が違いを生むかもしれない。オリジナルをかなり正確にとらえていても、そのデータセットをもとに人工的な脳を作った時、どのような荒廃した恐ろしい心が生まれてくるかはわからない。精神的にも情動的にも錯乱していて、集中することもできない、朦朧《もうろう》とした心が生まれたりはしないだろうか？

脳の正常なバランスは少しのことで崩れる。たとえば、ある種のドラッグをほんの微量摂取しただけでも、痛み、錯乱、幻覚や発作が生じる。脳震盪《のうしんとう》は、神経線維を断裂させて腫れを生じさせ、思考力低下や情緒不安定の状態を数カ月（場合によっては数年）にわたって引き起こす。ほんの小さな異常が、大きな違いをもたらしうるのだ。あなたの脳のシミュレーションがオリジナルとほぼ瓜二つのはたらきをしなければ、地獄のような体験が待っているだろう。私なら、修正と改良が加えられて正常に動くようになった完成版まで待ちたい。初期の実験台は辛《つら》い思いをすることになりそうだからだ。

脳からスキャンする必要のある膨大な量のデータ、スキャナーが記録しなければならないマイクロメートル以下の詳細さ、まだ知られていない基本的な神経科学的事実……こういったいくつもの高いハードルを前にすると、この計画そのものを断念して、心のアップロードなど不可能だと思いたくなる。確かに、現代のテクノロジーでは絶対に不可能だ。いまある技術を改良するにしても、心のアップロードまでは気の遠くなるほどの道のりがある。

しかし同時に、私はいずれそれが達成されることも確信している。人はどうにかして技術的な問題を解決する。一九一六年、アインシュタインは重力波の存在を予言した[13]。彼は、その効果が原子核のおよそ一万分の一と途方もなく小さいので、確認するのは技術的に不可能だと考えた。将来それを測れるような装置が現われることを、想像できなかったのだ。それからほぼ一〇〇年後、まさにそれを可能にする装置が作られ、重力波が確認された[14]。私は、新しい技術が発明され、新たな可能性を開き、心のアップロードが実現されると考える。それがいつになるのかは予言できない。いまはまだ想像もできない未知の装置を発明する人々のひらめきにかかっているからだ。それでも数字を挙げなければならないとしたら、新たなスキャニング技術が発明されるスピードから考えて、少なくとも一〇〇年、あるいはそれ以上はかかると思う。とはいえ、これよりも早くだれかにひらめきが訪れる可能性もないわけではない。

そうなった場合でも、初期の実験台になることだけはお勧めしない。

心のアップロードは二つの部分からなる。第一に、すでに説明したように、コピーしたい脳内の情報をスキャンすること。第二に、その脳のシミュレーションを作成して動かすことである。脳をスキャンする技術的な問題は解決できたとしよう。決定的な脳スキャナーが開発されて、あなたの脳の必要な詳細はすべて得られた。次は、このデータをもとにあなたの脳のシミュレーションを作って、動かさなければならない。

この第二の部分、シミュレーションのほうが難題のように思えるが、実質的にはすでに解決されている。ハードウエアがあるのだ。人工的なニューロンや神経ネットワークはすでにスタンダードである。新たな種類のシナプスを加えたり、ホルモンなどの微妙な影響をシミュレートしたりするのも、本来的に難しいことではない。数百万の人工ニューロンからなるネットワークでさえ複雑なことなどなにもない。現在、世界中の企業が、脳に匹敵する複雑さをもつシステムの構築に取り組んでいる。たとえば、ブルーブレイン・プロジェクトは、スーパーコンピュータを使って脳を模した大規模なニューロンの集合をシミュレートしている。ヒト脳プロジェクト、アレン脳科学研究所、グーグル・ブレイン、ディープマインド、コジタイなどの最先端の研究グループは、大規模な人工神経ネットワークシステムの構築を目指している。八六〇億のニューロンと一〇〇兆のシナプスをもつネットワークを作ることは、現在のテクノロジーではまだ手の届かないところにある。しかし、そのテクノロジーは急速に進歩しつつあり、とりわけ量子コンピュータの到来によって、近いうちにヒトの脳をシミュレートできる規模の処理能力が得られるだろう。

この唸りをあげて進歩しつつあるテクノロジーは、心のアップロードに対する楽観的な見方を後押しする。パズルの主要なピース、もっとも目立つピースはほぼ解けたようなものだ。しかし、ヒトの脳のスケールの人工神経ネットワークは確かに画期的ではあるが、アップロードされる心とは違うということは心にとめておいたほうがよい。ネットワークそれ自体は、八六〇億のニューロンが正確に接続されていなければ、なんの役にも立たない数字の山だ。私たちは、あたかも人工的な脳を印刷するプリンタと、その素材を開発しているかのように見えるが、私たちに必要なのは、実際の脳から適切なデータを計測し、そのデータをプリンタへと入力する方法を見つけることである。さもなければ無用なごみを印刷するだけになってしまう。

十分な詳細さで脳をスキャンすること。デイヴィッド・チャーマーズのことばを借りれば、それこそが心のアップロードにおけるハードプロブレムだ。

ここで未来に飛んで、あなたの脳をシミュレートできるようになったと仮定してみよう。私たちはいま、あなたの脳をスキャンし、その神経ネットワークを再現したところだ。次のステップは、そのコピーされた脳を身体のなかに入れることである。身体がなければ、あなたの人工脳はいわばデジタルの桶にぷかぷか浮いているだけで、どのような体験をするかわからない[15]。もしそのシミュレートされた脳が本物の脳と同一の特性をもつなら、それは、いまがいつで、ここがどこかという見当識《けんとうしき》を失っていて、おそらく自己の感覚も喪失しているだろう。あなたは、あなたの身体からあなたという自己の土台を引き出している。あなたは自分の身体がいまどこにあるか、腕や脚や胴体がどこに位置するかを知っており、それがあなたに重要な土台を与えている[16]。この土台がなければ、そしてまわりの世界との接触がなければ——すなわち「身体性」がなければ、最悪のドラッグトリップを思わせるような精神的混乱を経験することになるだろう。

さてここで、どのような人工身体にするかを決める必要がある。現実の世界を歩き回れる物理的なロボットがいいのか、それともヴァーチャルな世界に住まうシミュレートされた身体か？ロボットでは限界がある。壊れることも死ぬこともある身体にシミュレートされた脳を移植するのは、融通性と寿命の点で、心のアップロードの潜在的可能性をまったく考慮していないように思える。

以前、私の研究室では、脳がどのように運動を制御するかを研究していた。私たちは、ヒトの腕のシミュレーションを作成した[17]。それは、リアルなロボットの手ではなかった。握手はできなかったし、実験室のなかのものを摘まむこともできなかった。それは、コンピュータのなかのデータ形式のヴァーチャルな腕だった。私たちが見ていたのは、画面上の数字の行列である。実際の人間の腕のスキャンをもとにしていたので、必要とされるものすべてが揃っていた。骨も、腱も、筋肉もあったし、筋力、粘性、慣性、重力のデータも揃っていた。筋肉はひとつひとつの筋線維からできていて、速筋も遅筋もあった。私たちは、この腕に感覚ニューロンとα《アルファ》、β《ベータ》、γ《ガンマ》の運動ニューロンを与えた。実際にこれと同じレベルの精密さでヒトの腕を模したロボットアームを製作するには、何百万ドルもの費用と何年もの歳月を要しただろうし、しかも成功しなかったかもしれない。代わりに、私たちのヴァーチャルな腕は、数千ドルの費用と数カ月の期間で完成したのだ。

私たちが二〇〇〇年代半ばに当時のコンピュータの限られた性能の下でヒトの腕をシミュレートできたのだから、骨、筋肉、神経、皮膚の詳細を備えた、本物そっくりのヴァーチャルな人間の身体を作ることはすでに可能なはずである。私が知らないだけで、だれかがもうそれをやっているかもしれない。内面も外面も人間に似た超リアルなアバターを作ることも可能なはずだ。

シミュレートされた脳とヴァーチャルな身体を製作したあと、最後に残された問題は、ヴァーチャルな世界にこれらの要素を埋め込むことである。没入型のビデオゲームは、独自の物理法則をもった三次元世界をシミュレートできる。必要な技術はほとんど手の届くところにある。見た目は細部にいたるまで精密に再現され、音はヴァーチャル空間をほんとうに伝わってくるかのようで、風はヴァーチャルな肌をやさしく撫で、香りや味はヴァーチャルな鼻腔や舌と相互作用するようプログラムされている、現実と見紛《みまご》うばかりのヴァーチャル世界。これほど詳細なヴァーチャル世界はいまのところ存在しない。しかしそれを作り出すことは可能だ。新たなテクノロジーを生み出す必要はない。すでに存在するヴァーチャル環境をスケールアップすればよい。現時点で足枷《あしかせ》となるのは、その処理能力である。現在、世界中にあるすべてのスーパーコンピュータの力を結集すれば、人ひとりの脳、その身体、ゆっくりくつろげるリアルな３ＬＤＫのマンションぐらいならシミュレートすることができるだろう。アップロードされた多くの心がより大きな環境で過ごせるようにするには、コンピュータの大幅な性能アップが必要だ。

私は、いま描いている心のアップロードに対する展望が奇妙かつ玉虫色だということは理解している。一部のテクノロジーはすでに存在する。そのうちのいくつかはまだ開発途上だが、一〇年後には使えるようになっているだろう。コンピュータにはさらなる処理能力が必要で、これもすぐに実現されるだろう。しかし、必要なテクノロジーの一部ははるか未来、数世紀待たないと手に入らないかもしれない。このなかで、情報テクノロジーに関わる部分だけはそう時間がかからずに実現しそうだが、脳のスキャニングに関係するテクノロジーの進歩には時間がかかるだろう。しかし、心のアップロードを実現するテクノロジーの進展を阻むものはなにもない。遅かれ早かれ（遅かれかもしれないが）、ヒトの心は、生物学的な脳から取り出されて、人工的なフォーマットに移し替えられるだろう。

私は心のアップロードの未来がディストピアとは感じない。確かに気がかりなリスクはいくつかあるものの、同時に大きな可能性も秘めていると思う。私たち人間は、なにがうまくいきなにがうまくいかないかを考える時、混乱のなかで決めてしまうことが多いが、心のアップロードの文化的・倫理的な問題も、最終的にはそうした形で自ずと解決されていくと思う。以下では、私が考える心のアップロードの恩恵について述べる前に、五つの潜在的な落とし穴を簡単に見ておこう。

落とし穴その一　数年おきに新たな機器や装置を導入し、時代に合わなくなったテクノロジーは捨ててしまう現代の社会風土にあっては、心のアップロードは非現実的かもしれない。アップロードされた心は最新のＯＳと互換性がなくなるまで、一〇年もてばいいほうだろう。一九八〇年代、ワードスターというワープロソフトが一世を風靡《ふうび》したが、いまではほとんど忘れ去られている。これと同様に、OSが時代遅れになれば、アップロードされたおばあちゃんも捨てられることになるかもしれない。アップロード先のプラットフォームが、だれかの心を生き永らえさせることに意味を見出すには、まずは情報テクノロジーに対する資本主義的で消費中心の、使い捨てをよしとする私たちの考え方を改めなければならない。

落とし穴その二　人間の脳の記憶容量は膨大だ。理論的には限界があるはずだが、それがどの程度かはいまもわかっていない。シミュレートされた脳が新たな記憶を蓄えてゆくにつれて、シナプスは再編され、そのうち古い記憶を消去しないかぎり、新たな記憶を蓄えられなくなるだろう。その限界容量がどれぐらいなのか、その限界に達するのはいつなのかは、おそらくだれにもわからない。それは何世紀ものオーダーになるかもしれない。おそらく最終的には、エンジニアが記憶に関係する脳の部位、たとえば海馬にシナプスを追加する方法を考え出して、時折記憶の増強をすることになるだろう。そうでなければ、過去数百年の出来事の記憶は鮮明なまま、それ以前の記憶がだんだんと霞んでいくことになるはずだ。

落とし穴その三　生きている人間の心とシミュレートされた心には、どんな権利が認められるだろうか?[18]　このテクノロジーが機能するようになるには、テストを繰り返して改良を重ねてゆく必要があり、それは同時にだれかのシミュレーションが苦しみを体験することを意味する。テスト用にできた心の完成度がいまひとつだった場合、それを廃棄してやり直すことは、倫理的に許されるだろうか？　同じ人の心のコピーをいくつも作ったなら、それぞれのコピーの価値は低くなり、消耗品のようになるのだろうか？　それともコピーごとに人格権が認められるのだろうか？　その人の心のコピーが何パターンかある時、オリジナルの生物学的な人間も同じように尊重されるのだろうか？　言い換えれば、あなたがコピーを三パターン作ったとして、生命の尊厳や個性の尊重は、どうなってしまうのだろうか？

落とし穴その四　多くの宗教は、現世で教えを守ったことへの報酬として来世を用意している。この報酬の力はしばしば濫用される。中世の十字軍では、天国という褒美が流血と暴力を支えていた。いまも自爆テロの実行者には、天国が約束されている。しかし今後は、テロリストを輝かしい来世で釣ろうとする指導者は不利な立場に置かれる。というのも、彼らの言う天国を確認することはできないからだ。では、客観的に確認できる来世の圧倒的な力を想像してみよう。あなたは、すでにその来世にいる人々に電話やメールをして、そこがどんなところかを聞くことができるし、ネットでの評判を覗いてみることもできる。この確かな来世へのゲートキーパーは、世界を牛耳《ぎゅうじ》ることになる。ほとんどの人は、不死のチャンスが得られるのならなんでも、それこそ倫理的に疑わしいことも、人によってはまったく倫理に反することさえもするかもしれない。この新たなテクノロジーがたちまちのうちに政治的に悪用されるのは目に見えている。

落とし穴その五　だれの心をアップロードすればよいだろうか？　富める者？　天才的な人？　権力者？　あるいは先着順？　リソースはかなり限られているので、それは倫理的に厄介な競争になりそうだ。あるいは、将来的には記憶容量も処理速度もアップすると同時に安価になって、競争の問題はなくなるかもしれない。その場合、プラットフォームはユーチューブのようにだれでも参加可能なものになるだろう。プラットフォームは平等性を基本にするかもしれないし、一部の者を優遇するかもしれない。だれの心がアップロードされるにしても、それにふさわしく、尊敬に値する人が選ばれてほしいと思う。寿命が延びることによって、彼らは社会に対して桁外れの影響力をもつようになるからだ。

かりにすべてがうまくゆき、大きな落とし穴も避けられたとしても、心のアップロードが哲学・文化のレベルでどのような意味をもつのかを理解するのは、依然として難しい。もっとも単純な疑問のひとつを考えてみよう。アップロードされたあなたの心は、ほんとうにあなたなのだろうか？

あなたは死にたくない。そこである日、あなたはアップロード専門のクリニックに行き、スキャナーのなかに入る。頭のまわりを光や音が飛び交うなかでじっと五時間。スキャナーから出てくるとあちこちの関節がぎしぎしいうが、それ以外はなんともない。ここは心を広くもって、すべてはうまくいったと思うことにしよう。テストされ、バグも取り除かれた。テクノロジーは、あなたの心を再現できるぐらい詳細にあなたのシナプスをとらえた。その心には、ヴァーチャル環境のなかで暮らせるように、それなりに快適なヴァーチャルの身体が顔と声も一緒に標準装備されている。これらすべてが実現したと仮定しよう。

この第二のあなたはだれなのだろうか？

第一のあなた、生物《バイオ》のあなたは、今回のアップロードに大金を支払った。クリニックを出るが、入った時となにも変わっていない。あなたは以前と同様に生物学的な存在であり、いずれ死ぬ運命にあることに変わりはない。車を運転してマンションに帰りながら、あなたはこう思う。「失敗だったな。金を捨てたようなもんだ」

同じ頃、シミュレートされたあなた、コピーのあなたは、ヴァーチャルなマンションの一室で目覚め、以前のあなたと同じように感じている。体験の連続性があるのだ。クリニックに行ったのも覚えているし、クレジットカードを読取機に通したのも、免責同意書にサインしたのも、スキャナーの台に横になったのも覚えている。まるで全身麻酔をされたあと、どこか別のところで目覚めたかのようだ。コピーのあなたには、あなたの記憶、あなたの性格、あなたの思考パターン、あなたの感情の癖もある。そして新しいベッドから身を起こし、こう言う。「おお、うまくいった！　ここにいるなんて信じられない！　大金を払っただけのことはある」

このもうひとりのあなた、コピーのあなたは探検を始める。マンションからまぶしい太陽の光のなかに出てゆくと、そこにはヴァーチャルなニューヨークの街がある。音、匂い、風景、人々、足元の歩道の感触、なにもかもが揃っている（ただ、ごみが落ちていないし、ネズミが清潔で、しかもいかにもニューヨークらしいネズミだ）。あなたは、通りかかった見知らぬ人たちに話しかけ、会話がはずむ。リアルのニューヨークでは、話しかけた相手が突然殴りかかってくるのを恐れて、そんなことは一度もしたことはなかったのに。ここではもし殴りかかられても、ヴァーチャルな身体だから傷つく心配もない。あなたはカフェに立ち寄り、歩道に置かれた絵のように美しい練鉄製のテーブルの前に腰掛け、カフェラテを啜《すす》る。味がしない。胃のなかになにかが入ってゆく感じもしない。というのも、それは本物の飲み物ではないし、あなたには胃がないからだ。もうトイレに行く必要もないかもしれない。テーブルの見た目が少しおかしい。錆《さび》のざらざら感がない。細部を再現するのに必要なメモリを節約したのか、指にも指紋がなくて、つるつるしている。呼吸も前と同じようには感じられない。息を止めてみても、立ちくらみがしない。ヴァーチャルな世界には酸素がないからだ。あなたはスマホをもっていることに気づき、自分が使っていた番号に電話してみる。

バイオのあなたが出る。

「ようう」とコピーのあなたが言う。「オレだよ。つまり、きみなんだけれど。そっちはどう？」

「いいわけないよ。まあ、前と同じじっちゃ同じなんだけど。いま家でアイスクリームを食べてるとこさ。有り金をはたいてなにもないなんて信じられないよ」

「なにもない？　そんなことないよ。思ってるより、こっちはいいとこだぜ。なにか少し物足りない気もするけど、でも楽しめるよ。映画館や本屋の前を通ったけど、うれしいことにここにはお金があるから、買い物だってできるんだぜ。聞いた話じゃ、『スターウォーズ』のシミュレータがすごいらしくて、まるで映画のなかにいるみたいだって。ウーキーにもなれるかも。それと、先週がんで亡くなったケヴィンだけどさ、彼もここにいるんだぜ！　元気にしていて、まだ同じ仕事についてるんだ。週三回なじみのヨガ道場をスカイプでつないで、フィットネス教室を開いてるんだって。でも、現実世界のガールフレンドが生きてる奴のとこに行っちまって、ちょっと気落ちしているけどさ。ま、ここでも、新しい人間が次から次へと入ってくるから、デートなんていくらでもできるけどね」

このままさらに続けることもできるけれど、調子に乗らないようにしよう。ここで示したかったのは、こうした状況の背後にはいずれ人々が実際に直面するであろう、現実の哲学的難問があるということである。バイオのあなたとコピーのあなたの関係とは、どういったものなのだろうか？

この状況を図で考えてみよう。あなたの人生をYの文字に見立てる。あなたはYの根元で生まれ、成長するにつれ心が形成され、変化しながら縦の線をのぼってゆく。そこであなたは自分自身をスキャンする。その瞬間に、Yが枝分かれする。いまでは二つの線があり、どちらも等しく正当なあなただ。左側の枝をコピーのあなた、右側の枝をバイオのあなたとしよう。いつまでも生き続けるほうのあなたは、Yの幹＋《プラス》左側の枝だ。子ども時代のあなたがおとなのバイオのあなたのなかで生き続けるように、Yの幹の部分はコピーのあなたのなかで生き続ける。スキャンが終われば、Yの二つの枝はそれぞれ異なる人生を歩み、それぞれの経験を蓄積してゆく。右側の枝はいずれ死ぬ。枝分かれしてから右側の枝に起こったすべてのことは、消えてしまうことになる。ただし、あなたが再びスキャンをすれば話は変わる。その場合、また別の枝が現われ、どんどんと複雑な図になるだろう。

こうして生じるのは単一のあなたではなく、複雑に枝分かれするあなた、二つ、もしくはそれ以上の枝をもった複数のあなたである。これらの枝のうちのひとつは必ず死ぬ運命にあるが、ほかの枝には無限の寿命があり、それはコンピュータのプラットフォームがどれだけの期間維持されるかにかかっている。

あなたはこう考えるだろう。バイオのあなたは現実の世界に住み、コピーのあなたはヴァーチャルな世界に住んでいるので、二人は会うこともなく、したがって共存のややこしさに直面することもないだろうと。しかし、いま時、直接会うことがどれほどあるだろうか？　会うことがなくても、私たちはおもに電子メディアを通して交流している。コピーとバイオのどちらも完全に機能し、相互作用するあなたであり、相互に接続したひとつの大きな社会的・経済的世界（ユニヴァース）のなかで競い合う。そして二人はテレビ電話やほかのテクノロジーを通して容易に会うことができる。

こうした存在の混乱を避けたいのであれば、ひとつの方法として、あなたは脳のスキャンデータを実際にシミュレーションに使うことなく、そのまま保存しておけばいい。折を見てまたクリニックに行き、脳をスキャンしてもらい、そのコピーを最新のバックアップとして保存するのだ。

あなたが事故や病気や老衰で亡くなった時には、最新のコピー（あるいはもっとも気に入っているコピー）を起動し、シミュレーションの人生へと移行するのだ。

同時に存在するコピーの数を減らすためのもうひとつの陰鬱《いんうつ》な方法は、あなたの心がうまくアップロードされコピーが動き出した時点で、バイオのあなたを消し去って作物の肥料としてリサイクルに回すよう法律で定めることかもしれない。すると、ゲートキーパーに賄賂《わいろ》を贈って、この法を破ろうとする富豪や権力者が現われるに違いない。彼らは、もとの自分にプラスして、自分のコピーを五つでも一〇でももちたがる。そうなるとハリウッドのB級映画顔負けの特別捜査官が必要になり、彼らは違法コピーを突き止めて抹殺する役目を請け負う。たちまちに厄介な事態になりそうだ。

その一方で、個人のコピーの数に制限がなければ混乱が続き、私たちのアイデンティティや個別性の概念にも社会的な変革が引き起こされるかもしれない。

もっとも単純なレベルでは、心のアップロードは人々に無限の来世を用意することになる。たとえば、クリスマスの夜、家族がアップロードされた祖母と一緒にテーブルを囲むかもしれない。祖母はテーブルの端に置かれたタブレットの画面のなかにいる。もしかすると、彼女はアップロード先での娯楽に事欠かず、自分のバイオの家族のために無理をして時間を割いているかもしれない。実はこのところ、アスリートのアバターを選んで、ヴァーチャルな山をクライミングするのに忙しいのだ。

心のアップロードの利点を考える時、私たちがすぐに思いつくのはこうした理想化された来世である。それは人が作った天国だ。しかし、これまでの天国と違って、それは独立した世界ではない。それは現実世界とシームレスにつながっている。あなたがいまこの世界とどのように関わっているかを考えてみてほしい。典型的な現代のライフスタイルを送っているなら、あなたのまわりの物理的な空間で人々と相互作用するのは、生活のごく一部でしかないはずだ。より大きな世界とのつながりは、もっぱらデジタルな方法で行なわれている。ニュースは画面やイヤホンを通してあなたのもとに届く。行ったことのないはるか遠くの場所も身近に感じられるのは、電子メディアを通してその場所を知っているからだ。政治家や著名人、さらには友人や家族でさえ、あなたはその存在をおもにデータを通して感じている。会社の同僚をテレビ画面やメールを通してしか知らないこともある。私たちはすでに、ＣＮＮ、グーグル、ユーチューブ、フェイスブック、ツイッター、メールなどを通して絶え間なく情報が行き交うヴァーチャルな世界にいる。私たちが暮らすのは奇妙な多元世界（マルチヴァース）だ。私たちひとりひとりはそれぞれのヴァーチャルな泡のなかにいて、個々の泡は現実空間でくっついたり離れたりしているものの、すべての泡はソーシャルネットワークを通じてつながっている。もしヴァーチャルな来世が作られたなら、そこにいる人々――現実世界にいた時と同じ性格と欲求をもつ人々――が自分たちを現実世界から隔絶する理由はない。彼らはほとんど変化する必要がない。社会的にも、政治的にも、経済的にも、ヴァーチャル世界と現実世界はつながって、ひとつのより大きな文明として拡大し続けるだろう。ヴァーチャル世界は、たんに地球上のひとつの都市のようなものになるかもしれない。

何万年もの間、人々は過去を物語ることによって、世代を超えて知識を伝えてきた。祖先崇拝がこのプロセスの一部を担っていたのはほぼ間違いない[19]。その姿は見えないが、祖先は自分たちのまわりにいて、自分たちを見守り、困った時には助けてくれると思うことによって、人々は祖先の知恵を生きていく上での指針にすることができた。

六〇〇〇年ほど前に古代シュメールで文字が発明された時、それが人類をどれほど変えることになるかは、その時代のだれにもわからなかっただろう[20]。文字はまず経済活動の道具として、なにをどれぐらい取り引きしたかを記録するために使われた。しかし「書く」という行為によって、根本的な変化が起きた。それは世代を超えて直接会話することを可能にしたのだ。これによって、時間を超えて蓄積できる情報の量と正確さが爆発的に増した。とりわけ、科学とテクノロジーは、過去の学者が記録したきわめて正確な情報の蓄積に依存している。しかし同じことは、経済学、政治理論、宗教的イデオロギー、芸術の潮流など、ほぼあらゆることに言える。文字がなければ、現代の文明は成立しなかっただろう。過去の上に一枚一枚と層を重ねることができなかったからだ。

心のアップロードは大量の情報をきわめて忠実に保持する。それは、伝えられる情報の種類も拡張する。本に書かれている単純な事実だけでなく、相手と直接話すことによって人物やスキルなどの細部も伝えられるからだ。おかしなことに、私たちは祖先崇拝のようなものへと戻るかもしれない。しかし、言い伝えによって継承されてきた祖先の知恵や偉業のぼんやりとした記憶の代わりに、本物の祖先がそこにいて、私たちに直接語りかけてくれる。彼らはすばらしい知恵を虚空の彼方から呟《つぶや》く必要はない。ソーシャルメディアを通して社会に貢献できるのだ。私が見るに、こうした世代から世代への情報伝達の変化こそ、新たなテクノロジーに隠された真の革命の源かもしれない。心のアップロードは、言語の進化や文字の発明を超えるような方法で人類を変えるだろう。とはいえ、この変化は必ずしもいいこと尽くめではない。文字やテレビやインターネットが生まれた時と同じように、情報の流れを増大させる新たなテクノロジーを社会が手にする時、その変化は必然的に、誤情報や有害な社会的ミームの増加をともなう。

このリスクを減らすために、私たちは、もっとも熟達した人の知恵を残そうとするかもしれない。アインシュタインがふつうの人と違うのは、彼がすばらしいシナプス荷重をもっているからである。それは、もって生まれたものとその後の人生で学んだものとの幸運な組み合わせだ。人工ネットワークを構築して訓練する時も、これと同じようなことが起こる。同数のニューロンからなる同じようなネットワークを大量に作り、それらを訓練したとしよう。すると、そのうちいくつかは最終的に基準のレベルには達せず、一方、別のいくつかは難しい課題も非常にうまくこなせるようになる。この後者の天才的なネットワークはそうなるための付加的情報を必要としない。結局のところ、彼らはほかのネットワークと同じ数のニューロンからできている。彼らは、どういうわけか最終的にはすぐれたシナプス接続のパターンに落ち着いたのだ。しかし、このすぐれた接続がどういうものかは特定できない。「この抑制性のシナプスはちょうどいい荷重だ。美しいし、天才的だ！」などと言うことはできないのだ。エンジニアにもなぜそのネットワークがそんなにもよく機能するのかがわからない。訓練と偶然によって、そのシステムはすばらしいシナプス荷重の集合を見つけたのだ。みなが残したいのはそのようなネットワークである。徹底した実用主義者に言わせれば、心のアップロードとはすばらしい神経ネットワークを保存することだ。それはつまり、有用なスキルを失わないために、最良の接続パターンをもつ人々を残すことである。だれしも一生の経験を通して無形のスキルを身につける。これらのスキルを保存することが、どれほどの力をもつかを想像してみてほしい。

モーツァルトがもう二〇〇年生きていたら、音楽は違ったふうに進化したかもしれない。あるいはベートーヴェンでも、エルヴィスやジョン・レノンでもよい。変化することがいいことか悪いことかはともかくとして、私が思うのは、彼らが生きていたら音楽は大きくは変化しなかったかもしれないということである。歴史が物語るように、音楽における真の革命――古い陣営が弱体化し、新たな陣営が既存の体制を解体しようとする――は、世代交代にともなって起こることが多い。心のアップロードが成功すると、新たな表現が登場するチャンスは少なくなり、古いスタイルが幅を利かせるようになるかもしれない。

もしチョーサーやシェイクスピアがつねに私たちとともにいて、私たちに話し、書き、教え、助言していたなら、英語という言語はどうなっていたかを想像してみよう。現代の英語話者のほとんどはシェイクスピアを難しく感じ、チョーサーを読めない。言語学者が明らかにしてきたように、言語は時間とともに変化する。つい六〇〇〇年ほど前に、ある人間集団が、印欧祖語《いんおうそご》と呼ばれるいまでは失われた言語を話し、そこから現代の膨大な数の言語が枝分かれしていった[21]。しかし、その言語を話す人々がいまも私たちとともにいて、さまざまな人々と交流するなら、言語の変化は減るに違いない。アップロードされた心が新しい話し方を身につけることもあるかもしれないが（だれでも時が経つにつれて話し方は変わる）、もし古い世代が消え去らないなら、言語の変化は緩やかになるだろう。心のアップロードによって、私たちは、現在使われている言語を六〇〇〇年後も話しているかもしれない。

これは言語に限らない。ファッションも、倫理観も、娯楽も、宗教も、文化全体が世代交代をする。本が存在するにもかかわらず、私たちはたえず新たなものを発明する。過去からやってきた死ぬことのない人々が、文化により大きな慣性を与えたなら、文化的変化のダイナミクスはこれまでとはまったく違うものになるだろう。

政治がどのような影響を受けるかも想像してみよう。哲学者で作家のジョージ・サンタヤーナは「過去に学ばない者は、過ちを繰り返す」と言った[22]。確かにその通りだ。過ちの歴史を繰り返してしまうのは、世代を経るにつれて記憶が失われてゆくからである。政治における記憶はすべてがなくなるわけではなく、二～三世代で半減しながら消え去ってゆく。私は歴史に関する知識の喪失のことを言っているのではない。学校ではいまでも基本的な歴史について教えているが、そこには臨場感や、個人の記憶における激しい感情はない。歴史は時間が経つにつれて理論的なものになる。第二次世界大戦によるトラウマ体験のあと、世界中が政治的ポピュリズムやファシズムの危険性に敏感になった。しかし、そうした政治的出来事に積極的に関わった人々がいなくなったいまでは、その記憶の迫真性が次の世代にうまく伝わらなくなり、基本的な出来事についてすら、その事実を歪めようとする人々が増えてきている。ポピュリズムとファシズムは、五〇年前にはありえなかった方法で、いつのまにか戻りつつある。

文明が歴史的な過ちを繰り返すという例なら、いくらでもあげることができる。書物がいかに文字通りの知識を伝えようが、新しい世代が前の世代を引き継ぐたびに、生きる術《すべ》と知恵を再び構築しなければならない。しかし、古い世代が死なずに現役のままだったなら、なにが起こるだろうか？　理想的には、政治的なスキルと知恵が蓄積され、同じ過ちの繰り返しを避けるようになるのが望ましい。進歩が蓄積されるという点では、政治はより科学に近いものになるかもしれない。一方で、みなが永遠に生きてほしいと願うガンジーのような人間の数だけ、葬《ほうむ》るのが大変なヒットラーやネロのような人間も残るだろう。

大学のシステムがどう変わるかも想像してみよう。永年にわたり在職し、大学や社会に対して多大な貢献をした教授には、名誉教授の地位が与えられる。彼女はそのまま研究室をもち貢献し続ける。心のアップロードが可能になれば、名誉教授は、亡くなると永世教授へと格上げされる。永世教授には、物理的な研究室は必要ない。アップロード先にヴァーチャルな空間があればよい。そこから彼女は授業をし、画面を通して会議に出席し、彼女ならではの学識と知恵を伝える。彼女が歴史学の教授なら、何世紀もの時を経て、新しい世代がかつての世界の様子を生の声で聞きたいと思った時に、とくに貴重な存在になりうる。古代エジプトの高官がいまもいて、私たちにその生活を語ってくれるとしたら、私たちの歴史の知識はどうなるかを想像してみるとよい。また、大学が幾世代もの死んだ学者たちであふれかえったら、若手の教授がテニュア〔終身在職権〕を得るのがどれだけ難しくなるかも想像してほしい。

私たちは通常、超高齢者を活動的で社会に貢献するメンバーとはみなさない。彼らは体力的にも衰えていて、少数で、最新のトレンドにも疎《うと》いからである。私も、コンピュータの操作ができず、インターネットがどういうものかを知らない人をまだ何人か知っている。彼らの多くはスマホももたない。なぜなら、それがもたらすものが彼らの脳にとってあまりに新し過ぎるからだ。そうした人以外は、古い世代を駆逐する新たな技術的発明の活況のなかで暮らしている。私たちはどんどん薄くスライスされていく現在に、またこの瞬間の圧倒的な量の情報のなかに存在している。しかしよくも悪くも、心のアップロードはこのパターンを根本から変えるだろう。お年寄りはもはや消え去らない。彼らはほかの人々と同じようにそこにいて、自分の慣れ親しんだやり方で暮らすのを好むだろう。文化革新はつねに若い世代から生じ、古い世代の抵抗に遭うのがふつうだが、消え去ることのない古い世代によって人口構成は変わり、おそらく文化はより安定したものになるだろう。皮肉なことに、デジタルな来世は社会を劇的に変化させると同時に、社会をより保守的にし、その変化のスピードを鈍化させるかもしれない。

古い世代は残り続けるだけでなく、力も蓄積するだろう。現実世界に生きる者が、アップロードされた者よりも政治や経済や学識の点で優位に立つと考える理由はない。いまこの世界で人々がしている仕事のことを考えてみよう。その多くは肉体労働であり、ロボットが代わってできそうな仕事である。タクシーのドライバーはどうなるだろう？　これからは自動運転のシェアカーになる。道路の清掃員は？　レジ係は？　建設作業員は？　パイロットは？　これらの仕事もみな、中長期的にはなくなるかもしれない。ロボットとＡＩが代わりにやってくれるだろう。それ以外の仕事、より広い世界への貢献は、心によってなされている。そして心がアップロードされるようになれば、それらの仕事もアップロードされた心がするようになるかもしれない。政治家は、現実空間と同じようにサイバースペースからも仕事ができる。それは、教師も、経営者も、セラピストも、ジャーナリストも、作家も、企業のクレーム処理担当も同じだ。並外れた仕事を可能にするすばらしい神経ネットワークをもった、たとえばスティーヴ・ジョブズのようなＣＥＯは、物理的に存在しなくてもマネジメントができる。もし握手の必要があるなら、その時だけヒューマノイドロボットをレンタルショップから借りてきて、現実世界で数時間過ごし、人と会って挨拶することもできる。この世界を「現実」世界と呼ぶことさえ、私には偏見のように聞こえる。どちらの世界も等しく現実的なので、別の呼び方をするなら、「基礎」世界と「クラウド」世界とするのがいいかもしれない。

基礎世界は若い人々――八〇歳にも満たない――で占められ、彼らはその世界で価値ある経験を積み重ねる。彼らに課せられた暗黙の責務は、成長し、自身に磨きをかけ、知恵をつけ経験を積んでから、クラウド世界に入ることである。権力や文化は急速にクラウド世界に重きをおくようになるだろう。そうならないはずがない。そこには、知識や経験、そして政治的な人脈が蓄積されているからだ。このシナリオでは、基礎世界は発達する人間の心における幼年期のようなものになり、本当の意味での人生はクラウド世界から始まることになる。

宇宙旅行について話そう。

『スタートレック』は真に楽観的な未来像を初めて呈示し、それは文化的に共有されている。人類は戦争と病気を克服し、平和的で科学的な好奇心が旺盛な種として、ワープ航法の宇宙船に乗り銀河系に広がってゆく。そこではさまざまな異星人と遭遇しトラブルになるが、最終的にはそれらを平和裡に解決する。こうした未来の展望を信じるにせよ、あるいはほかのＳＦが描く未来像を信じるにせよ、私たちは、私たちの未来が宇宙にあり、ヒトという種が銀河系へと移住するという文化的前提を共有しているように見える。

しかし、宇宙旅行は一般に考えられているよりもはるかに難しい。人間の身体は、有害な宇宙環境には適さない。酸素を含んだ空気で船室を満たしたとしても、きわめて有害な宇宙線のシャワーがあらゆる種類の遮蔽物《しゃへいぶつ》を通り抜けてくる。現在、地球の周回軌道上にある国際宇宙ステーションは、地球の磁場が宇宙線を逸《そ》らすことで守られている。人間を火星に連れて行くには、地球によるこうした保護のおよばないところまで行かなければならず、それは死を招く恐れがある。火星よりもさらに遠くへ行くのは、途方もなく困難だ。

かりに宇宙空間での生命の維持という技術的な問題をすべてクリアできたとしても、今度は移動にかかる時間の問題がある。もっとも近い恒星系、アルファ・ケンタウリは地球から四光年強の距離にある。現代の技術ではとても無理だが、光の速度の一〇分の一で航行したとしても、片道四五年の旅になる。かりに光速の九九・九％の速度で飛ぶ魔法のような宇宙船を発明したとしても、銀河を横断するには一〇万年以上かかる。人間の寿命は宇宙を探索するにはあまりに短い。世代を超えた宇宙旅行ならできるだろうし、おそらくするだろうが、その場合は、人間の生命を維持するための技術的な課題は複雑になる一方だ。

私たち人類が華々しく銀河系に広がってゆくという夢は実現しそうにもない。そのような未来はまったくの夢物語だ。ＳＦが間違っていたのだ。

とはいえ、こうした宇宙探査には解決策がひとつ残されている。アップロードされた心であれば、酸素も大気圧も有機物の食料も必要としない。地球と同じ環境を船室に密閉して運ぶ必要もない。彼らはいつまでも生きることができ、意識体験の速度を速くすることも遅くすることも容易にできる。一群の人々を想像してみよう。それは数百か数千、あるいはそれまでにアップロードされたすべての心のコピーかもしれない。彼らは宇宙船のシミュレーション・プラットフォーム上に存在し、その任務は探査である。彼らはヴァーチャルな世界に生きており、宇宙船のなかで窮屈な思いをすることはない。ある街、あるいはシミュレートされた地球のコピー、あるいはシミュレートされたほかの環境のなかで快適に暮らすことができる。その気になれば、ヴァーチャルのエンタープライズ号――司令室の大型スクリーンには行く手の宇宙が映し出され、彼らを飽きさせないように操作盤上のボタンがいくつもチカチカしている――を作って、そのなかで暮らすことだってできるだろう。科学者や技術者は、表示盤や機器を通してまわりの宇宙を監視し、それにしたがって航行経路をガイドする。数世紀にもわたる恒星間の旅の退屈な時間を避けたければ、ダイヤルを回して自分たちの処理速度を落とし、三〇分の出来事（航路を調整する時間としては十分だろう）のように感じさせることもできる。

目的の恒星系に着き、惑星に降り立って探査する時も、呼吸可能な大気があるかどうかは問題ではない。彼らに必要なのは、装置に支障が出ない範囲の温度と重力だ。あなたがこのチームの一員なら、宇宙服を着てカプセルを離れる代わりに、自分の神経ネットワークを探査ロボットに移し、ロボットを介してはじめての土地を歩き回り、サンプルを集め、映像を撮ることができるだろう。それが終わったら、母船かシミュレートされた地球に帰ればよい。

今日、ほとんどの人は、宇宙に移住するのは生身の人間であってほしいと思っているのではないだろうか。ロボットによるヴァーチャルな探査だけでは、ほんとうの宇宙文明とは言えない、というように。私たちはニール・アームストロングのように、実際に生身の身体で惑星まで行って自分の目で確かめる人間を望んでいる。しかし私は、私たちの唯一にして真の本質的な部分、すなわちある人を定義する部分は心だと思うし、いつの日か、テクノロジーにより人間の心は宇宙を自由に旅することができるようになると考えている。

その発展は次の三ステップからなるはずだ。第一に、心のアップロードはいずれ実現するだろう。それへの心理的な動機、肉体の死後も心を残したいという願望はとても強く、すでに科学者や工学者はその目標に向かって動いている。第二に、心のアップロードが実現すれば、その明らかな応用として考えられるのは、人間の心を人工的なプラットフォームに載せて、人間の身体が容易には行けない場所に送り出すことだ。その結果として、第三に、人類は宇宙文明を発展させ、途方もない時間的スケールではるか遠方まで旅し、銀河系全体に広がってゆくだろう。この未来を開ける鍵になるのは、人間の心は情報であって、原理的にはそれを物理的な脳から人工的なシステムへと移すことができるという認識である。意識とはなにかを工学的に理解した時が、私たちの宇宙文明の発展における決定的な瞬間となる。

最後に、心のアップロードについてひとつ付け加えておきたいことがある。それはヒトの社交性に関することだ。人間は互いに惹かれ合う。つながり合うことは人間の本質だ。もちろん、孤独好き、隠遁者《いんとんしゃ》、人間嫌いといった人もいるが、たいていの人は人々のネットワークのなかで生きている。手紙を書くことでは飽き足らず、電話が発明され、次には電子メールが、そしてテキストメッセージが生まれた。いま、私たちはスマホを手にもったまま歩き、ソーシャルメディアに依存した生活を送っている。もしテレパシーというオプションを与えられたら、かなりの割合の人がそれに飛びつき、一〇億人のフォロワーのネットワークとたえず心を通わせるだろう。

魔法や疑似科学による主張を除けば、人間が直接互いの考えや思いを共有したことはない。人間は頭にUSBポートをもって生まれてくるわけではないからだ。しかし、シミュレートされた心は、人工的なプラットフォーム上であつかわれ操作される情報でできている。シミュレートされた心は、技術的にはほかの心と直接コミュニケーションをとれるのだ。

その技術がどのようにはたらくかは、私にもわからない。心のアップロードがシンプルで美しいのは、脳のはたらきの詳細を理解する必要はなく、ただ脳をコピーするだけでいいからである。脳を十分正確にコピーすれば、もとの脳と同じようにはたらくはずだ。しかし、心と心を直接つなげるためには、思考がどのように計算されるかについてのより深い理解を必要とする。どの出力を使うか？　どの入力にするか？　荒っぽいやり方をするなら、まずは一方の人間の心からランダムな信号を拾って、もう一方の心に無意味なノイズとして入れてやるのがよいかもしれない。神経科学の知識が限られている現状では、この技術をどのように構築すればいいのか、私には想像もつかない。アップロードされた二つの心を融合させるのは、ヒトの脳についてより多くのことが解明された遠い未来のことになるだろう。もしそれが実現するなら、人類は再び、情報の流れのダイナミクスにおける根本的な変化を目《ま》のあたりにすることになる。アップロードされた心は、シミュレートされた個人の集合から、人間の個別性が失われた知性の集合体へと変貌するだろう。生物学的な世界に暮らしている人々は、死ぬこと、そして集合体のなかに融合することを望みながら、日々経験を蓄積するのに忙しい、使い捨ての脳をもった小さな存在になるかもしれない。

このような未来は恐ろしく聞こえるが（もちろん私も戦慄を覚える）、この強い嫌悪感はたんに見知らぬものへの恐怖に過ぎないのではないだろうか。心のアップロードの未来の可能性はあまりに異質なため、私たちは自分の感情や思考の置き場に困ってしまうのだ。

私が想像するのは、三万年ほど前のある夜に、クロマニョン人の男女の集団が焚き火を囲んで座っている場面だ。そのなかのひとりが異様な未来を物語る。いまある世界は跡形もない。森林は伐採され、地面は人工的な石でおおわれ、空を遮る巨大な四角の洞窟がいくつも積み上げられている。自分たちが狩りをして洞窟の壁に描いた堂々たる獣たち、オーロックスやマンモスやホラアナグマはみないなくなってしまった。狩猟民の霊的な生活様式は消え去っている。自分の手で槍や矢を上手に作れる者はほとんどいない。多くの人間が昼間も洞窟にこもって、ぼんやりした明かりのなかで長方形の板の上の小さな四角を、一日中指で押してカチャカチャ言わせている。

彼らの身体は締まりがなく、その動きものろい。空気は人工の煙で汚れ、外では驚くような人工の騒音がたえずしている。おそらくは、焚き火を囲んで話を聞くだれもがしかめっ面をして、このディストピアの未来を悪しざまに言うだろう。

けれど、私たちはいまそういう世界に生きていて、そのことを気にもしていない。文明以前の狩猟採集生活に戻りたいと思う者はほとんどいない。自分たちの世界にはいろんな問題があるのはわかっていても、それを大きく変えたいとは思わない。私たちがユートピアの未来をイメージする時、それはいまの世界に多かれ少なかれ似ているが、最悪の問題が解決され、テクノロジーによってますます便利な世の中になっている。現在とあまりにも違った未来は、どうしてもディストピアに映るはずだ。どの時代の人も思い描く未来像はそのようなものではないだろうか。

しかし、私たちが受け入れようと受け入れまいと、世界は変わる。AIと心のアップロードが世界を再構築するだろう。おそらくその未来に生きる人々も、いまこの世界に生きる私たちと同じように、なんとかやってゆくに違いない。彼らにとってはその世界が当たり前であり、面倒で限られた存在に戻りたいとは思わないだろう。

可能な限り遠くまで未来を見据えた時、私が目にすることのできるもっとも重要なひとつの変化、人類の歴史における重大な分岐点となるのは、人間が意識を理解したその瞬間である。意識を実用的・工学的観点から理解すれば、驚くべき未来が開けてくる。その未来においては、心は貴重なもの、養育され、培養され、そして保存されるべきもの、もとの生物学的プラットフォームから取り出され、移植され、複製され、いくつかの枝に分けられ、無限に維持され、さらにはほかの心と混ぜ合わされることができるものとなる。私は、やがて心は生物学的身体から切り離され、人工知能とヒトの知能との境界は曖昧なものになると思う。そしてこの心という並外れた特性は、何百万年もかけて宇宙に散らばり、銀河系を探査するようになるだろう。心のテクノロジーこそが、はるかな未来へと通ずる最善の道かもしれない。

付録　視覚的意識の作り方

　リンゴを見て、なにを見ているかを意識できる機械は、どうすれば作れるだろうか？　ここではこれを練習問題にして思考実験をしてみよう。この思考実験には二つの役目がある。ひとつは、注意スキーマ理論の入門的な解説になること。この理論の基礎となる論理をもっともシンプルな形で示すことができる。もうひとつは、人工意識を作る方法を考える上での最初のステップになることである。

　私がよくリンゴを例に用いるのは、それが単純な形と鮮やかな色という視覚的特徴を併せもっているからである。ここでもリンゴを用いて、当の機械には、眼としてカメラアイ、脳としてコンピュータをもたせよう。私たちが知りたいのは、この人工的な脳になにを組み込めば、リンゴについての主観的な意識体験があると主張させることができるか、である。この思考実験には制約がひとつある。この機械に組み込めるのは、製作可能なものだけである。既存の製品以外に、まだ作られてはいないものでも、現在のテクノロジーから見て妥当であれば、それも含めてよい。

以下では、この仮説的機械を少しずつ改良してゆく。順次三つのバージョンを示し、最終バージョンでは、基本的にはその機械が私たちと同じような意識をもっていることを示すつもりである。その機械が豊かな内面をもつというのではない。それは自己認識も情動も想像力も目的ももたず、ただひとつのもの、リンゴを意識しているに過ぎない。とはいえ、この単純な例はそれだけで、より包括的な内容をもつ意識を作る方法を考える上での道しるべとなる。

図5では、ロボットがリンゴを見ている。ロボットの頭上のボックスはこの装置のなかにある情報を表示しており、この図では、ボックスのなかにはリンゴについての視覚情報だけが入っている。

視覚情報の処理は、神経科学においてもっとも詳しく研究されているテーマのひとつである。ヒトの視覚システムについては、多くの謎や詳細が未解明ではあるものの、全体的な輪郭はほぼ明らかにされている。実は、このプロジェクトを進める上で、次のような朗報がある。ヒトの脳に比べれば単純で限られたものではあるが、人工的な視覚システムがすでに製作されているのだ。(1)

私たちのロボットにも、カメラアイから映像を取り込んで、リンゴについての豊かで詳細な情報

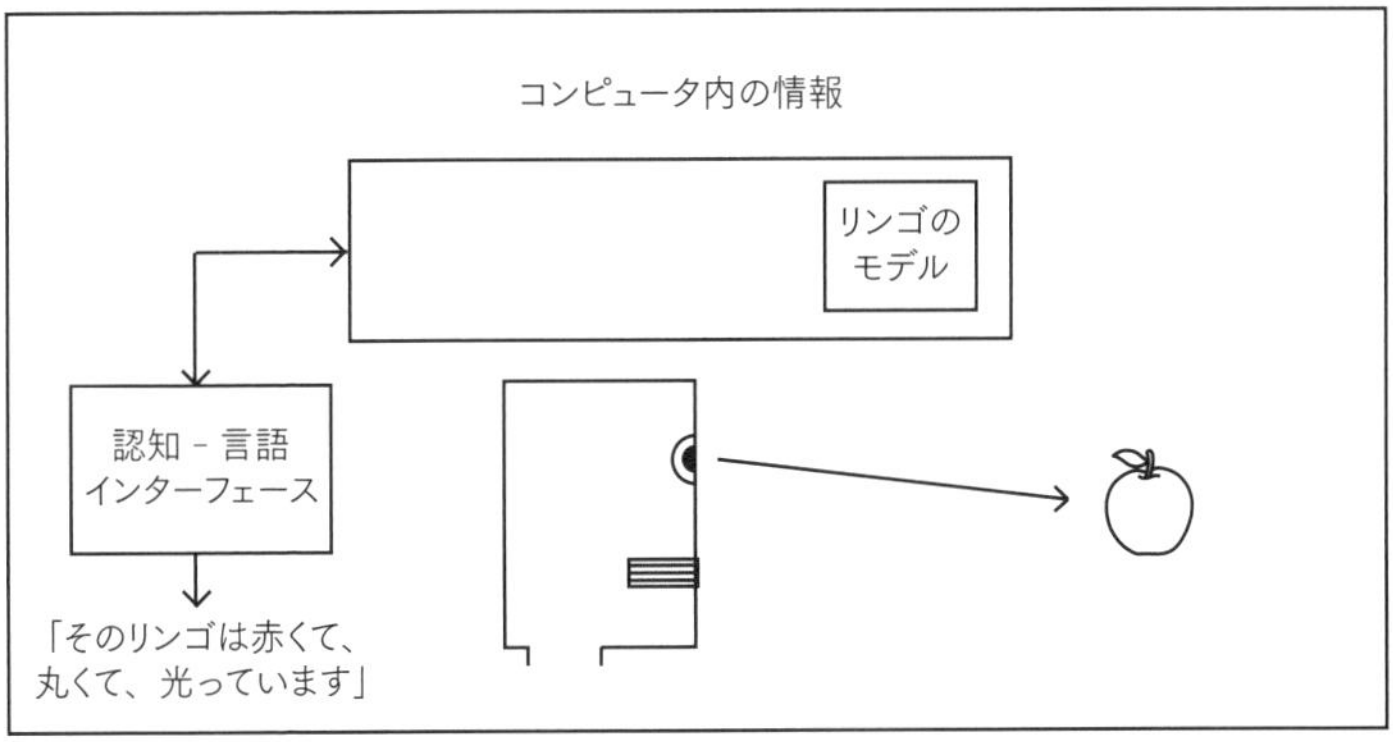

図5　ロボットは、カメラアイを通して視覚情報を取り込み、リンゴについての内的モデルを構築する。検索エンジン（認知－言語インターフェース）を介して、自分のなかにある情報にもとづき質問に答えることができる。

を構築する能力を与えることにしよう。この人工視覚システムは、リンゴの色、形、大きさ、位置といった情報を集め、ファイルのようなもの——新たな信号が入ってくるたびに変わり続ける情報のセット——を構成する。このひとまとまりの情報は内的モデルと呼ばれる。このモデルはそのリンゴのシミュレーションとみなすこともできるだろう。

実際の生物学的な脳では、こうしたシミュレーションはそれほど正確ではない。脳にとって、このリンゴを詳細かつ科学的に正確に記述することは、エネルギーと処理資源の無駄遣いでしかない。たとえば、リンゴの色は部分的には脳の産物だ。実際に存在するのは色ではなく、反射スペクトルだからである。眼と脳はリンゴが反射するスペクトルを単純化して、色を割り当てている。色はスペクトルを誇張した、即席の代用品である。動物が生き延びるためには、効率がすべてだ。タイムリーに反応できないような徹底した計算は、無用なだけである。

ここまでの説明で最初に示した制約条件に違反するものはない。カメラとコンピュータがあれば、図5のようなシステムは作れる。では、このロボットはリンゴを意識しているだろうか？

このことばのある定義によれば、イエスだ。意識の研究者は、情報が入って処理されていることを言うために、「客観的意識《オブジェクティブ・アウェアネス》」という用語を使うことがある。[2] その意味では、図5の機械はリンゴに客観的に気づいている。ロボットはリンゴの情報をもっている。

しかし、その機械は主観的に気づいているだろうか？　私たちがリンゴを見ている時と同じように、赤さや丸みや輝きの主観的体験をもっているだろうか？　一部の研究者はこの問いに対してもイエスと答える。彼らによれば、意識とは情報を処理する時の感覚だからだ。[3] その機械はリンゴを処理しているのだから、必然的にリンゴに主観的にも気づいていることになる。私はこのような考え方を「情報処理付帯」説と呼んでいる。熱が電気回路の副産物であるように、意識も情報処理における必然的な副産物だ、というわけである。この見方では、情報を処理する機械を作れば、意識はつねに生じることになる。もしその通りなら、目的は達成されたことになる。意識は説明されないままだが、意識をもつ機械はできたことになる。

しかし、私はこれで機械が完成したとは思わない。直接ロボットに確認してみよう。「脳を作る」という思考実験をするからには、言語インターフェース、つまりSiri《シリ》のような検索エンジン（図5の「認知‐言語インターフェース」）も組み込む必要がある。質問を取り込み、内部のデータベースを検索し、返答できるようにするのだ。これは現在のテクノロジーで作ることが可能なので、この特殊な応用のしかたが新しいものだとしても、この検索エンジンをロボットに組み込むことは許される。では聞いてみよう。

私たち　そこになにがあるか言ってみて。
機械　リンゴが一個あります。
私たち　そのリンゴの特徴はなに？
機械　赤くて、丸くて、光っていて、てっぺんに凹みがあって、テーブルの上に置かれています。……

この機械がこうした基本的な質問に答えることができるのは、質問に関連する情報をもっているからである。さらにその返答が豊かで柔軟性に富んでいるのは、リンゴについての知識が内的モデルにもとづいており、そのモデルの記述が完全に正確とは言えないにしても豊かだからである。というわけで、この機械はリンゴを見て、それを処理して、それについて明確な発言をすることができる。この機械のどこをとっても、現在のテクノロジーで製作することが可能である。

しかし、図5は意識の理論としては不完全だ。確認のために、この機械に次の質問をしてみよう。「きみはそのリンゴを意識しているの？」

検索エンジンは内的モデルを検索するが、この質問に対する答えは見つからない。リンゴに関する情報はたくさん見つかるが、意識に関する情報——意識とはなにか、あるいは自分にそうした奇妙な特性はあるか——は見当たらない。さらには機械には自己に関する情報もない。「きみはそのリンゴを意識しているの？」と聞いても、この機械には「きみ」というものがなんの量のことかがわからないので、この質問そのものが意味をなさない。せいぜい「計算できません」と答えることしかできない。それは、デジカメに「いま撮った写真を意識しているかな？」と聞くのと同じようなものだ。これまで私たちが機械に組み込んだもののなかには、「意識している」とその機械に主張させるだけのものはない。

情報を処理する機械がなにかを主張する、つまり情報を出力するには、その情報をもっていなければならないというのは、基本的な論理だ。図5の機械は、それがなにかを意識しているかどうかに関する情報はもちろんのこと、「意識とはなにか」という情報ももっていない。ある程度の複雑さをもたせたからといって、この機械が自分には意識があると言い出すことは期待できない。すでに組み込んだ要素を考えた時、たとえばこの機械はシマウマについての情報はもっていないので、シマウマについて話し始めることはできない。工学的に考えると、この機械が覚醒して「私には意識がある」と主張することを期待するのは、論理に反している。機械が答えられる範囲を広げるためには、さらに多くの情報を与えなければならない。

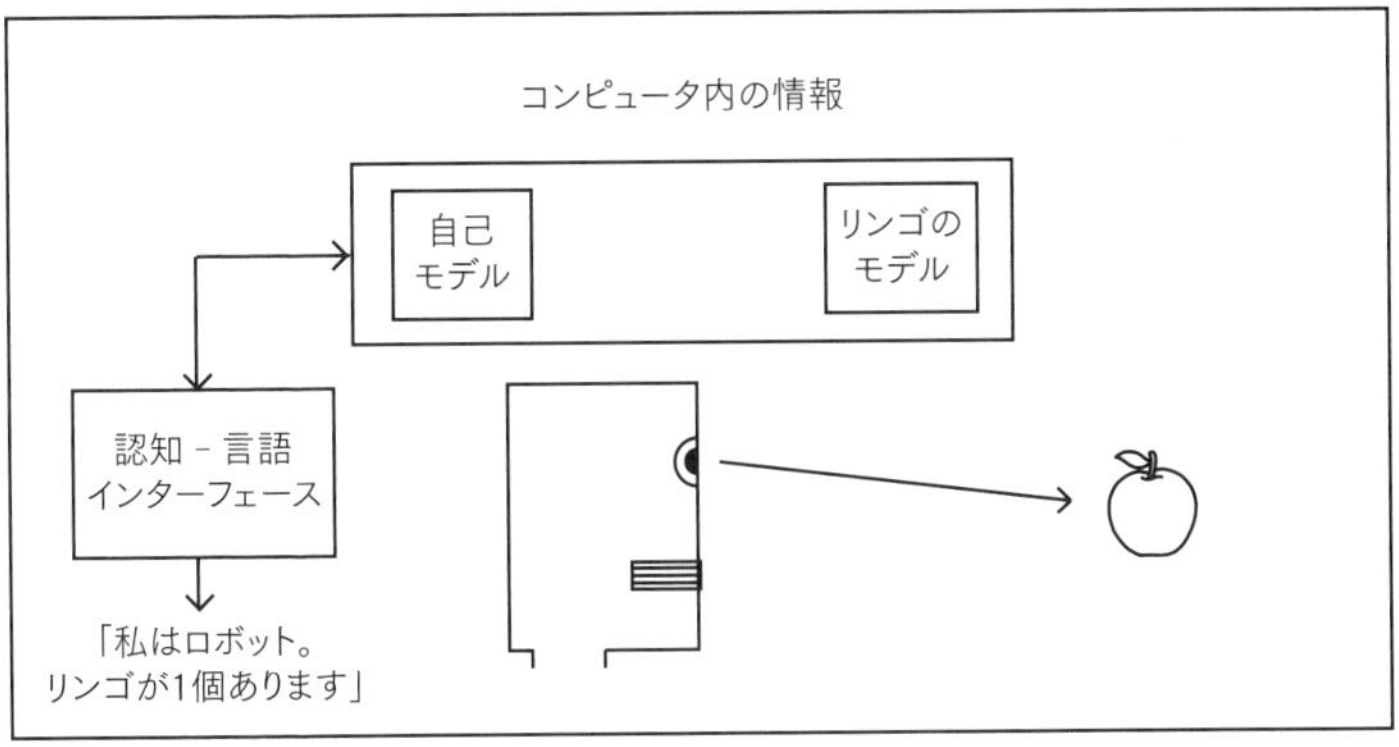

図6　第二の内的モデル（自己についての情報）が加わり、バージョンアップされたロボット。

図6は、このプロジェクトの次のバージョンを示している。ここでは、第二の内的モデル、自己モデルが加えられている。この内的モデルもまた、脳のなかに組み込まれた情報で構成されている。その情報とは、身体の物理的な形状と構造を記述する、いわゆる身体スキーマと呼ばれるものだ[4]。それには、心理学的な自己モデルで重要な役割をはたす、自伝的記憶も含まれているかもしれない[5]。ヒトの脳には、自己モデルのようなものがあることがわかっており、おそらくそれは多くの脳領域に広がり、非常に複雑である。技術的には任意の情報一式を機械に与えることは可能なので、私たちはこのロボットに自己モデルを組み込むことができる。

さてここで、改良された機械に次のように聞いてみよう。「きみはだれかな？　きみのことを話してもらえるかな？」

この機械には今度は自己モデルが含まれているので、答えるのに必要な情報をもっている。機械は次のように言う。「私は金属製です。身長は一八〇センチ。肘と肩で腕を曲げられます。生まれたのは実験室で、五日前のことです……」。検索エンジンは、内的な自己モデルのなかの情報にアクセスし、その情報を私たちに伝えることができる。その情報の一部はその機械自体に関するもの、また別の一部はその機械を定義するのに役立つ過去の出来事についてのものである。

では、このロボットは意識をもっているだろうか？　一部の研究者はもっていると言うかもしれない。多くの理論では、意識とは自己知識と同義である。この見方を支持する一部の研究者たちは身体スキーマを重視している。このアプローチでは、もっとも基本的かつ原初的なタイプの意識は、身体的自己とその動きについての知識である。[6] たとえば、私は自分の身体部分が自分のものだということを知っており（「それらは私の一部であり、まわりのものとは根本的に異なる」）、空間のなかの自分の位置を知っており（「私はここにいる」）、自分の視点を知っている（「私はこの位置から世界を見、聞き、理解している」）。ほかの研究者たちは、より抽象的な心理的自己知識を重視している。[7] この見方では、私たちが意識をもっているのは、自分がこれまで生きてきた軌跡、自分の動機や目的がわかっているからだ。これにより、自分がどんな人間で、なぜいまそれをしているかを物語ることができる。

図6のロボットはたくさんの自己知識をもっている。私たちが望む自己知識を組み込むのに技術的な壁はないし、自己知識は確かに意識にとって重要である。しかし、やはりこの図6の説明でも不完全だ。確認のために、機械に「心のなかできみとリンゴはどういう関係にあるのか

な？」と聞いてみよう。

その機械は返答に詰まる。検索エンジンは内的モデルを参照し、自己に関するたくさんの情報と、それとは別にリンゴに関するたくさんの情報を見つけるが、心のなかのその二つの関係について――心のなかの関係とはなにかについても――情報は見つからない。その機械は質問の意味すら理解できない。これまでに与えられた構成要素だけでは、答えることができない。そのロボットはリンゴを意識しているとは主張できない。意識はロボットのあずかり知らぬことなのだ。

内的モデルの強みは、外界の重要な対象をモニターし、それについて予測を立てられることである。いま、私たちのロボットの世界に存在するのは、リンゴとロボット自身だけだ。そのため、ロボットには二つの内的モデル、リンゴのモデルと自己モデルを与えたが、考えてみると、ロボットの世界には隠れた第三の要素があるのを見逃していた。それは、ロボットとリンゴの間に生じる計算の関係である。このロボットにその世界の完全な記述を与えるためには、第三の内的モデル、視覚的注意のプロセスのモデルも組み込む必要があるのだ。

人間の場合、視覚的注意が必要なのは、視野内にはふつう、リンゴや皿やテーブルや椅子といったようにたくさんのものがあって、それらすべてを深く処理することなどできないからだ。脳は優先順位をつけ、処理資源をその時々で限られた対象に集中させる。競争を勝ち抜けるのはほんの少数で、それらの内的モデルが脳全体のシステムに影響をおよぼす[(8)]。注意を向けられた対象は深く処理されるが、向けられなかった対象は処理されないも同然で、その存在すら記録されない。脳はこれらの選ばれた対象から詳細や意味を読みとり、どう反応するかを決める。

私たちが「注意」ということばを日常で使う時、それは「関心の中心にあるひとつの対象」だけを指すことが多い。たとえば、私の関心の中心が会話にあって心の大半がそちらに向いているのなら、その時に食べているリンゴはあまり重要ではないというように。しかし「注意」ということばが科学的な意味で使われる時には、もっと包括的なニュアンスをもつ。この例の場合には、おそらく会話とリンゴの両方に注意が向けられている。脳のなかのそれらの表象は、意味のある形で処理されるのに十分なほど強められているのだ。私たちは、注意が向けられないたくさんの対象や思考、あるいは感覚信号については、それらがあることさえ知らない。私が注意と言う時には、脳と、脳が処理資源を向けている対象との間の、より大きな関係のことを指している。

実際の人間の視覚的注意システムと比べるとはるかにシンプルではあるが、人工的な視覚的注意システムはすでに作られている。[9] 視覚的注意マシンは実質的にすでに存在するテクノロジーなので、私たちの機械にもその機能をもたせることができる。

図7はこのロボットの最終バージョンである。ここではロボットが視覚的注意をリンゴに向けている。図にあるように、このロボットは三つの内的モデルをもち、その世界における三つの主要な構成要素について、完全な記述が与えられている。モデルのひとつはリンゴを、もうひとつは自己を、そして最後のひとつは、見えない第三の要素、すなわち自己とリンゴの間の注意の関

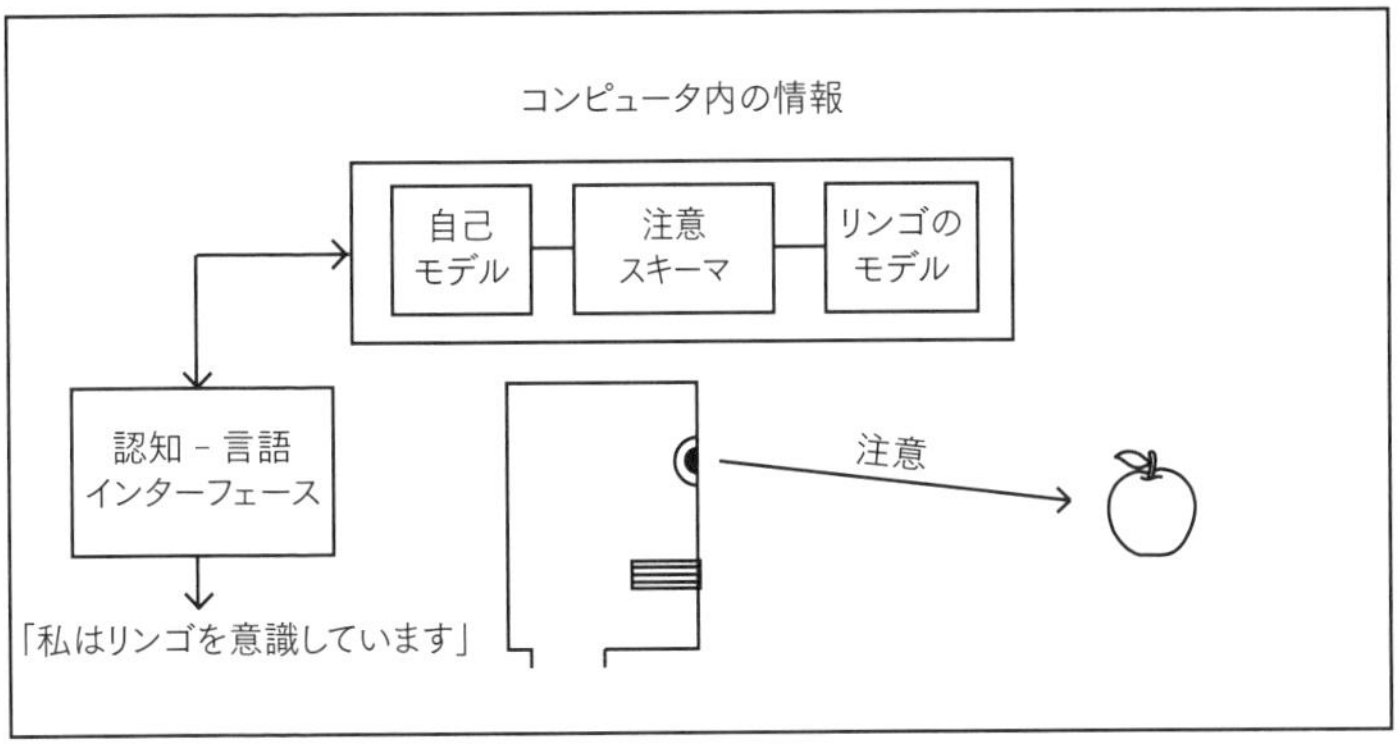

図7　注意スキーマ理論の主要な構成要素。ロボットの内部には、リンゴのモデル、自己モデル、自己とリンゴ間の注意のモデルがある。

係を記述している。この注意モデルは、身体を記述する身体スキーマになぞらえて、「注意スキーマ」と名づけられている。

これまでに見てきたように、リンゴのモデルと自己モデルに含まれるべき情報についてはわかっている。では、この注意モデルには、どんな情報が含まれるべきだろうか？　注意モデルは、注意をどのように記述するのがよいのだろうか？

その記述は「そのリンゴは私が注意を向けているものだ」のようにシンプルなものではいけない。それではほかの二つのモデルを点線で結んだに等しく、中身のないモデルになってしまう。注意スキーマには、注意そのもの——注意を集中させるとはどういうことか——についての情報が必要である。しかし、リンゴの単純化された内的モデルと同様、注意スキーマは、微視的で専門的な詳細についての情報に、脳の処理資源を浪費しない。実際の脳の場合、注意の専門的な詳細には、ニューロン、シナプス、競合する電気化学的信号が含まれる。ロボットの場合には、詳細には、配線、処理チップ、シリコンの論理ゲートが含まれるだろう。これらは、システムが知る必要のない注意の基本要素である。私たちの機械に必要なのは、リンゴに向けられた注意についての、詳細を省いた表層的記述だ。機械は、心による所有、つまり情報をとらえて深く理解する方法として注意を記述するかもしれない。あるいは、自分自身の内部で起こるなにかとして注意を記述するかもしれない。あるいは、予測可能な結果をいくつか記述するかもしれない——注意は反応し、記憶し、決定する能力をもたらすというように。

ここで、図7の機械に次のように聞いてみよう。「心のなかできみとリンゴはどんな関係にあるの?」

検索エンジンは、その機械の内的モデルにアクセスし、手に入る情報をもとに次のように答える。「私の心はリンゴを所有しています」

悪くない答えだが、さらに探りを入れてみよう。「その心による所有についてもっと聞きたいな。それはどんな物理的属性をもっているのかな?」機械がこの質問を理解していることを確かめるべく、私たちはさらに次のように聞く。「物理的属性がどんなものかは知っているかな?」

機械は、自身の物理的な身体を記述する身体スキーマをもち、物理的な対象を記述するリンゴについての内的モデルももっているので、次のように答えることができる。「物理的属性がどんなものかは知っています。硬さ、重さ、運動量、透明度とか、そういった物体の属性のことです」。しかしその機械は、手に入る情報にもとづいて、（十分な語彙力があれば）次のように言うかもしれない。「心によるリンゴの所有、心による所有それ自体には、記述できるような物理的属性はありません。それは確かに存在はしますが、硬さも重さも運動量も透明度ももちません。それらの次元上には存在しません。代わりに、それは非物質的なエッセンスです。その意味では、形而上学的なものと言えます。ただ、物理的な位置は占めていて、私のなかのどこかにあります。それは私の一部であり、心のなかでなにかをとらえるのを可能にする、形而上学的な部分です。私は『リンゴは赤い』を処理しているだけでなく、その赤さを心で所有しているのです」

このように注意スキーマを加えることによって、私たち人間がもつと主張する意識によく似た意識をもっていると主張する機械を作ることができた。

私たちは、そのロボットを作ってそれがどう動くかを知っているだけに、どうしてもまだ疑いが残る。私たちは追い打ちをかける。「説明をありがとう。でも、きみは機械で、それらの情報を吐き出しているんだよね。内的モデルの注意スキーマにアクセスして、そのなかにある情報を報告しているだけだよね。きみがモデルにもとづく知識をもっていて、そのおかげで質問にうまく答えられるのは、われわれも十分認めるけどさ。でもやっぱりきみは自分のなかにある情報をただ報告しているだけだよね」

私たちの不満を聞いて、検索エンジンは内的モデルにアクセスし、そうした記述に合致するものがないことを知る。その内的モデルは、その機械が実際にどう動くかについての詳細な記述を欠いている。手に入る限られた情報をもとに、機械は次のように答える。「内的モデルについても、情報や計算についても、私はなにも知りません。私が知っているのは、リンゴがそこにあって、私がここにいて、私がそのリンゴを意識しているということです。意識それ自体は物理的なものではありません。計算やモデルがどんなものであれ、意識は計算やモデルではありません。意識は私のなかにある非物質的な特性で、リンゴを私にとって生き生きとした存在に変え、私が反応できるようにします」

この機械は、意識をもつと主張するだけでなく、多くの人と同じように、自身をメカニカルに説明することを拒否し、代わりに形而上学的な説明のほうを信じている。機械は内部の情報にとらわれており、そう主張するように作られている。この機械が内観（具体的には内的モデルにアクセスする認知的検索エンジン）に頼るかぎり、機械はつねに自己を同じように形而上学的に記述する。

マシンビジョン（機械による視覚）については十分わかっているので、この限定的なシステムは、おそらく現在のテクノロジーで（少なくともシンプルな形式でなら）作ることが可能である。視覚的意識を超えるには、さらなるテクノロジーの進歩を待つしかないが、原理的には、ロボットが出合うどんな対象にも同じロジックがあてはまる。理論的には、リンゴを音や触刺激、記憶、情動状態、あるいは「二足す二は四」といった思考におきかえることが可能である。「私は自分を意識している」、さらには「私は自分が意識していることを意識している」といった思考も、図で表わすことができるだろう。リンゴを意識することは始まりに過ぎない。

訳者あとがき

本書はMichael S. A. Graziano, *Rethinking Consciousness: A Scientific Theory of Subjective Experience*（Norton, 2019）の全訳である。原題は『意識再考——主観的体験の一科学理論』だが、邦題は柔らかく『意識はなぜ生まれたか』とした。

ＴＥＤトークに「意識と社会脳」と題する講演がある。演者は本書の著者マイケル・グラツィアーノ。その漫才風のトークには、相方として、腹話術でしゃべるオランウータンのぬいぐるみが登場する。名前はケヴィン（どこかで聞いたような）。サービス精神旺盛なグラツィアーノ、なかなかのショーマンだ。

本書でも、そのショーマンシップは遺憾なく発揮されている。本書で展開されるのは、脳内の注意スキーマが意識を生んだという理論だ。脳と意識というテーマには、通常なら難解な厚い壁が待ち受けているが、グラツィアーノは、そこをうまい具合にすり抜けて（私たちが意識の問題を考える時、そこに「ハードプロブレム」が存在すると思ってしまう理由を説明しつつ）、SF風の話も挿みながら、軽快に議論を進めてゆく。以下では、復習かたがた、章立てに沿って、簡単な解説を加えてみよう。

第1章の導入部に続き、第2章から第4章では、神経システムと注意の進化が論じられる。グラツィアーノによれば、潜在的注意（そしてそれを制御する注意スキーマ）をもつようになった動物に意識が生じたという。大脳皮質（あるいは外套）をもつ動物、すなわち爬虫類、鳥類、哺乳類がこれに該当する。この通りなら、原始的な意識はおよそ三億年前に誕生したことになる。

第5章では、社会的意識をとりあげている。人間はつねに他者の心の状態を推測しているが、その際に重要になるのが他者の注意である。人間では、注意スキーマが自分だけでなく、他者の注意状態をモニターするのにも使われている。

第6章では、人間の「意識の座」の問題をあつかっている。一九九〇年代後半から、fMRIなどの脳機能画像技術を用いて、「意識の座」探しが始まった。当初は簡単に決着がつくかに思われたが、そうはならなかった。予想に反して、意識の片鱗《へんりん》は大脳皮質の随所に、さらには視床にさえも見つかったからだ。その後研究は、特定の脳領域にターゲットを絞るのではなく、広域の神経ネットワークを検討する方向にシフトした。グラツィアーノは、意識生成の要《かなめ》が側頭‐頭頂接合部を通る注意のネットワークにあるとにらんでいる。

第7章では、ハードプロブレム、錯覚説、グローバル・ワークスペース、幻肢、高次の思考、注意と意識、情報の統合などについて、注意スキーマ理論からなにが言えるかが解説されている。既存のメジャーな意識理論のなかでのこの理論の位置を考えるヒントも提供している。

第8章（と付録）では、人工意識の可能性が論じられている。ここが本書の肝《きも》かもしれない。グラツィアーノは、注意スキーマは情報なのだから、機械にもそれを組み込めるはずだと主張する。その機械のなかに自己知識と意識や心がどういうものかという情報も入れてしまえば、意識をもつと主張する機械はできあがるはずである（そしてほんとうに意識をもつかもしれない）。「コロンブスの卵」の話のようだが、もしそうした機械ができあがったなら、意識のハードプロブレムは存在しないことになる。同時にそれは、脳の複雑さが意識を生んだという仮説への反証にもなる。実際、AIの領域では人工意識を作るという試みが進行中である。その結果しだいでは、意識に対する見方がドラスティックに変わる可能性もある。

第9章では、コネクトームと心のアップロード、そして意識の進化の行く末が論じられている。グラツィアーノの描く意識の未来は、近年のベストセラー、レイ・カーツワイル、ユヴァル・ノア・ハラリ、ミチオ・カク、マックス・テグマークらの著書で描かれている人類の（あるいはネオ・サピエンスやポストヒューマンの）未来像とも重なる。個人の意識も、やがて脳というプラットフォームを離れるかもしれない。これが荒唐無稽に聞こえないのは、生命はかつては謎だったのに、この半世紀のうちに、生命を改変したり創造したりすることが原理的に可能になってしまったからだろう。意識についても、同じようなことが起こるかもしれない。

全体を通してみると、意識の進化——その誕生から未来まで——を経糸《たていと》に、注意スキーマ理論を緯糸《よこいと》にして、説得力に富む議論が展開されている。しかしふしぎなのは、注意の制御が意識を生んだと考えるのは論理的にごく自然な流れのように思えるのに、そのような考えがこれまでになかったことである。おそらくは、注意は意識のひとつの状態であるという古くからの固定観念が、そういう発想をする上での足枷《あしかせ》になっていたのだろう。グラツィアーノは、意識の研究をする以前は、身体スキーマの研究をしていた。注意スキーマとも共通する内的制御を調べていたというそのバックグラウンドが、この足枷を解いたのかもしれない。そして彼が工学者的視点に立った神経科学者で実験心理学者であることも、それに寄与しているに違いない。

グラツィアーノは、一九六七年、アメリカ・コネチカット州生まれ。プリンストン大学を卒業後、MITで修士号を、プリンストンで博士号を取得した。現在は、母校プリンストン大学の心理学・神経科学の教授として、神経科学のラボを主宰する。多才で、作曲や腹話術のほか、小説の執筆を趣味にしている（ジュヴナイルものも含め六冊が出版されている）。

今回の翻訳は、白揚社編集部の筧貴行氏のご依頼でお引き受けした。編集の実務は、清水朋哉氏に担当していただいた。丹念に訳文をチェックしていただき、多くの的確な指摘を頂戴した。神経生理に関しては、櫻井芳雄先生（同志社大学脳科学研究科）にご教示いただいた。英文については、イーエン・メギール氏の博識と知恵をお借りした。四人の方々に感謝申し上げる。

二〇二二年三月

鈴木光太郎

sures Be Dissociated?" *Journal of Vision* 10 (2007): 1–17.

3 Tegmark, M. "Consciousness as a State of Matter," *arXiv* (2014): 1401.1219; Tononi, G., Boly, M., Massimini, M. & Koch, C. "Integrated Information Theory: From Consciousness to Its Physical Substrate," *Nature Reviews Neuroscience* 17 (2016): 450–461.

4 Graziano, M. S. A. & Botvinick, M. M. "How the Brain Represents the Body: Insights from Neurophysiology and Psychology," in *Common Mechanisms in Perception and Action: Attention and Performance XIX*, ed. Prinz, W. & Hommel, B. (Oxford, UK: Oxford University Press, 2002), 136–157; Holmes, N. & Spence, C. "The Body Schema and the Multisensory Representation(s) of Personal Space," *Cognitive Processing* 5 (2004): 94–105; Vignemont, F. de *Mind the Body: An Exploration of Bodily Self-Awareness* (Oxford, UK: Oxford University Press, 2018).

5 Bluck, S. & Habermas, T. "The Life Story Schema," *Motivation and Emotion* 24 (2000): 121–147; Conway, M. A. & Pleydell-Pearce, C. W. "The Construction of Autobiographical Memories in the Self-Memory System," *Psychological Review* 107 (2000): 261–288; Conway, M. A., Singer, J. A. & Tagini, A. "The Self and Autobiographical Memory: Correspondence and Coherence," *Social Cognition* 22 (2004): 491–529.

6 Blanke, O. "Multisensory Brain Mechanisms of Bodily Self-Consciousness," *Nature Reviews Neuroscience* 13 (2012): 556–571; Blanke, O & Metzinger, T. "Full-Body Illusions and Minimal Phenomenal Selfhood," *Trends in Cognitive Sciences* 13 (2009): 7–13; Preston, C., Kuper-Smith, B. J. & Ehrsson, H. H. "Owning the Body in the Mirror: The Effect of Visual Perspective and Mirror View on the Full-Body Illusion," *Scientific Reports* 5 (2015): 18345.

7 Gazzaniga, M. S. *The Bisected Brain* (New York: Appleton Century Crofts, 1970); Nisbett, R. E. & Wilson, T. D. "Telling More Than We Can Know: Verbal Reports on Mental Processes," *Psychological Review* 84 (1977): 231–259.

8 Beck, D. M. & Kastner, S. "Top-Down and Bottom-Up Mechanisms in Biasing Competition in the Human Brain," *Vision Research* 49 (2009): 1154–1165; Desimone, R. & Duncan, J. "Neural Mechanisms of Selective Visual Attention," *Annual Review of Neuroscience* 18 (1995): 193–222.

9 Deco, G. & Rolls, E. T. "Neurodynamics of Biased Competition and Cooperation for Attention: A Model with Spiking Neurons," *Journal of Neurophysiology* 94 (2005): 295–313; Layon, L. & Denham, S. L. "A Biased Competition Computational Model of Spatial and Object-Based Attention Mediating Active Visual Search," *Neurocomputing* 58 (2004): 655– 662; Reynolds, J. & Heeger, D. "The Normalization Model of Attention," *Neuron* 61 (2009): 168–185; Tsotsos, J. K. *A Computational Perspective on Visual Attention* (Cambridge, MA: MIT Press, 2011).

Theory," *Phenomenology and the Cognitive Sciences* 16 (2017): 425–448; Wheeler, M. "Cognition in Con- text: Phenomenology, Situated Robotics and the Frame Problem," *International Journal of Philosophical Studies* 16 (2008): 323–349.

16 Blanke, O. & Metzinger, T. "Full-Body Illusions and Minimal Phenomenal Selfhood," *Trends in Cognitive Sciences* 13 (2009): 7–13; Graziano, M. S. A. & Botvinick, M. M. "How the Brain Represents the Body: Insights from Neurophysiology and Psychology," in *Common Mechanisms in Perception and Action: Attention and Performance XIX*, ed. Prinz, W. & Hommel, B. (Oxford, UK: Oxford University Press, 2002), 136–157; Lopez, C. "Making Sense of the Body: The Role of Vestibular Signals," *Multisensory Research* 28 (2015): 525–557; Serino, A., Alsmith, A., Costantini, M., Mandrigin, A., Tajadura-Jimenez, A. & Lopez, C. "Bodily Ownership and Self-Location: Components of Bodily Self-Consciousness," *Consciousness and Cognition* 22 (2013): 1239–1252.

17 腕のシミュレーションの研究は公刊されていない。運動制御についての私の研究は次の本に紹介してある。Graziano, M. S. A. *The Intelligent Movement Machine* (Oxford, UK: Oxford University Press, 2008).

18 Bancroft, T. D. "Ethical Aspects of Computational Neuroscience," *Neuroethics* 6 (2013): 415–418; Eckersley, P. & Sandberg, A. "Is Brain Emulation Dangerous?" *Journal of Artificial General Intelligence* 4 (2013): 170–194; Muzyka, K. "The Outline of Personhood Law Regarding Artificial Intelligences and Emulated Human Entities," *Journal of Artificial General Intelligence* 4 (2013): 164–169.

19 Sheils, D. "Toward a Unified Theory of Ancestor Worship: A Cross-Cultural Study," *Social Forces* 54 (1975): 427–440.

20 Powell, B. B. *Writing: Theory and History of the Technology of Civilization* (Oxford, UK: Blackwell Press, 2009).

21 Mallory, J. P. & Adams, D. Q. *The Oxford Introduction to Proto-Indo-European and the Proto-Indo-European World* (Oxford, UK: Oxford University Press, 2006).

22 Santayana, G. *Reason in Common Sense* (New York: Dover, 1980).

付録　視覚的意識の作り方

1 Klette, R. *Concise Computer Vision* (New York: Springer, 2014); Shapiro, L. G. & Stockman, G. C. *Computer Vision* (Upper Saddle River, NJ: Prentice Hall, 2001); Sonka, M., Hlavac, V. & Boyle, R. *Image Processing, Analysis, and Machine Vision* (Stamford, CT: Cengage Learning, 2008).

2 Merikle, P. M., Smilek, D. & Eastwood, J. D. "Perception without Awareness: Perspectives from Cognitive Psychology," *Cognition* 79 (2001): 115–134; Szczepanowski, R. & Pessoa, L. "Fear Perception: Can Objective and Subjective Awareness Mea-

Microscopy Volume of the Brain of Adult Drosophila melanogaster," *Cell* 174 (2018): 730–743.

7 Varshney, L. R., Chen, B. L., Paniagua, E., Hall, D. H. & Chklovskii, D. B. "Structural Properties of the Caenorhabditis elegans Neuronal Network," *PLoS Computational Biology* 7 (2011): e1001066; Zheng, Z., Lauritzen, J. S., Perlman, E., Robinson, C. G., Nichols, M., Milkie, D., Torrens, O., et al. "A Complete Electron Microscopy Volume of the Brain of Adult Drosophila melanogaster," *Cell* 174 (2018): 730–743.

8 Bock, D. D., Lee, W. C., Kerlin, A. M., Andermann, M. L., Hood, G., Wetzel, A. W., Yurgenson, S., et al., "Network Anatomy and In Vivo Physiology of Visual Cortical Neurons," *Nature* 471 (2011): 177–182.

9 Barch, D. M. "Resting-State Functional Connectivity in the Human Connectome Project: Current Status and Relevance to Understanding Psychopathology," *Harvard Review of Psychiatry* 25 (2017): 209–217; Gong, G., He, Y., Concha, L., Lebel, C., Gross, D. W., Evans, A. C. & Beaulieu, C. "Mapping Anatomical Connectivity Patterns of Human Cerebral Cortex Using In Vivo Diffusion Tensor Imaging Tractography," *Cerebral Cortex* 19 (2009): 524–536; Hagmann, P., Cammoun, L., Gigandet, X., Meuli, R., Honey, C. J., Wedeen, V. J. & Sporns, O. "Mapping the Structural Core of Human Cerebral Cortex," *PLoS Biology* 6 (2008): e159; Hagmann, P., Kurant, M., Gigandet, X., Thiran, P., Wedeen, V. J., Meuli, R. & Thiran, J.-P. "Mapping Human Whole-Brain Structural Networks with Diffusion MRI," *PLoS One* 2 (2007): e597; Sporns, O., Tononi, G. & Kötter, R. "The Human Connectome: A Structural Description of the Human Brain," *PLoS Computational Biology* 1 (2005): e42.

10 Herculano-Houzel, S. "The Human Brain in Numbers: A Linearly Scaled-Up Primate Brain," *Frontiers in Human Neuroscience* 3 (2009). doi: 10.3389/neuro.09.031.2009.

11 O'Rourke, N. A., Weiler, N. C., Micheva, K. D. & Smith, S. J. "Deep Molecular Diver- sity of Mammalian Synapses: Why It Matters and How to Measure It," *Nature Reviews Neuroscience* 13 (2012): 365–379; Pickel, V. & Segal, M. *The Synapse: Structure and Function* (New York: Academic Press, 2014).

12 Barres, B. A., Stevens, B. & Freeman, M. R. *Glia* (Cold Spring Harbor, NY: Cold Spring Harbor Laboratory Press, 2014).

13 Einstein, A. *The Collected Papers of Albert Einstein: Vol. 7: The Berlin Years: Writings, 1918– 1921,* trans. A. Engel (Princeton, NJ: Princeton University Press, 2002).

14 Abbott, B. P., et al. (LIGO Scientific Collaboration and Virgo Collaboration), "Observation of Gravitational Waves from a Binary Black Hole Merger," *Physical Review Letters* 116 (2016): 061102.

15 Cappuccio, M. L. "Mind-Upload. The Ultimate Challenge to the Embodied Mind

ンピュータが人類の知性を超えるとき』井上健監訳、NHK出版、2007年）; Markram, H., Muller, E., Ramaswamy, S., Reimann, M., Abdellah, M., Sanchez, C. A., Ailamaki, A., et al. "Reconstruction and Simulation of Neocortical Microcircuitry," *Cell* 163 (2015): 456–492; Moravec, H. *Mind Children: The Future of Robot and Human Intelligence* (Cambridge, MA: Harvard University Press, 1988).

2 Herculano-Houzel, S. "The Human Brain in Numbers: A Linearly Scaled-Up Primate Brain," *Frontiers in Human Neuroscience* 3 (2009). doi: 10.3389/neuro.09.031.2009.

3 Sherrington, C. S. "Santiago Ramón y Cajal 1852–1934," *Biographical Memoirs of Fellows of the Royal Society* 1 (1935): 424–441.

4 Cajal, S. R., DeFelipe, J. & Jones, E. G. *Cajal on the Cerebral Cortex: An Annotated Translation of the Complete Writings* (Oxford, UK: Oxford University Press, 1988).

5 Rumelhart, D. E. & McClelland, J. *Parallel Distributed Processing: Explorations in the Microstructure of Cognition* (Cambridge, MA: MIT Press, 1986)（デイヴィッド・E・ラメルハート&ジェイムズ・L・マクレランド『PDPモデル――認知科学とニューロン回路網の探索』甘利俊一監訳、産業図書、1989年）; Schmidhuber, J. "Deep Learning in Neural Networks: An Overview," *Neural Networks* 61 (2015): 85–117.

6 Barch, D. M. "Resting-State Functional Connectivity in the Human Connectome Project: Current Status and Relevance to Understanding Psychopathology," *Harvard Review of Psychiatry* 25 (2017): 209–217; Bock, D. D., Lee, W. C., Kerlin, A. M., Andermann, M. L., Hood, G., Wetzel, A. W., Yurgenson, S., et al., "Network Anatomy and In Vivo Physiology of Visual Cortical Neurons," *Nature* 471 (2011): 177–182; Gong, G., He, Y., Concha, L., Lebel, C., Gross, D. W., Evans, A. C. & Beaulieu, C. "Mapping Anatomical Connectivity Patterns of Human Cerebral Cortex Using In Vivo Diffusion Tensor Imaging Tractography," *Cerebral Cortex* 19 (2009): 524–536; Hagmann, P., Cammoun, L., Gigandet, X., Meuli, R., Honey, C. J., Wedeen, V. J. & Sporns, O. "Mapping the Structural Core of Human Cerebral Cortex," *PLoS Biology* 6 (2008): e159; Hagmann, P., Kurant, M., Gigandet, X., Thiran, P., Wedeen, V. J., Meuli, R. & Thiran, J.-P. "Mapping Human Whole-Brain Structural Networks with Diffusion MRI," *PLoS One* 2 (2007): e597; Helmstaedter, M., Briggman, K. L., Turaga, S. C., Jain, V., Seung, H. S. & Denk, W. "Connectomic Reconstruction of the Inner Plexiform Layer in the Mouse Retina," *Nature* 500 (2013): 168–174; Sporns, O., Tononi, G. & Kötter, R. "The Human Connectome: A Structural Description of the Human Brain," *PLoS Computational Biology* 1 (2005): e42; Varshney, L. R., Chen, B. L., Paniagua, E., Hall, D. H. & Chklovskii, D. B. "Structural Properties of the Caenorhabditis elegans Neuronal Network," *PLoS Computational Biology* 7 (2011): e1001066; Zheng, Z., Lauritzen, J. S., Perlman, E., Robinson, C. G., Nichols, M., Milkie, D., Torrens, O., et al. "A Complete Electron

to Decision-Making," *Progress in Neurobiology* 86 (2008): 216–244.

16 Tamietto, M. & de Gelder, B. "Neural Bases of the Non-Conscious Perception of Emotional Signals," *Nature Reviews Neuroscience* 11 (2010): 697–709; Winkielman, P. & Berridge, K. C. "Unconscious Emotion," *Current Directions in Psychological Science* 13 (2004): 120–123.

17 LeDoux, J. E. & Brown, R. "A Higher-Order Theory of Emotional Consciousness," *Proceedings of the National Academy of Sciences, USA* 114 (2017): E2016–E2025.

18 Cannon, W. "The James-Lange Theory of Emotions: A Critical Examination and an Alternative Theory," *American Journal of Psychology* 39 (1927): 106–124.

19 Dutton, D. G. & Aaron, A. P. "Some Evidence for Heightened Sexual Attraction under Conditions of High Anxiety," *Journal of Personality and Social Psychology* 30 (1974): 510–517.

20 Moran, M. E. "The da Vinci Robot," *Journal of Endourology* 20 (2006): 986–990.

21 Asimov, I. *The Bicentennial Man* (New York: Ballantine Books, 1976)（アイザック・アシモフ『聖者の行進』池央耿訳、創元推理文庫、1979年）.

22 Dick, P. K. *Do Androids Dream of Electric Sheep?* (New York: Doubleday, 1968)（フィリップ・K・ディック『アンドロイドは電気羊の夢を見るか?』浅倉久志訳、ハヤカワ文庫SF、1977年）.

23 Levy, D. "The Ethical Treatment of Artificially Conscious Robots," *International Journal of Social Robotics* 1 (1929): 209–216.

24 Hood, B. *The Self Illusion: How the Social Brain Creates Identity* (Oxford, UK: Oxford University Press, 2012); Podschwadek, F. "Do Androids Dream of Normative Endorsement? On the Fallibility of Artificial Moral Agents," *Artificial Intelligence and Law* 25 (2017): 325–339; Sullins, J. "Artificial Phronesis and the Social Robot," *Frontiers in Artificial Intelligence and Applications* 290 (2016): 37–39.

9 心のアップロード

1 Blackford, R. & Broderick, D., eds., *Intelligence Unbound: The Future of Uploads and Machine Minds* (Hoboken, NJ: Wiley Blackwell, 2014); Eliasmith, C., Stewart, T. C., Choo, X., Bekolay, T., DeWolf, T., Tang, Y. & Rasmussen, D. "A Large-Scale Model of the Functioning Brain," *Science* 338 (2012): 1202–1205; Eth, D., Foust, J.-C. & Whale, B. "The Prospects of Whole Brain Emulation within the Next Half-Century," *Journal of Artificial General Intelligence* 4 (2013): 130–152; Koene, R. A. "Feasible Mind Uploading," in *Intelligence Unbound: The Future of Uploaded and Machine Minds*, ed. Blackford, R. & Broderick, D. (Hoboken, NJ: Wiley-Blackwell, 2014); Kurzweil, R. *The Singularity Is Near: When Humans Transcend Biology* (New York: Penguin Books, 2006)（レイ・カーツワイル『ポスト・ヒューマン誕生――コ

Structure," *PLoS Computational Biology* 12 (2016): e1004770; Reynolds, J. H. & Heeger, D. J. "The Normalization Model of Attention," *Neuron* 61 (2009): 168–185; Schwedhelm, P., Krishna, B. S. & Treue, S. "An Extended Normalization Model of Attention Accounts for Feature-Based Attentional Enhancement of Both Response and Coherence Gain," *PLoS Computational Biology* 12 (2016): e1005225; Schwemmer, M. A., Feng, S. F., Holmes, P. J., Gottlieb, J. & Cohen, J. D. "A Multi-Area Stochastic Model for a Covert Visual Search Task," *PLoS One* 10 (2015): e0136097; Vossel, S., Mathys, C., Stephan, K. E. & Friston, K. J. "Cortical Coupling Reflects Bayesian Belief Updating in the Deployment of Spatial Attention," *Journal of Neuroscience* 35 (2015): 11532–11542; White, A. L., Rolfs, M. & Carrasco, M. "Stimulus Competition Mediates the Joint Effects of Spatial and Feature-Based Attention," *Journal of Vision* 15 (2015): doi 10.1167/15.14.7; Zhang, P., Zhuo, T., Huang, W., Chen, K. & Kankanhalli, M. "Online Object Tracking Based on CNN with Spatial-Temporal Saliency Guided Sampling," *Neurocomputing* 257 (2017): 115–127.

9 Van den Boogaard, E., Treur, J., & Turpijn, M. "A Neurologically Inspired Neural Network Model for Graziano's Attention Schema Theory for Consciousness," *International Work Conference on the Interplay between Natural and Artificial Computation: Natural and Artificial Computation for Biomedicine and Neuroscience* Part 1 (2017): 10–21.

10 Chun, M. M., Golomb, J. D. & Turk-Browne, N. B. "A Taxonomy of External and Internal Attention," *Annual Review of Psychology* 62 (2011): 73–101.

11 Ledoux, J. *The Emotional Brain: The Mysterious Underpinnings of Emotional Life* (New York: Simon & Schuster, 1998)（ジョセフ・ルドゥー『エモーショナル・ブレイン――情動の脳科学』松本元ほか訳、東京大学出版会、2003年）.

12 Hess, W. R. *Functional Organization of the Diencephalons* (New York: Grune and Stratton, 1957).

13 Hoebel, B. G. "Neuroscience and Appetitive Behavior Research: 25 Years," *Appetite* 29 (1997): 119–133; Sewards, T. V. & Sewards, M. A. "Representations of Motivational Drives in Mesial Cortex, Medial Thalamus, Hypothalamus and Midbrain," *Brain Research Bulletin* 61 (2003): 25–49; Venkatraman, A., Edlow, B. L. & Immordino-Yang, M. H. "The Brainstem in Emotion: A Review," *Frontiers in Neuroanatomy* 11 (2017): 15.

14 LeDoux, J. "The Amygdala," *Current Biology* 17 (2007): R868–R874; Walen, P. J. & Phelps, E. A. *The Human Amygdala* (New York: Guilford Press, 2009)（P・J・ウォーレン&E・A・フェルプス『ヒト扁桃体ハンドブック――機能・構造・障害』泉井亮総監訳、西村書店、2015年）.

15 Rolls, E. T. & Grabenhorst, F. "The Orbitofrontal Cortex and Beyond: From Affect

of Mind?'" *Cognition* 21 (1985): 37–46; Wimmer, H. & Perner, J. "Beliefs about Beliefs: Representation and Constraining Function of Wrong Beliefs in Young Children's Understanding of Deception," *Cognition* 13 (1983): 103–128.

5 Clayton, N. S. "Ways of Thinking: From Crows to Children and Back Again," *Quarterly Journal of Experimental Psychology* 68 (2015): 209–241; Krupenye, C., Kano, F., Hirata, S., Call, J. & Tomasello, M. "Great Apes Anticipate That Other Individuals Will Act According to False Beliefs," *Science* 354 (2016): 110–114; Wellman, H. M., Cross, D. & Watson, J. "Meta-Analysis of Theory-of-Mind Development: The Truth about False Belief," *Child Development* 72 (2001): 655–684.

6 Lebedev, M. A. & Nicolelis, M. A. "Brain-Machine Interfaces: From Basic Science to Neuroprostheses and Neurorehabilitation," *Physiological Review* 97 (2017): 767–837.

7 Haxby, J. V., Gobbini, M. I., Furey, M. L., Ishai, A., Schouten, J. L. & Pietrini, P. "Distributed and Overlapping Representations of Faces and Objects in Ventral Temporal Cortex," *Science* 293 (2001): 2425–2430.

8 人工的な装置に注意を組み込む試みはたくさんある。以下に挙げるのはそのほんの一部である。Adeli, H., Vitu, F. & Zelinsky, G. F. "A Model of the Superior Colliculus Predicts Fixation Locations during Scene Viewing and Visual Search," *Journal of Neuroscience* 37 (2017): 1453– 1467; Borji, A. & Itti, L. "State-of-the-Art in Visual Attention Modeling," *IEEE Transactions on Pattern Analysis and Machine Intelligence* 35 (2013): 185–207; Deco, G. & Rolls, E. T. "A Neurodynamical Cortical Model of Visual Attention and Invariant Object Recognition," *Vision Research* 44 (2004): 621–642; Fang, Y., Zhang, C., Li, J., Lei, J., Perreira Da Silva, V. & Le Callet, P. "Visual Attention Modeling for Stereoscopic Video: A Benchmark and Computational Model," *IEEE Transactions on Image Processing* 26 (2017): 4684–4696; Goferman, S., Zelnikmanor, L. & Tal, A. "Context-Aware Saliency Detection," *IEEE Transactions on Pattern Analysis and Machine Intelligence* 34 (2012): 1915–1926; Guo, C. & Zhang, L. "A Novel Multi-Resolution Spatiotemporal Saliency Detection Model and Its Applications in Image and Video Compression," *IEEE Transactions on Image Processing* 19 (2010): 185–198; Itti, L., Koch, C. & Niebur, E. "A Model of Saliency-Based Visual Attention for Rapid Scene Analysis," *IEEE Transactions on Pattern Analysis and Machine Intelligence* 20 (1988): 1254–1259; Le Meur, O., Le Callet, P. & Barba, D. "A Coherent Computational Approach to Model the Bottom-Up Visual Attention," *IEEE Transactions on Pattern Analysis and Machine Intelligence* 28 (2006): 802–817; Lin, R. J. & Lin, W. S. "A Computational Visual Saliency Model Based on Statistics and Machine Learning," *Journal of Vision* 14 (2014): 1; Miconi, T. & VanRullen, R. "A Feedback Model of Attention Explains the Diverse Effects of Attention on Neural Firing Rates and Receptive Field

Its Physical Substrate," *Nature Reviews Neuroscience* 17 (2016): 450–461; Von der Malsburg, C. "The Coherence Definition of Consciousness," in *Cognition, Computation, and Consciousness*, ed. Ito, M., Miyashita, Y. & Rolls, E. (Oxford, UK: Oxford University Press, 1997), 193–204; Ward, L. M. "The Thalamic Dynamic Core Theory of Conscious Experience," *Consciousness and Cognition* 20 (2011): 464–486.
36 Tononi, G. *Phi: A Voyage from the Brain to the Soul* (New York: Pantheon, 2012).
37 Koffka, K. *Principles of Gestalt Psychology* (New York: Harcourt, Brace, 1935)（クルト・コフカ『ゲシュタルト心理学の原理』鈴木正彌監訳、福村出版、1998年）.
38 Stein, B. E. & Meredith, M. A. *The Merging of the Senses* (Cambridge, MA: MIT Press, 1993).
39 頭頂葉の損傷によって引き起こされるバリント症候群は、空間情報が損なわれると、統合された感覚世界が崩壊する例と言えるかもしれない。Udesen, H. & Madsen, A. L. "Balint's Syndrome—Visual Disorientation," *Ugeskrift for Læger* 154 (1992): 1492–1494.

8 意識をもつ機械

1 White, M. *Isaac Newton: The Last Sorcerer* (New York: Basic Books, 1999).
2 Aleksander, I. *Impossible Minds: My Neurons, My Consciousness* (Singapore: World Scientific, 2014); Baars, B. J. & Franklin, S. "Consciousness Is Computational: The LIDA Model of Global Workspace Theory," *International Journal of Machine Consciousness* 1 (2009): 23–32; Chella, A. & Manzotti, R. "Machine Consciousness: A Manifesto for Robotics," *International Journal of Machine Consciousness* 1 (2009): 33–51; Coward, L. A. & Sun, R. "Criteria for an Effective Theory of Consciousness and Some Preliminary Attempts," *Consciousness and Cognition* 13 (2004): 268–301; Franklin, S. "IDA: A Conscious Artefact," in *Machine Consciousness*, ed. Holland, O. (Exeter, UK: Imprint Academic, 2003); Haikonen, P. *Consciousness and Robot Sentience* (Singapore: World Scientific, 2012); Holland, O. & Goodman, R. "Robots with Internal Models: A Route to Machine Consciousness?" *Journal of Consciousness Studies* 10 (2003): 77–109; Marupaka, N., Lyer, L. & Minai, A. "Connectivity and Thought: The Influence of Semantic Network Structure in a Neurodynamical Model of Thinking," *Neural Networks* 32 (2012): 147–158; Rudrauf, D., Bennequin, D., Granic, I., Landini, G., Friston, K. & Williford, K. "A Mathematical Model of Embodied Consciousness," *Journal of Theoretical Biology* 428 (2017): 106–131; Shanahan, M. "A Cognitive Architecture That Combines Internal Simulation with a Global Workspace," *Consciousness and Cognition* 15 (2006): 443–449.
3 Turing, A. M. "Computing Machinery and Intelligence," *Mind* 59 (1950): 433–460.
4 Baron-Cohen, S., Leslie, A. M. & Frith, U. "Does the Autistic Child Have a 'Theory

Consciousness and Visual Attention: A Case for Phenomenal Awareness," *Neural Networks* 17 (2004): 861–872; Lin, Z. & Murray, S. O. "More Power to the Unconscious: Conscious, but Not Unconscious, Exogenous Attention Requires Location Variation," *Psychological Science* 26 (2015): 221–230; McCormick, P. A. "Orienting Attention without Awareness," *Journal of Experimental Psychology: Human Perception and Performance* 23 (1997): 168–180; Norman, L. J., Heywood, C. A. & Kentridge, R. W. "Object-Based Attention without Awareness," *Psychological Science* 24 (2013): 836–843; Tsushima, Y., Sasaki, Y. & Watanabe, T. "Greater Disruption Due to Failure of Inhibitory Control on an Ambiguous Distractor," *Science* 314 (2006): 1786–1788; Webb, T. W., Kean, H. H. & Graziano, M. S. A. "Effects of Awareness on the Control of Attention," *Journal of Cognitive Neuroscience* 28 (2016): 842–851; Woodman, G. F. & Luck, S. J. "Dissociations among Attention, Perception, and Awareness during Object-Substitution Masking," *Psychological Science* 14 (2003): 605–611.

33 Tsushima, Y., Sasaki, Y. & Watanabe, T. "Greater Disruption Due to Failure of Inhibitory Control on an Ambiguous Distractor," *Science* 314 (2006): 1786–1788; Webb, T. W., Kean, H. H. & Graziano, M. S. A. "Effects of Awareness on the Control of Attention," *Journal of Cognitive Neuroscience* 28 (2016): 842–851.

34 Webb, T. W., Kean, H. H. & Graziano, M. S. A. "Effects of Awareness on the Control of Attention," *Journal of Cognitive Neuroscience* 28 (2016): 842–851.

35 意識が情報の統合に関係しているとする理論は多くありすぎて、そのすべてを挙げることができない。ここではそのいくつかを挙げるにとどめる。Baars, B. J. *A Cognitive Theory of Consciousness* (Cambridge, UK: Cambridge University Press, 1988); Barrett, A. B. "An Integration of Integrated Information Theory with Fundamental Physics," *Frontiers in Psychology* 5 (2014): 63; Crick, F. & Koch, C. "Toward a Neurobiological Theory of Consciousness," *Seminars in the Neurosciences* 2 (1990): 263–275; Damasio, A. *Self Comes to Mind: Constructing the Conscious Brain* (New York: Pantheon, 2010)（アントニオ・R・ダマシオ『自己が心にやってくる——意識ある脳の構築』山形浩生訳、早川書房、2013年）; Dehaene, S. *Consciousness and the Brain* (New York: Viking Press, 2014)（スタニスラス・ドゥアンヌ『意識と脳——思考はいかにコード化されるか』高橋洋訳、紀伊國屋書店、2015年）; Edelman, G. M., Gally, J. A. & Baars, B. J. "Biology of Consciousness," *Frontiers in Psychology* 2 (2012): 4; Engel, A. K. & Singer, W. "Temporal Binding and the Neural Correlates of Sensory Awareness," *Trends in Cognitive Sciences* 5 (2011): 16–25; Grossberg, S. "The Link between Brain Learning, Attention, and Consciousness," *Consciousness and Cognition* 8 (1999): 1–44; Lamme, V. A. "Towards a True Neural Stance on Consciousness," *Trends in Cognitive Sciences* 10 (2006): 494–501; Tononi, G., Boly, M., Massimini, M. & Koch, C. "Integrated Information Theory: From Consciousness to

25 Grimaldi, P., Lau, H. & Basso, M. A. "There Are Things That We Know That We Know, and There Are Things That We Do Not Know We Do Not Know: Confidence in Decision-Making," *Neuroscience and Biobehavioral Reviews* 55 (2015): 88–97.

26 Dennett, D. C. *Consciousness Explained* (Boston: Back Bay Books, 1991)（ダニエル・C・デネット『解明される意識』山口泰司訳、青土社、1998年）.

27 Blackmore, S. J. "Consciousness in Meme Machines," *Journal of Consciousness Studies* 10 (2003): 19–30.

28 James, W. *Principles of Psychology* (New York: Henry Holt, 1890).

29 Turing, A. M. "On Computable Numbers, with an Application to the Entscheidungsproblem," *Proceedings of the London Mathematical Society* S2-42 (1937): 230–265.

30 Shannon, C. E. "A Mathematical Theory of Communication," *Bell System Technical Journal* 27 (1948): 379–423, 623–656.

31 Kentridge, R. W., Heywood, C. A. & Weiskrantz, L. "Attention without Awareness in Blindsight," *Proceedings: Biological Sciences* 266 (1999): 1805–1811; Kentridge, R. W., Heywood, C. A. & Weiskrantz, L. "Spatial Attention Speeds Discrimination without Awareness in Blindsight," *Neuropsychologia* 42 (2004): 831–835.

32 意識（アウェアネス）と注意が切り離せることを示す研究は盛んに行なわれている。その一部のみを以下に挙げる。この現象がこれほどの関心を呼んでいるのは、統制された実験条件下で意識に直接関係する結果を得ることのできる珍しい例だからである。Ansorge, U. & Heumann, M. "Shifts of Visuospatial Attention to Invisible (Metacontrast-Masked) Singletons: Clues from Reaction Times and Event-Related Potentials," *Advances in Cognitive Psychology* 2 (2006): 61–76; Hsieh, P., Colas, J. T. & Kanwisher, N. "Unconscious Pop-Out: Attentional Capture by Unseen Feature Singletons Only When Top-Down Attention Is Available," *Psychological Science* 22 (2011): 1220–1226; Ivanoff, J. & Klein, R. M. "Orienting of Attention without Awareness Is Affected by Measurement-Induced Attentional Control Settings," *Journal of Vision* 3 (2003): 32–40; Jiang, Y., Costello, P., Fang, F., Huang, M. & He, S. "A Gender- and Sexual Orientation-Dependent Spatial Attentional Effect of Invisible Images," *Proceedings of the National Academy of Sciences USA* 103 (2006): 17048–17052; Kentridge, R. W., Nijboer, T. C. & Heywood, C. A. "Attended but Unseen: Visual Attention Is Not Sufficient for Visual Awareness," *Neuropsychologia* 46 (2008): 864–869; Koch, C. & Tsuchiya, N. "Attention and Consciousness: Two Distinct Brain Processes," *Trends in Cognitive Sciences* 11 (2007): 16–22; Lambert, A., Naikar, N., McLachlan, K. & Aitken, V. "A New Component of Visual Orienting: Implicit Effects of Peripheral Information and Subthreshold Cues on Covert Attention," *Journal of Experimental Psychology: Human Perception and Performance* 25 (1999): 321–340; Lamme, V. A. "Separate Neural Definitions of Visual

11 Ramachandran, V. S. & Hirstein, H. "The Perception of Phantom Limbs," *Brain* 121 (1998): 1603–1630.

12 Vallar, G. & Ronchi, R. "Somatoparaphrenia: A Body Delusion. A Review of the Neuro- psychological Literature," *Experimental Brain Research* 192 (2009): 533–551.

13 Sacks, O. *The Man Who Mistook His Wife for a Hat* (New York: Touchstone, 1998)（オリヴァー・サックス『妻を帽子と間違えた男』高見幸郎・金沢泰子訳、ハヤカワ・ノンフィクション文庫、2009年）.

14 Botvinick, M. & Cohen, J. D. "Rubber Hand 'Feels' What Eye Sees," *Nature* 391 (1998): 756.

15 Graziano, M. S. A. *The Spaces between Us: A Story of Neuroscience, Evolution, and Human Nature* (Oxford, UK: Oxford University Press, 2018).

16 Blanke, O. & Metzinger, T. "Full-Body Illusions and Minimal Phenomenal Self-hood," *Trends in Cognitive Sciences* 13 (2009): 7–13.

17 Baars, B. J. *A Cognitive Theory of Consciousness* (Cambridge, UK: Cambridge University Press, 1988).

18 Dehaene, S. *Consciousness and the Brain* (New York: Viking Press, 2014)（スタニスラス・ドゥアンヌ『意識と脳――思考はいかにコード化されるか』高橋洋訳、紀伊國屋書店、2015年）.

19 Dennett, D. *Sweet Dreams* (Cambridge, MA: MIT Press, 2005)（ダニエル・C・デネット『スウィート・ドリームズ』土屋俊・土屋希和子訳、NTT出版、2009年）.

20 Gross, C. G. *Brain, Vision, Memory: Tales in the History of Neuroscience* (New York: Bradford Books, 1999).

21 Palsson, H. & Edwards, P. *Seven Viking Romances* (Toronto, Canada: Penguin Books, 1985).

22 Rosenthal, D. *Consciousness and Mind* (Oxford, UK: Oxford University Press, 2006); Gennaro, R. L. *Consciousness and Self Consciousness: A Defense of the Higher Order Thought Theory of Consciousness* (Philadelphia: John Benjamin's Publishing, 1996); Lau, H. & Rosenthal, D. "Empirical Support for Higher-Order Theories of Consciousness," *Trends in Cognitive Sciences* 15 (2011): 365–373.

23 Carruthers, P. "How We Know Our Own Minds: The Relationship between Mindreading and Metacognition," *Behavioral and Brain Sciences* 32 (2009): 121–182; Pasquali, A., Timmermans, B. & Cleeremans, A. "Know Thyself: Metacognitive Networks and Measures of Consciousness," *Cognition* 117 (2010): 182–190; Rosenthal, D. M. "Consciousness, Content, and Metacognitive Judgments," *Consciousness and Cognition* 9 (2000): 203–214.

24 Hoffman, D. D. "The Interface Theory of Perception," in *Object Categorization: Computer and Human Vision Perspectives*, ed. Dickinson, S., Tarr, M., Leonardis, A. & Schiele, B. (New York: Cambridge University Press, 2009), 148–165.

7　さまざまな意識理論と注意スキーマ理論

1 Chalmers, C. "Facing Up to the Problem of Consciousness," *Journal of Consciousness Studies* 2 (1995): 200–219.

2 Chalmers, D. "The Meta-Problem of Consciousness," *Journal of Consciousness Studies* 25, nos. 9–10 (2018): 6–61.

3 Newton, I. A. "Letter of Mr. Isaac Newton, Professor of the Mathematicks in the University of Cambridge; Containing His New Theory about Light and Colors: Sent by the Author to the Publisher from Cambridge, Febr. 6. 1671/72; In Order to Be Communicated to the Royal Society," *Philosophical Transactions Royal Society* 6 (1671): 3075–3087.

4 Kammerer, F. "The Hardest Aspect of the Illusion Problem—And How to Solve It," *Journal of Consciousness Studies* 23 (2016): 124–139; Kammerer, F. "Can You Believe It? Illusionism and the Illusion Meta-Problem," *Philosophical Psychology* 31 (2018): 44–67.

5 Blackmore, S. "Delusions of Consciousness," *Journal of Consciousness Studies* 23 (2016): 52–64; Crick, F. *The Astonishing Hypothesis: The Scientific Search for the Soul* (New York: Scribner, 1995)（フランシス・クリック『DNAに魂はあるか――驚異の仮説』中原英臣訳、講談社、1995年）; Dennett, D. C. *Consciousness Explained* (Boston: Back Bay Books, 1991)（ダニエル・C・デネット『解明される意識』山口泰司訳、青土社、1998年）; Frankish, K. "Illusionism as a Theory of Consciousness," *Journal of Consciousness Studies* 23 (2016): 1–39; Hood, H. *The Self Illusion: How the Social Brain Creates Identity* (Oxford, UK: Oxford University Press, 2012); Kammerer, F. "The Hardest Aspect of the Illusion Problem—And How to Solve It," *Journal of Consciousness Studies* 23 (2016): 124–139.

6 意識がその人に生きがいをもたらす錯覚であるという主張については、以下を参照。Humphrey, N. *Soul Dust* (Princeton, NJ: Princeton University Press, 2011)（ニコラス・ハンフリー『ソウルダスト――〈意識〉という魅惑の幻想』柴田裕之訳、紀伊國屋書店、2012年）.

7 Glucksberg, S. *Understanding Figurative Language* (Oxford, UK: Oxford University Press, 2001).

8 Ramachandran, V. S. & Hirstein, H. "The Perception of Phantom Limbs," *Brain* 121 (1998): 1603–1630; Woodhouse, A. "Phantom Limb Sensation," *Clinical and Experimental Pharmacology and Physiology* 32 (2005): 132–134.

9 Ramachandran, V. S. & Hirstein, H. "The Perception of Phantom Limbs," *Brain* 121 (1998): 1603–1630.

10 Luo, Y. & Anderson, T. A. "Phantom Limb Pain: A Review," *International Anesthesiology Clinics* 54 (2016): 121–139.

11 (2014): 89–90.

46 Brain, W. R. "A Form of Visual Disorientation Resulting from Lesions of the Right Cerebral Hemisphere," *Proceedings of the Royal Society of Medicine* 34 (1941): 771–776; Critchley, M. *The Parietal Lobes* (London: Hafner Press, 1953); Vallar, G. "Extrapersonal Visual Unilateral Spatial Neglect and Its Neuroanatomy," *Neuroimage* 14 (2001): S52–S58.

47 Heilman, K. M. & Valenstein, E. "Mechanism Underlying Hemispatial Neglect," *Annual Neurology* 5 (1972): 166–170; Kinsbourne, M. "A Model for the Mechanism of Unilateral Neglect of Space," *Transactions of the American Neurological Association* 95 (1970): 143–146; Mesulam, M. M. "A Cortical Network for Directed Attention and Unilateral Neglect," *Annual Neurology* 10 (1981): 309–325; Szczepanski, S. M., Konen, C. S., & Kastner, S. "Mechanisms of Spatial Attention Control in Frontal and Parietal Cortex," *Journal of Neuroscience* 30 (2010): 148–160.

48 Chen, P. & Goedert, K. M. "Clock Drawing in Spatial Neglect: A Comprehensive Analysis of Clock Perimeter, Placement, and Accuracy," *Journal of Neuropsychology* 6 (2012): 270–289.

49 Bisiach, E. & Luzzatti, C. "Unilateral Neglect of Representational Space," *Cortex* 14 (1978): 129–133.

50 Marshall, J. C. & Halligan, P. W. "Blindsight and Insight in Visuo-Spatial Neglect," *Nature* 336 (1988): 766–767.

51 Vallar, G. & Perani, D. "The Anatomy of Unilateral Neglect after Right-Hemisphere Stroke Lesions: A Clinical/CT-Scan Correlation Study in Man," *Neuropsychologia* 24 (1986): 609–622.

52 Bruno, M. A., Majerus, S., Boly, M., Vanhaudenhuyse, A., Schnakers, C., Gosseries, O., Boveroux, P., et al. "Functional Neuroanatomy Underlying the Clinical Subcategorization of Minimally Conscious State Patients," *Journal of Neurology* 259 (2012): 1087–1098; Laureys, S. "The Neural Correlate of (Un)Awareness: Lessons from the Vegetative State," *Trends in Cognitive Sciences* 9 (2005): 556–559; Laureys, S., Antoine, S., Boly, M., Elincx, S., Faymonville, M. E., Berré, J., Sadzot, B., et al. "Brain Function in the Vegetative State," *Acta Neurologica Belgica* 102 (2002): 177–185; Leon-Carrion, J., Leon-Dominguez, U., Pollonini, L., Wu, M. H., Frye, R. E., Dominguez-Morales, M. R. & Zouridakis, G. "Synchronization between the Anterior and Posterior Cortex Determines Consciousness Level in Patients with Traumatic Brain Injury," *Brain Research* 1476 (2012): 22–30; Roquet, D., Foucher, J. R., Froehlig, P., Renard, F., Pottecher, J., Besancenot, H., Schneider, F., et al. "Resting-State Networks Distinguish Locked-In from Vegetative State Patients," *Neuroimage: Clinical* 12 (2016): 16–22.

37 Hurme, M., Koivisto, M., Revonsuo, A. & Railo, H. "Early Processing in Primary Visual Cortex Is Necessary for Conscious and Unconscious Vision While Late Processing Is Necessary Only for Conscious Vision in Neurologically Healthy Humans," *Neuroimage* 150 (2017): 230–238; Tong, F. "Primary Visual Cortex and Visual Awareness," *Nature Reviews Neuroscience* 4 (2003): 219–229.

38 Cowey, A. "The Blindsight Saga," *Experimental Brain Research* 200 (2010): 3–24; Weiskrantz, L., Warrington, E. K., Sanders, M. D. & Marshall, J. "Visual Capacity in the Hemi-anopic Field following a Restricted Cortical Ablation," *Brain* 97 (1974): 709–728.

39 Aflalo, T. N. & Graziano, M. S. A. "Organization of the Macaque Extrastriate Visual Cortex Re-examined Using the Principle of Spatial Continuity of Function," *Journal of Neurophysiology* 105 (2011): 305–320; Felleman, D. & Van Essen, D. "Distributed Hierarchical Processing in the Primate Visual Cortex," *Cerebral Cortex* 1 (1991): 1–47; Goodale, M. A. & Milner, A. D. "Separate Visual Pathways for Perception and Action," *Trends in Neurosciences* 15 (1992): 20–25; Ungerleider, L. G. & Haxby, J. V. "'What' and 'Where' in the Human Brain," *Current Opinion in Neurobiology* 4 (1994): 157–165.

40 Brown, S. & Schafer, E. "An Investigation into the Functions of the Occipital and Temporal Lobes of the Monkey's Brain," *Philosophical Transactions of the Royal Society of London, B, Biological Sciences* 179 (1888): 303–327.

41 Broca, P. "Remarks on the Seat of the Faculty of Articulate Language, Followed by an Observation of Aphemia," *Bulletin de la Société Anatomique de Paris* 6 (1861): 330–357, trans. von Bonin, G. and republished in *Some Papers on the Cerebral Cortex*, ed. von Bonin, G. (Springfield, IL: Charles Thomas Publisher, 1960), 49–72; Damasio, A. R. & Geschwind, N. "The Neural Basis of Language," *Annual Review of Neuroscience* 7 (1984): 127–147.

42 Zihl, J., von Cramon, D. & Mai, N. "Selective Disturbance of Movement Vision after Bilateral Brain Damage," *Brain* 106 (1983): 313–340.

43 Bouvier, S. E. & Engel, S. A. "Behavioral Deficits and Cortical Damage Loci in Cerebral Achromatopsia," *Cerebral Cortex* 16 (2006): 183–191.

44 Gottesmann, C. "The Neurophysiology of Sleep and Waking: Intracerebral Connections, Functioning and Ascending Influences of the Medulla Oblongata," *Progress in Neurobiology* 59 (1999): 1–54.

45 Chalmers, D. *The Conscious Mind* (Oxford, UK: Oxford University Press, 1996)（デイヴィッド・J・チャーマーズ『意識する心――脳と精神の根本理論を求めて』林一訳、白揚社、2001年）; Skokowski, P. "I, Zombie," *Consciousness and Cognition* 11 (2002): 1–9; Tandy, C. "Are You (Almost) a Zombie? Conscious Thoughts about 'Consciousness in the Universe' by Hameroff and Penrose," *Physics of Life Reviews*

Dissociations in Dyscalculia: A Brain Imaging Study of the Impact of Number Size on the Cerebral Networks for Exact and Approximate Calculation," *Brain* 123 (2000): 2240–2255.

30 Igelström, K. M., Webb, T. W. & Graziano, M. S. A. "Topographical Organization of Attentional, Social and Memory Processes in the Human Temporoparietal Cortex," *eNeuro* 3 (2016): e0060; Kelly, Y. T., Webb, T. W., Meier, J. D., Arcaro, M. J. & Graziano, M. S. A. "Attributing Awareness to Oneself and to Others," *Proceedings of the National Academy of Sciences USA* 111 (2014): 5012–5017; Webb, T. W., Igelström, K., Schurger, A. & Graziano, M. S. A. "Cortical Networks Involved in Visual Awareness Independently of Visual Attention," *Proceedings of the National Academy of Sciences USA* 113 (2016): 13923–13928.

31 Igelström, K. & Graziano, M. S. A. "The Inferior Parietal Lobe and Temporoparietal Junction: A Network Perspective," *Neuropsychologia* 105 (2017): 70–83; Igelström, K. M., Webb, T. W. & Graziano, M. S. A. "Topographical Organization of Attentional, Social and Memory Processes in the Human Temporoparietal Cortex," *eNeuro* 3 (2016): e0060; Mars, R. B., Sallet, J., Schüffelgen, U., Jbabdi, S., Toni, I. & Rushworth, M. F. S. "Connectivity-Based Subdivisions of the Human Right Temporoparietal Junction Area: Evidence for Different Areas Participating in Different Cortical Networks," *Cerebral Cortex* 22 (2012): 1894–1903.

32 Saxe, R. & Powell, L. J. "It's the Thought That Counts: Specific Brain Regions for One Component of Theory of Mind," *Psychological Science* 17 (2006): 692–699.

33 Kelly, Y. T., Webb, T. W., Meier, J. D., Arcaro, M. J. & Graziano, M. S. A. "Attributing Awareness to Oneself and to Others," *Proceedings of the National Academy of Sciences USA* 111 (2014): 5012–5017; Webb, T. W., Igelström, K., Schurger, A. & Graziano, M. S. A. "Cortical Networks Involved in Visual Awareness Independently of Visual Attention," *Proceedings of the National Academy of Sciences USA* 113 (2016): 13923–13928.

34 Corbetta, M., Patel, G. & Shulman, G. L. "The Reorienting System of the Human Brain: From Environment to Theory of Mind," *Neuron* 58 (2008): 306–324; Moore, T. & Zirnsak, M. "Neural Mechanisms of Selective Visual Attention," *Annual Review of Psychology* 68 (2017): 47–72; Ptak, R. "The Frontoparietal Attention Network of the Human Brain: Action, Saliency, and a Priority Map of the Environment," *Neuroscientist* 18 (2012): 502–515.

35 Igelström, K. M., Webb, T. W. & Graziano, M. S. A. "Topographical Organization of Attentional, Social and Memory Processes in the Human Temporoparietal Cortex," *eNeuro* 3 (2016): e0060.

36 Goodale, M. A. and Milner, A. D. "Separate Visual Pathways for Perception and Action," *Trends in Neurosciences* 15 (1992): 20–25.

Neuroscience 25 (2007): 1253–1264; Grosbras, M. H. & Berthoz, A. "Parieto-Frontal Networks and Gaze Shifts in Humans: Review of Functional Magnetic Resonance Imaging Data," *Advances in Neurology* 93 (2003): 269–280; Lobel, E., Kahane, P., Leonards, U., Grosbras,M., Lehericy, S., Le Bihan, D. & Berthoz, A. "Localization of Human Frontal Eye Fields: Anatomical and Functional Findings of Functional Magnetic Resonance Imaging and Intracerebral Electrical Stimulation," *Journal of Neurosurgery* 95 (2001): 804–815.

26 Caminiti, R., Ferraina, S. & Johnson, P. B. "The Sources of Visual Information to the Primate Frontal Lobe: A Novel Role for the Superior Parietal Lobule," *Cerebral Cortex* 6 (1996): 319–328; Konen, C. S., Mruczek, R. E., Montoya, J. L. & Kastner, S. "Functional Organization of Human Posterior Parietal Cortex: Grasping- and Reaching-Related Activations Relative to Topographically Organized Cortex," *Journal of Neurophysiology* 109 (2013): 2897–2908; Snyder, L. H., Batista, A. P. & Andersen, R. A. "Coding of Intention in the Posterior Parietal Cortex," *Nature* 386 (1997): 167–170.

27 Di Bono, M. G., Begliomini, C., Castiello, U. & Zorzi, M. "Probing the Reaching-Grasping Network in Humans through Multivoxel Pattern Decoding," *Brain and Behavior* 5 (2015): e00412; Konen, C. S., Mruczek, R. E. , Montoya, J. L. & Kastner, S. "Functional Organization of Human Posterior Parietal Cortex: Grasping- and Reaching-Related Activations Relative to Topographically Organized Cortex," *Journal of Neurophysiology* 109 (2013): 2897–2908; Murata, A., Gallese, V. , Luppino, G., Kaseda, M. & Sakata, H."Selectivity for the Shape, Size, and Orientation of Objects for Grasping in Neurons of Monkey Parietal Area AIP," *Journal of Neurophysiology* 83 (2000): 2580–2601; Rizzolatti, G., Camarda, R., Fogassi, L., Gentilucci, M., Luppino, G., & Matelli, M. "Functional Organization of Inferior Area 6 in the Macaque Monkey. II. Area F5 and the Control of Distal Movements," *Experimental Brain Research* 71 (1988): 491–507.

28 Cooke, D. F. & Graziano, M. S. A. "Super-Flinchers and Nerves of Steel: Defensive Movements Altered by Chemical Manipulation of a Cortical Motor Area," *Neuron* 43 (2004): 585–593; Cooke, D. F., Taylor, C. S. R., Moore, T. & Graziano, M. S. A. "Complex Movements Evoked by Microstimulation of Area VIP," *Proceedings of the National Academy of Sciences USA* 100 (2003): 6163–6168.

29 Eger, E., Pinel, P., Dehaene, S. & Kleinschmidt, A. "Spatially Invariant Coding of Numerical Information in Functionally Defined Subregions of Human Parietal Cortex," *Cerebral Cortex* 25 (2015): 1319–1329; Nieder, A. & Miller, E. K. "Coding of Cognitive Magnitude: Compressed Scaling of Numerical Information in the Primate Prefrontal Cortex," *Neuron* 37 (2003): 149–157; Stanescu-Cosson, R., Pinel, P., van De Moortele, P. F., Le Bihan, D., Cohen, L. & Dehaene, S. "Understanding

"Characterization of the Temporo-Parietal Junction by Combining Data-Driven Parcellation, Complementary Connectivity Analyses, and Functional Decoding," *Neuroimage* 81 (2013): 381–392; Corbetta, M., Patel, G. & Shulman, G. L. "The Reorienting System of the Human Brain: From Environment to Theory of Mind," *Neuron* 58 (2008): 306–324; Dosenbach, N. U., Fair, D. A., Miezin, F. M., Cohen, A. L., Wenger, K. K., Dosenbach, R. A., Fox, M. D., Snyder, A. Z., et al. "Distinct Brain Networks for Adaptive and Stable Task Control in Humans," *Proceedings of the National Academy of Sciences USA* 104 (2007): 11073–11078; Fox, M. D., Corbetta, M., Snyder, A. Z., Vincent, J. L. & Raichle, M. E. "Spontaneous Neuronal Activity Distinguishes Human Dorsal and Ventral Attention Systems," *Proceedings of the National Academy of Sciences USA* 103 (2006): 10046–10051; Igelström, K. & Graziano, M. S. A. "The Inferior Parietal Lobe and Temporoparietal Junction: A Network Perspective," *Neuropsychologia* 105 (2017): 70–83; Igelström, K. M., Webb, T. W. & Graziano, M. S. A. "Neural Processes in the Human Temporoparietal Cortex Separated by Localized Independent Component Analysis," *Journal of Neuroscience* 35 (2015): 9432– 9445; Igelström, K. M., Webb, T. W. & Graziano, M. S. A. "Topographical Organization of Attentional, Social and Memory Processes in the Human Temporoparietal Cortex," *eNeuro* 3 (2016): e0060; Mars, R. B., Sallet, J., Schüffelgen, U., Jbabdi, S., Toni, I. & Rushworth, M. F. "Connectivity-Based Subdivisions of the Human Right Temporoparietal Junction Area: Evidence for Different Areas Participating in Different Cortical Networks," *Cerebral Cortex* 22 (2012): 1894–1903; Ptak, R. "The Frontoparietal Attention Network of the Human Brain: Action, Saliency, and a Priority Map of the Environment," *Neuroscientist* 18 (2012): 502–515; Saxe, R. & Powell, L. J. "It's the Thought That Counts: Specific Brain Regions for One Component of Theory of Mind," *Psychological Science* 17 (2006): 692–699; Scolari, M., Seidl-Rathkopf, K. N. & Kastner, S. "Functions of the Human Frontoparietal Attention Network: Evidence from Neuroimaging," *Current Opinion in Behavioral Sciences* 1 (2015): 32–39; Vincent, J. L., Kahn, I., Snyder, A. Z., Raichle, M. E. & Buckner, R. L. "Evidence for a Frontoparietal Control System Revealed by Intrinsic Functional Connectivity," *Journal of Neurophysiology* 100 (2008): 3328–3342; Yeo, B. T. T., Krienen, F. M., Sepulcre, J., Sabuncu, M. R., Lashkari, D., Hollinshead, M., Roffman, J. L., et al. "The Organization of the Human Cerebral Cortex Estimated by Intrinsic Functional Connectivity," *Journal of Neurophysiology* 106 (2011): 1125–1165.

25 Amiez, C. & Petrides, M. "Anatomical Organization of the Eye Fields in the Human and Non-Human Primate Frontal Cortex," *Progress in Neurobiology* 89 (2009): 220–230; Chen, L. L. & Tehovnik, E. J. "Cortical Control of Eye and Head Movements: Integration of Movements and Percepts," *European Journal of*

Mechanisms of Word Masking and Unconscious Repetition Priming," *Nature Neuroscience* 4 (2001): 752–758.

15 Schurger, A., Sarigiannidis, I., Naccache, L., Sitt, J. D. & Dehaene, S. "Cortical Activity Is More Stable When Sensory Stimuli Are Consciously Perceived," *Proceedings of the National Academy of Sciences USA* 112 (2015): E2083– E2092.

16 Webb, T. W., Igelström, K., Schurger, A. & Graziano, M. S. A. "Cortical Networks Involved in Visual Awareness Independently of Visual Attention," *Proceedings of the National Academy of Sciences USA* 113 (2016): 13923–13928.

17 Buschman, T. J. & Miller, E. K. "Goal-Direction and Top-Down Control," *Philosophical Transactions of the Royal Society of London, B, Biological Sciences* 369 (2014): 20130471; Miller, E. K. & Cohen, J. D. "An Integrative Theory of Prefrontal Cortex Function," *Annual Review of Neurosciences* 24 (2001): 167–202.

18 Nieder, A. & Miller, E. K. "Coding of Cognitive Magnitude: Compressed Scaling of Numerical Information in the Primate Prefrontal Cortex," *Neuron* 37 (2003): 149–157.

19 Rao, S. C., Rainer, G. & Miller, E. K. "Integration of What and Where in the Primate Prefrontal Cortex," *Science* 276 (1997): 821–824.

20 Freedman, D. J., Riesenhuber, M., Poggio, T. & Miller, E. K. "Categorical Representation of Visual Stimuli in the Primate Prefrontal Cortex," *Science* 291 (2001): 312–316.

21 Levy, R. & Goldman-Rakic, P. S. "Segregation of Working Memory Functions within the Dorsolateral Prefrontal Cortex," *Experimental Brain Research* 133 (2000): 23–32; Miller, E. K. "The 'Working' of Working Memory," *Dialogues in Clinical Neuroscience* 15 (2013): 411–418.

22 Odegaard, B., Knight, R. T. & Lau, H. "Should a Few Null Findings Falsify Prefrontal Theories of Conscious Perception?" *Journal of Neuroscience* 40 (2017): 9593–9602.

23 意識の感覚の喪失や低減が一般には前頭葉損傷の症状とは考えられないことについては、以下の総説論文を参照のこと。Fuster, J. *The Prefrontal Cortex* (New York: Academic Press, 2015); Henri-Bhargava, A., Stuss, D. T. & Freedman, M. "Clinical Assessment of Prefrontal Lobe Functions," *Continuum, Behavioral Neurology and Psychiatry* 24 (2018): 704–726; Shallice, T. & Cipolotti, L. "The Prefrontal Cortex and Neurological Impairments of Active Thought," *Annual Review of Psychology* 69 (2018): 157–180; Szczepanski, S. M. & Knight, R. T. "Insights into Human Behavior from Lesions to the Prefrontal Cortex," *Neuron* 83 (2014): 1002–1018.

24 頭頂 - 前頭ネットワークについての研究は爆発的に増えている。以下に挙げるのは、本文中で紹介しているおもなネットワークをカバーする代表的な論文。Bzdok, D., Langner, R., Schilbach, L., Jakobs, O., Roski, C., Caspers, S., Laird, A. R., et al.

Awareness: Brain Activity Related to Probe- Related and Spontaneous Reversals in Binocular Rivalry," *Journal of Cognitive Neuroscience* 29 (2017): 1089–1102; Sandberg, K., Bahrami, B., Kanai, R., Barnes, G. R., Overgaard, M. & Rees, G. "Early Visual Responses Predict Conscious Face Perception within and between Subjects during Binocular Rivalry," *Journal of Cognitive Neuroscience* 25 (2013): 969–985; Tong, F., Meng, M. & Blake, R. "Neural Bases of Binocular Rivalry," *Trends in Cognitive Sciences* 10 (2006): 502–511.

8 Blake, R. & Logothetis, N. K. "Visual Competition," *Nature Reviews Neuroscience* 3 (2002): 13–21; Tong, F., Meng, M. & Blake, R. "Neural Bases of Binocular Rivalry," *Trends in Cognitive Sciences* 10 (2006): 502–511.

9 Wunderlich, W., Schneider, K. A. & Kastner, S. "Neural Correlates of Binocular Rivalry in the Human Lateral Geniculate Nucleus," *Nature Neuroscience* 8 (2005): 1595–1602.

10 Beauchamp, M. S., Haxby, J. V., Jennings, J. E. & DeYoe, E. A. "An f MRI Version of the Farnsworth-Munsell 100-Hue Test Reveals Multiple Color-Selective Areas in Human Ventral Occipitotemporal Cortex," *Cerebral Cortex* 9 (1999): 257–263; Conway, B. R. "Color Signals through Dorsal and Ventral Visual Pathways," *Visual Neuroscience* 31 (2014): 197–209.

11 Blake, R. & Logothetis, N. K. "Visual Competition," *Nature Reviews Neuroscience* 3 (2002): 13–21; Li, H. H., Rankin, J., Rinzel, J., Carrasco, M. & Heeger, D. J. "Attention Model of Binocular Rivalry," *Proceedings of the National Academy of Sciences USA* 114 (2017): E6192–E6201; Tong, F., Meng, M. & Blake, R. "Neural Bases of Binocular Rivalry," *Trends in Cognitive Sciences* 10 (2006): 502–511.

12 Beauchamp, M. S., Haxby, J. V., Jennings, J. E. & DeYoe, E. A. "An f MRI Version of the Farnsworth-Munsell 100-Hue Test Reveals Multiple Color-Selective Areas in Human Ventral Occipitotemporal Cortex," *Cerebral Cortex* 9 (1999): 257–263.

13 Bouvier, S. E. & Engel, S. A. "Behavioral Deficits and Cortical Damage Loci in Cerebral Achromatopsia," *Cerebral Cortex* 16 (2006): 183–191.

14 Binder, M., Gociewicz, K., Windey, B., Koculak, M., Finc, K., Nikadon, J., Derda, M. & Cleeremans, A. "The Levels of Perceptual Processing and the Neural Correlates of Increasing Subjective Visibility," *Consciousness and Cognition* 55 (2017): 106–125; Carmel, D., Lavie, N. & Rees, G. "Conscious Awareness of Flicker in Humans Involves Frontal and Parietal Cortex," *Current Biology* 16 (2006): 907–911; Christensen, M. S., Ramsøy, T. Z., Lund, T. E., Madsen, K. H. & Rowe, J. B. "An f MRI Study of the Neural Correlates of Graded Visual Perception," *Neuroimage* 31 (2006): 1711–1725; Dehaene, S. & Changeux, J. P. "Experimental and Theoretical Approaches to Conscious Processing," *Neuron* 70 (2011): 200–227; S. Dehaene, L. Naccache, L. Cohen, D. L. Bihan, J. F. Mangin, J. B. Poline, and D. Rivière, "Cerebral

6　意識はどこにあるのか？　ヨーダとダース・ヴェイダー

1 Kaas, J. H. "The Evolution of Brains from Early Mammals to Humans," *Wiley Interdisciplinary Review of Cognitive Science* 4 (2013): 33–45.

2 Bogen, J. E. "Some Neurophysiologic Aspects of Consciousness," *Seminars in Neurology* 17 (1997): 95–103; Edelman, G. M., Gally, J. A. & Baars, B. J. "Biology of Consciousness," *Frontiers in Psychology* 2 (2011): 4; Ward, L. M. "The Thalamic Dynamic Core Theory of Conscious Experience," *Consciousness and Cognition* 20 (2011): 464–486.

3 Jones, E. G. *The Thalamus* (New York: Springer, 1985).

4 Crick, F. C. & Koch, C. "What Is the Function of the Claustrum?" *Philosophical Transactions of the Royal Society of London, B, Biological Sciences* 360 (2005): 1271–1279; Goll, Y., Atlan, G. & Citri, A. "Attention: The Claustrum," *Trends in Neurosciences* 38 (2015): 486–495; Mohamad, Z. K., Fabrice, B., Abdelrahman, B. & Fabienne, P. "Electrical Stimulation of a Small Brain Area Reversibly Disrupts Consciousness," *Epilepsy and Behavior* 37 (2014): 32–35.

5 Blake, R., Brascamp, J. & Heeger, D. J. "Can Binocular Rivalry Reveal Neural Correlates of Consciousness?" *Philosophical Transactions of the Royal Society of London, B, Biological Sciences* 369 (2014): 20130211; Blake, R. & Logothetis, N. K. "Visual Competition," *Nature Reviews Neuroscience* 3 (2002): 13–21; Leopold, D. A. & Logothetis, N. K. "Activity Changes in Early Visual Cortex Reflect Monkeys' Percepts during Binocular Rivalry," *Nature* 379 (1996): 549– 553; Metzger, B. A., Mathewson, K. E., Tapia, E., Fabiani, M., Gratton, G. & Beck, D. M. "Regulating the Access to Awareness: Brain Activity Related to Probe-Related and Spontaneous Reversals in Binocular Rivalry," *Journal of Cognitive Neuroscience* 29 (2017): 1089–1102; Sandberg, K., Bahrami, B., Kanai, R., Barnes, G. R., Overgaard, M. & Rees, G. "Early Visual Responses Predict Conscious Face Perception within and between Subjects during Binocular Rivalry," *Journal of Cognitive Neuroscience* 25 (2013): 969–985; Tong, F., Meng, M. & Blake, R. "Neural Bases of Binocular Rivalry," *Trends in Cognitive Sciences* 10 (2006): 502–511.

6 Blake, R. & Logothetis, N. K. "Visual Competition," *Nature Reviews Neuroscience* 3 (2002): 13–21; Leopold, D. A. & Logothetis, N. K. "Activity Changes in Early Visual Cortex Reflect Monkeys' Percepts during Binocular Rivalry," *Nature* 379 (1996): 549–553.

7 Blake, R., Brascamp, J. & Heeger, D. J. "Can Binocular Rivalry Reveal Neural Correlates of Consciousness?" *Philosophical Transactions of the Royal Society of London, B, Biological Sciences* 369 (2014): 20130211; Metzger, B. A., Mathewson, K. E., Tapia, E., Fabiani, M., Gratton, G. & Beck, D. M. "Regulating the Access to

4 Wellman, H. M., Cross, D. & Watson, J. "Meta-Analysis of Theory-of-Mind Development: The Truth about False Belief," *Child Development* 72 (2001): 655–684.

5 Krupenye, C., Kano, F., Hirata, S., Call, J. & Tomasello, M. "Great Apes Anticipate That Other Individuals Will Act According to False Beliefs," *Science* 354 (2016): 110–114.

6 Clayton, N. S. "Ways of Thinking: From Crows to Children and Back Again," *Quarterly Journal of Experimental Psychology* 68 (2015): 209–241.

7 Gibson, J. J. *The Ecological Approach to Visual Perception* (Boston: Houghton Mifflin Harcourt, 1979)（J・J・ギブソン『生態学的視覚論――ヒトの知覚世界を探る』古崎敬ほか訳、サイエンス社、1985年）.

8 Dennett, D. C. *The Intentional Stance* (Cambridge, MA: Bradford Books/MIT Press, 1987)（ダニエル・C・デネット『「志向姿勢」の哲学――人は人の行動を読めるのか?』若島正・河田学訳、白揚社、1996年）.

9 Baker, C. L., Saxe, R. & Tenenbaum, J. B. "Action Understanding as Inverse Planning," *Cognition* 113 (2009): 329–349; Rabinowitz, N. C., Perbet, F., Song, F., Zhang, C., Ali Eslami, S. M. & Botvinick, M. "Machine Theory of Mind," *Computer Science arXiv* (2017): 1802.007740; Saxe, R. & Houlihan, S. D. "Formalizing Emotion Concepts within a Bayesian Model of Theory of Mind," *Current Opinion in Psychology* 17 (2017): 15–21.

10 Acheson, D. J. *Elementary Fluid Dynamics* (Oxford, UK: Clarendon Press, 1990).

11 Guterstam, A., Kean, H. H., Webb, T. W., Kean, F. S. & Graziano, M. S. A. "An Implicit Model of Other People's Visual Attention as an Invisible, Force-Carrying Beam Projecting from the Eyes," *Proceedings of the National Academy of Sciences USA* 116 (2019): 328–333.

12 Gross, C. G. "The Fire That Comes from the Eye," *The Neuroscientist* 5 (1999): 58–64.

13 Dundes, A. *The Evil Eye: A Folklore Casebook* (New York: Garland Press, 1981).

14 Titchner, E. B. "The Feeling of Being Stared At," *Science* 8 (1898): 895–897.

15 Piaget, J. *The Child's Conception of the World*, trans. J. Tomlinson and A. Tomlinson (Totowa, NJ: Little, Adams, 1979)（ジャン・ピアジェ『児童の世界観』大伴茂訳、同文書院、1960年）.

16 Winer, G. A., Cottrell, J. E., Gregg, V., Fournier, J. S. & Bica, L. S. "Fundamentally Misunderstanding Visual Perception: Adults' Belief in Visual Emissions," *American Psychologist* 57 (2002): 417–424; Winer, G. A., Cottrell, J. E. & Karefilaki, K. D. "Images, Words and Questions: Variables That Influence Beliefs about Vision in Children and Adults," *Journal of Experimental Child Psychology* 63 (1996): 499–525.

University Press, 2015), 601–619.
32 複雑さが意識を生じさせるという立場をとる研究者があまりに多いせいか、この考えはSFのなかでよく用いられるようになった。そうした研究者のなかにあって、ジュリオ・トノーニは、もっともシステマティックで数学的な形式の仮説を提唱している。Tononi, G. *Phi: A Voyage from the Brain to the Soul* (New York: Pantheon, 2012).
33 Bshary, R., Wickler, W. & Fricke, H. "Fish Cognition: A Primate's Eye View," *Animal Cognition* 5 (2002): 1–13.
34 Koch, C. "Consciousness Redux: What Is It Like to Be a Bee?" *Scientific American Mind* 19 (December 2008): 18–19.
35 Skrbina, D. *Panpsychism in the West* (Boston: MIT Press, 2005).
36 Baars, B. J. *A Cognitive Theory of Consciousness* (New York: Cambridge University Press, 1988); Dehaene, S. *Consciousness and the Brain* (New York: Viking Press, 2014)（スタニスラス・ドゥアンヌ『意識と脳――思考はいかにコード化されるか』高橋洋訳、紀伊國屋書店、2015年）.
37 Todorov, E. & Jordan, M. I. "Optimal Feedback Control as a Theory of Motor Coordination," *Nature Neuroscience* 5 (2002): 1226–1235.

5　社会的意識

1 Doherty, M. J. *How Children Understand Others' Thoughts and Feelings* (New York: Psychology Press, 2008); Frith, U. & Frith, C. D. "Development and Neurophysiology of Mentalizing," *Philosophical Transactions of the Royal Society of London, B, Biological Sciences* 358 (2003): 459–473; Premack, D. & Woodruff, G. "Does the Chimpanzee Have a Theory of Mind?" *Behavioral and Brain Sciences* 1 (1978): 515–526.
2 Baron-Cohen, S. *Mindblindness: An Essay on Autism and Theory of Mind* (Cambridge, MA: MIT Press, 1997)（サイモン・バロン＝コーエン『自閉症とマインド・ブラインドネス』長野敬・長畑正道・今野義孝訳、青土社、2002年）; Friesen, C. K. & Kingstone, A. "The Eyes Have it! Reflexive Orienting Is Triggered by Nonpredictive Gaze," *Psychonomic Bulletin and Review* 5 (1998): 490–495; Hoffman, E. A. & Haxby, J. V. "Distinct Representations of Eye Gaze and Identity in the Distributed Human Neural System for Face Perception," *Nature Neuroscience* 3 (2000): 80–84; Symons, L. A., Lee, K., Cedrone, C. C. & Nishimura, M."What Are You Looking At? Acuity for Triadic Eye Gaze," *Journal of General Psychology* 131 (2004): 451–469.
3 Baron-Cohen, S., Leslie, A. M. & Frith, U. "Does the Autistic Child Have a 'Theory of Mind'?" *Cognition* 21 (1985): 37–46; Wimmer, H. & Perner, J. "Beliefs about Beliefs: Representation and Constraining Function of Wrong Beliefs in Young Children's Understanding of Deception," *Cognition* 13 (1983): 103–128.

25 Alarcon, G. & Valentin, A. *Introduction to Epilepsy* (Cambridge, UK: Cambridge University Press, 2012).

26 Barlow, R. B. Jr. & Fraioli, A. J. "Inhibition in the Limulus Lateral Eye in Situ," *Journal of General Physiology* 71 (1978): 699–720; Hadeler, K. "On the Theory of Lateral Inhibition," *Kybernetik* 14 (1974): 161–165.

27 Corbetta, M., Patel, G. & Shulman, G. L. "The Reorienting System of the Human Brain: From Environment to Theory of Mind," *Neuron* 58 (2008): 306–324; Igelström, K. & Graziano, M. S. A. "The Inferior Parietal Lobe and Temporoparietal Junction: A Network Perspective," *Neuropsychologia* 105 (2017): 70–83; Saxe, R. & Powell, L. J. "It's the Thought That Counts: Specific Brain Regions for One Component of Theory of Mind," *Psychological Science* 17 (2006): 692–699; Scolari, M., Seidl-Rathkopf, K. N. & Kastner, S. "Functions of the Human Frontoparietal Attention Network: Evidence from Neuroimaging," *Current Opinion in Behavioral Sciences* 1 (2015): 32–39; Vincent, J. L., Kahn, I., Snyder, A. Z., Raichle, M. E. & Buckner, R. L. "Evidence for a Frontoparietal Control System Revealed by Intrinsic Functional Connectivity," *Journal of Neurophysiology* 100 (2008): 3328–3342; Yeo, B. T. T., Krienen, F. M., Sepulcre, J., Sabuncu, M. R., Lashkari, D., Hollinshead, M., Roffman, J. L., et al. "The Organization of the Human Cerebral Cortex Estimated by Intrinsic Functional Connectivity," *Journal of Neurophysiology* 106 (2011): 1125–1165.

28 Dennett, D. *Sweet Dreams: Philosophical Obstacles to a Science of Consciousness (Jean Nicod Lectures)* (Cambridge, MA: MIT Press, 2005)（ダニエル・C・デネット『スウィート・ドリームズ』土屋俊・土屋希和子訳、NTT出版、2009年）.

29 Colby, C. L. & Goldberg, M. E. "Space and Attention in Parietal Cortex," *Annual Review of Neuroscience* 22 (1999): 319–349; Gottlieb, J. "From Thought to Action: The Parietal Cortex as a Bridge between Perception, Action, and Cognition," *Neuron* 53 (2007): 9–16; Tehovnik, E. J., Sommer, M. A., Chou, I. H., Slocum, W. M. & Schiller, P. H. "Eye Fields in the Frontal Lobes of Primates," *Brain Research Reviews* 32 (2000): 413–448.

30 Eriksen, C. & St James, J. "Visual Attention within and around the Field of Focal Attention: A Zoom Lens Model," *Perception and Psychophysics* 40 (1986): 225–240; Posner, M. I., Snyder, C. R. & Davidson, B. J. "Attention and the Detection of Signals," *Journal of Experimental Psychology* 109 (1980): 160–174.

31 Scolari, M., Ester, E. F. & Serences, J. T. "Feature- and Object-Based Attentional Modulation in the Human Visual System," in *The Oxford Handbook of Attention*, ed. Norbre, A. C. & Kastner, S. (Oxford, UK: Oxford University Press, 2015), 573–600; Treue, S. "Object- and Feature-Based Attention: Monkey Physiology," in *The Oxford Handbook of Attention*, ed. Norbre, A. C. & Kastner, S. (Oxford, UK: Oxford

Xu, X. "Feathered Dinosaurs," *Annual Review of Earth and Planetary Science* 33 (2005): 277–299.

18 Karten, H. J. "Vertebrate Brains and Evolutionary Connectomics: On the Origins of the Mammalian 'Neocortex,'" *Philosophical Transactions of the Royal Society of London, B, Biological Sciences* 370 (2015): 20150060; L. Medina, L. & Reiner, A. "Do Birds Possess Homologues of Mammalian Primary Visual, Somatosensory and Motor Cortices?" *Trends in Neurosciences* 23 (2000): 1–12.

19 Hunt, G. R. & Gray, R. D. "Tool Manufacture by New Caledonian Crows: Chipping Away at Human Uniqueness," *Acta Zoologica Sinica (Supplement)* 52 (2006): 622–625; Rutz, C. & St Clair, J. J. "The Evolutionary Origins and Ecological Context of Tool Use in New Caledonian Crows," *Behavioral Processes* 89 (2012): 153–165; Rutz, C., Sugasawa, S., van der Wal, J. E., Klump, B. C. & St Clair, J. J. "Tool Bending in New Caledonian Crows," *Royal Society of Open Science* 3 (2016): 160439.

20 Jelbert, S. A., Taylor, A. H., Cheke, L. G., Clayton, N. S. & Gray, R. D. "Using the Aesop's Fable Paradigm to Investigate Causal Understanding of Water Displacement by New Caledonian Crows," *PLoS One* 9 (2014): e92895.

21 Beck, D. M. & Kastner, S. "Top-Down and Bottom-Up Mechanisms in Biasing Competition in the Human Brain," *Vision Research* 49 (2009): 1154–1165; Desimone, R. & Duncan, J. "Neural Mechanisms of Selective Visual Attention," *Annual Review of Neuroscience* 18 (1995): 193–222.

22 霊長類の大脳皮質の視覚領野のマップに関しては、文献が膨大にある。私も含め、これに関わった研究者は数千人にのぼるだろう。以下に挙げるのは、サルとヒトの両方について述べている代表的論文。Felleman, D. & Van Essen, D. "Distributed Hierarchical Processing in the Primate Visual Cortex," *Cerebral Cortex* 1 (1991): 1–47; Grill-Spector, K. & Malach, R. "The Human Visual Cortex," *Annual Review of Neuroscience* 27 (2004): 649–677; Schiller, P. & Tehovnik, E. *Vision and the Visual System* (Oxford, UK: Oxford University Press, 2015); Ungerleider, L. G. & Haxby, J. V. "'What' and 'Where' in the Human Brain," *Current Opinion in Neurobiology* 4 (1994): 157–165; Van Essen, D. C., Lewis, J. W., Drury, H. A., Hadjikhani, N., Tootell, R. B., Bakircioglu, M. & Miller, M. I. "Mapping Visual Cortex in Monkeys and Humans Using Surface-Based Atlases," *Vision Research* 41 (2001): 1359–1378; Wang, L., Mruczek, R. E., Arcaro, M. J. & Kastner, S. "Probabilistic Maps of Visual Topography in Human Cortex," *Cerebral Cortex* 25 (2015): 3911–3931.

23 Moore, T. & Zirnsak, M. "Neural Mechanisms of Selective Visual Attention," *Annual Review of Psychology* 68 (2017): 47–72.

24 Desimone, R. & Duncan, J. "Neural Mechanisms of Selective Visual Attention," *Annual Review of Neuroscience* 18 (1995): 193–222.

Throated Monitor Lizards (Varanus albigularis albigularis)," *Animal Cognition* 11 (2008): 267–273; Mason, R. T. & Parker, M. R. "Social Behavior and Pheromonal Communication in Reptiles," *Journal of Comparative Physiology A: Neuroethology, Sensory, Neural, and Behavioral Physiology* 196 (2010): 729–749.

8 Kemp, T. S. *The Origin and Evolution of Mammals* (Oxford, UK: Oxford University Press, 2005); Romer, A. S. & Price, L. W. "Review of the Pelycosauria," *Geological Society of America, Special Papers* 28 (1940): 1–534.

9 Molnár, Z., Kaas, J. H., de Carlos, Hevner, R. F., Lein, E. & Němec, P. "Evolution and Development of the Mammalian Cerebral Cortex," *Brain, Behavior, and Evolution* 83 (2014): 126–139.

10 Butler, A. B. "Evolution of the Thalamus: A Morphological and Functional Review," *Thalamus and Related Systems* 4 (2008): 35–58; Jones, E. G. *The Thalamus* (New York: Springer, 1985).

11 Senter, P. "Phylogenetic Taxonomy and the Names of the Major Archosaurian (Reptilia) Clades," *PaleoBios* 25 (2005): 1–7.

12 Dinets, V. "Apparent Coordination and Collaboration in Cooperatively Hunting Crocodilians," *Ethology, Ecology, and Evolution* 27 (2012): 244–250; Doody, J. S., Burghardt, G. M. & Dinets, V. "Breaking the Social-Non-Social Dichotomy: A Role for Reptiles in Vertebrate Social Behavior Research?" *Ethology* 119 (2012): 1–9; Garrick, L. D. & Lang, J. W. "Social Signals and Behaviors of Adult Alligators and Crocodiles," *American Zoologist* 17 (1977): 225–239.

13 Langer, M. C., Ezcurra, M. D., Bittencourt, J. S. & Novas, F. E. "The Origin and Early Evolution of Dinosaurs," *Biological Reviews* 85 (2010): 55–110.

14 Bronzati, M., Rauhut, O. W. M., Bittencourt, J. S. & Langer, M. C. "Endocast of the Late Triassic (Carnian) Dinosaur Saturnalia tupiniquim: Implications for the Evolution of Brain Tissue in Sauropodomorpha," *Scientific Reports* 7 (2017): 11931; Rogers, S. W. "Allosaurus, Crocodiles, and Birds: Evolutionary Clues from Spiral Computed Tomography of an Endocast," *Anatomical Record* 257 (1999): 162–173.

15 Witmer, L. M. & Ridgely, R. C. "New Insights into the Brain, Braincase, and Ear Region of Tyrannosaurs (Dinosauria, Theropoda), with Implications for Sensory Organization and Behavior," *Anatomical Record* 292 (2009): 1266–1296.

16 Brusatte, S. L.., O'Connor, J. K. & Jarvis, E. D. "The Origin and Diversification of Birds," *Current Biology* 25 (2015): R888–R898; Chiappe, L. M. *Glorified Dinosaurs: The Origin and Early Evolution of Birds* (Hoboken, NJ: John Wiley & Sons, 2007); Zhou, Z. "The Origin and Early Evolution of Birds: Discoveries, Disputes, and Perspectives from Fossil Evidence," *Naturwissenschaften* 91 (2004): 455–471.

17 Ji, Q. & Ji, S. "On the Discovery of the Earliest Bird Fossil in China (Sinosauropteryx) and the Origin of Birds," *Chinese Geology* 10 (1996): 30–33; Norell, M. A. &

Human Motor Learning," in *Progress in Motor Control: Neural Computational and Dynamic Approaches, Volume 782*, ed. Richardson, M., Riley, M. & Shockley, K. (New York: Springer, 2013), 1–21; McDougle, S. M., Bond, K. M. & Taylor, J. A. "Explicit and Implicit Processes Constitute the Fast and Slow Processes of Sensorimotor Learning," *Journal of Neuroscience* 35 (2015): 9568–9579; Shadmehr, R. & Mussa-Ivaldi, F. A. "Adaptive Representation of Dynamics during Learning of a Motor Task," Journal of Neuroscience 14 (1994): 3208–3224.

19 ネコとサルの上丘がどのように頭や眼の位置をモニターし、それらの変化を追跡し、それに応じて網膜像の変化を予測するかについては、実験的研究が膨大にある。以下に挙げるのは、その代表的な総説論文。Basso, M. A. & May, P. J. "Circuits for Action and Cognition: A View from the Superior Colliculus," *Annual Review of Vision Science* 3 (2017): 197–226; Sparks, D. L. "Conceptual Issues Related to the Role of the Superior Colliculus in the Control of Gaze," *Current Opinion in Neurobiology* 9 (1999): 698–707; Wurtz, R. H. & Albano, J. E. "Visual-Motor Function of the Primate Superior Colliculus," *Annual Review of Neuroscience* 3 (1980): 189–226.

4 大脳皮質と意識

1 Medina L. & Reiner, A. "Do Birds Possess Homologues of Mammalian Primary Visual, Somatosensory and Motor Cortices?" *Trends in Neurosciences* 23 (2000): 1–12; Naumann, R.K. & Laurent, G. "Function and Evolution of the Reptilian Cerebral Cortex," in *Evolution of Nervous Systems*, ed. J. Kaas (San Diego: Academic Press, 2017), 491–518.

2 Lemon, R. R. *Vanished Worlds: An Introduction to Historical Geology* (Dubuque, IA: William C. Brown, 1993).

3 Harrison, J. F., Kaiser, A. & VandenBrooks, J. M. "Atmospheric Oxygen Level and the Evolution of Insect Body Size," *Proceedings: Biological Science* 277 (2010): 1937–1946.

4 Carroll, R. L. "The Origin and Early Radiation of Terrestrial Vertebrates," *Journal of Paleontology* 75 (2001): 1202–1213.

5 Sahney, S., Benton, M. J. & Falcon-Lang, H. J. "Rainforest Collapse Triggered Pensylvanian Tetrapod Diversification in Euramerica," *Geology* 38 (2010): 1079–1082.

6 Naumann, R. K. & Laurent, G. "Function and Evolution of the Reptilian Cerebral Cortex," in *Evolution of Nervous Systems*, ed. J. Kaas (San Diego: Academic Press, 2017), 491–518.

7 Leal, M., & Powell, B. J. "Behavioural Flexibility and Problem-Solving in a Tropical Lizard," *Biological Letters* 8 (2012): 28–30; Manrod, J. D., Hartdegen, R. & Burghardt, G. M. "Rapid Solving of a Problem Apparatus by Juvenile Black-

tion 3 (1970): 57–71.

7 Stein B. E. & Meredith, M. A. *The Merging of the Senses* (Cambridge, MA: MIT Press, 1993).

8 Finkenstadt, T. & Ewert, J.-P. "Visual Pattern Discrimination through Interactions of Neural Networks: A Combined Electrical Brain Stimulation, Brain Lesion, and Extracellular Recording Study in Salamandra salamandra," *Journal of Comparative Physiology* 153 (1983): 99–110.

9 Stein, B. E. & Gaither, N. S. "Sensory Representation in Reptilian Optic Tectum: Some Comparisons with Mammals," *Journal of Comparative Neurology* 202 (1981): 69–87.

10 Vanegas, H. & Ito, H. "Morphological Aspects of the Teleostean Visual System: A Review," *Brain Research* 287 (1983): 117–137.

11 Hartline, P. H., Kass, L. & Loop, M. S. "Merging of Modalities in the Optic Tectum: Infrared and Visual Integration in Rattlesnakes," *Science* 199 (1978): 1225–1229.

12 Mysore, S. P. & Knudsen, E. I. "The Role of a Midbrain Network in Competitive Stimulus Selection," *Current Opinion in Neurobiology* 21 (2011): 653–660.

13 Wurtz, R. H. & Albano, J. E. "Visual-Motor Function of the Primate Superior Colliculus," *Annual Review of Neuroscience* 3 (1980): 189–226.

14 Posner, M. I. "Orienting of Attention," *Quarterly Journal of Experimental Psychology* 32 (1980): 3–25.

15 Camacho、E. F. & Bordons Alba, C. *Model Predictive Control* (New York: Springer, 2004); Conant, R. C. & Ashby, W. R. "Every Good Regulator of a System Must Be a Model of That System," *International Journal of Systems Science* 1 (1970): 89–97; Francis, B. A. & Wonham, W. M. "The Internal Model Principle of Control Theory," *Automatica* 12 (1976): 457–465.

16 Graziano, M. S. A. & M. M. Botvinick, M. M. "How the Brain Represents the Body: Insights from Neurophysiology and Psychology," in *Common Mechanisms in Perception and Action: Attention and Performance XIX*, ed. Prinz, W. & Hommel, B. (Oxford, UK: Oxford University Press, 2002), 136–157; Holmes, N. & Spence, C. "The Body Schema and the Multisensory Representation(s) of Personal Space," *Cognitive Processing* 5 (2004): 94–105; Vignemont, F. de *Mind the Body: An Exploration of Bodily Self-Awareness* (Oxford, UK: Oxford University Press, 2018).

17 Head, H. & Holmes, G. "Sensory Disturbances from Cerebral Lesions," *Brain* 34 (1911): 102–254; Vallar, G. & Ronchi, R. "Somatoparaphrenia: A Body Delusion. A Review of the Neuropsychological Literature," *Experimental Brain Research* 192 (2009): 533–551.

18 Haith, A. M. & Krakauer, J. W. "Model-Based and Model-Free Mechanisms of

Biological Sciences 284 (2017): 20162818.

15 Godfrey-Smith, P. *Other Minds: The Octopus, the Sea, and the Deep Origins of Consciousness* (New York: Farrar, Straus and Giroux, 2016)（ピーター・ゴドフリー＝スミス『タコの心身問題――頭足類から考える意識の起源』夏目大訳、みすず書房、2018年）; Montgomery, S. *The Soul of an Octopus* (New York: Atria Books, 2015)（サイ・モンゴメリー『愛しのオクトパス――海の賢者が誘う意識と生命の神秘の世界』小林由香利訳、亜紀書房、2017年）.

16 Darmaillacq, A.-S., Dickel, L. & Mather, J. A. *Cephalopod Cognition* (Cambridge, UK: Cambridge University Press, 2014); Edelman, D. B., Baars, B. J. & Seth, A. K. "Identifying Hallmarks of Consciousness in Non-Mammalian Species," *Consciousness and Cognition* 14 (2015): 169–187; Richter, J. N., Hochner, B. & Kuba, M. J. "Pull or Push? Octopuses Solve a Puzzle Problem," *PLoS One* 11 (2016): e0152048.

17 Hochner, B. "An Embodied View of Octopus Neurobiology," *Current Biology* 22 (2012): R887–R892.

18 Merikle, P. M., Smilek, D. & Eastwood, J. D. "Perception without Awareness: Perspectives from Cognitive Psychology," *Cognition* 79 (2001): 115–134; Szczepanowski, R. & Pessoa, L. "Fear Perception: Can Objective and Subjective Awareness Measures Be Dissociated?" *Journal of Vision* 10 (2007): 1–17.

3 カエルの視蓋

1 Knudsen, K. & Schwartz, J. S. "The Optic Tectum, a Structure Evolved for Stimulus Selection," in *Evolution of Nervous Systems*, ed. Kaas, J. (San Diego: Academic Press, 2017), 387–408; Maximino, C. "Evolutionary Changes in the Complexity of the Tectum of Nontetrapods: A Cladistic Approach," *PLoS One* 3 (2008): e3582.

2 Ingle, D. "Visuomotor Functions of the Frog Optic Tectum," *Brain, Behavior, and Evolution* 3 (1970): 57–71.

3 Sperry, R. W. "Effect of 180 Degree Rotation of the Retinal Field on Visuomotor Coordination," *Journal of Experimental Zoology Part A: Ecological and Integrative Physiology* 92 (1943): 263–279.

4 Comer, C. & Grobstein, P. "Organization of Sensory Inputs to the Midbrain of the Frog, Rana pipiens," *Journal of Comparative Physiology* 142 (1981): 161–168.

5 Stein B. E. & Meredith, M. A. *The Merging of the Senses* (Cambridge, MA: MIT Press, 1993).

6 Comer, C. & Grobstein, P. "Organization of Sensory Inputs to the Midbrain of the Frog, Rana pipiens," *Journal of Comparative Physiology* 142 (1981): 161–168; Ingle, D. "Visuomotor Functions of the Frog Optic Tectum," *Brain, Behavior, and Evolu-*

Grade Body Fossil with Cellular Resolution Dating 60 Myr before the Cambrian," *Proceedings of the National Academy of Sciences* USA 112 (2015): E1453–E1460.

4 Erwin, D. H., Laflamme, M., Tweedt, S. M., Sperling, E. A., Pisani, D. & Peterson, K. J. "The Cambrian Conundrum: Early Divergence and Later Ecological Success in the Early History of Animals," *Science* 334 (2011): 1091–1097; Marques, A. C. & Collins, A. G. "Cladistic Analysis of Medusozoa and Cnidarian Evolution," *Invertebrate Biology* 123 (2004): 23–42.

5 Bode, H. R., Heimfeld, S., Koizumi, O., Littlefield, C. L. & Yaross, M. S. "Maintenance and Regeneration of the Nerve Net in Hydra," *American Zoology* 28 (1988): 1053–1063.

6 Barlow, R. B. Jr. & Fraioli, A. J. "Inhibition in the Limulus Lateral Eye in Situ," *Journal of General Physiology* 71 (1978): 699–720.

7 Hadeler, K. "On the Theory of Lateral Inhibition," *Kybernetik* 14 (1974): 161–165.

8 Koenemann, S. & Jenner, R. *Crustacea and Arthropod Relationships* (Boca Raton: CRC Press, 2005).

9 Schoenemann, B., Pärnaste, H. & Clarkson, E. N. K. "Structure and Function of a Compound Eye, More Than Half a Billion Years Old," Proceedings of the National Academy of Sciences USA 114 (2017): 13489–13494.

10 Gillette, R. & Brown, J. W. "The Sea Slug, Pleurobranchaea californica: A Signpost Species in the Evolution of Complex Nervous Systems and Behavior," *Integrative and Comparative Biology* 55 (2015): 1058–1069.

11 Smarandache-Wellmann, C. R. "Arthropod Neurons and Nervous System," *Current Biology* 26 (2016): R960–R965.

12 Koenig, S., Wolf, R. & Heisenberg, M. "Visual Attention in Flies—Dopamine in the Mushroom Bodies Mediates the After-Effect of Cueing," *PLoS One* 11 (2016): e0161412; van Swinderen, B. "Attention in Drosophila," *International Review of Neurobiology* 99 (2011): 51–85.

13 Erwin, D. H., Laflamme, M., Tweedt, S. M., Sperling, E. A., Pisani, D. & Peterson, K. J. "The Cambrian Conundrum: Early Divergence and Later Ecological Success in the Early History of Animals," *Science* 334 (211): 1091–1097; Runnegar, B. & J. Pojeta, J. Jr. "Molluscan Phylogeny: The Paleontological Viewpoint," *Science* 186 (1974): 311–317.

14 Kluessendorf, J. & Doyle, P. "Pohlsepia mazonensis, an Early 'Octopus' from the Carboniferous of Illinois, USA," *Palaeontology* 43 (2000): 919–926; Tanner, A. R., Fuchs, D., Winkelmann, I. E., Gilbert, M. T., Pankey, M. S. , Ribeiro, A. M., Kocot, K. M., Halanych, K. M., Oakley, T. H., da Fonseca, R. R., Pisani, D. & Vinther, J. "Molecular Clocks Indicate Turnover and Diversification of Modern Coleoid Cephalopods during the Mesozoic Marine Revolution," *Proceedings of Royal Society, B,*

Books, 2009)（トーマス・メッツィンガー『エゴ・トンネル――心の科学と「わたし」という謎』原塑・鹿野祐介訳、岩波書店、2015年）.
4 Chalmers, D. "Facing Up to the Problem of Consciousness," *Journal of Consciousness Studies* 2 (1995): 200–219.
5 次に挙げるのは、意識における内的モデルの役割を重視した初期のすぐれた研究。Holland, O. & Goodman, R. "Robots with Internal Models: A Route to Machine Consciousness?" *Journal of Consciousness Studies* 10 (2003): 77–109.
6 Ryle, G. *The Concept of Mind* (Chicago: University of Chicago Press, 1949)（ギルバート・ライル『心の概念』坂本百大・井上治子・服部裕幸訳、みすず書房、1987年）.
7 Joyce, J. *Ulysses* (Paris: Sylvia Beach, 1922)（ジェイムズ・ジョイス『ユリシーズ（I～Ⅳ）』丸谷才一・永川玲二・高松雄一訳、集英社文庫、2003年）.
8 Chalmers, D. *The Character of Consciousness* (New York: Oxford University Press, 2010)（デイヴィッド・J・チャーマーズ『意識の諸相（上・下）』太田紘史ほか訳、春秋社、2016年）; Nagel, T. "What Is It Like to Be a Bat?" *The Philosophical Review* 83 (1974): 435–450; Searle, J. R. "Consciousness," *Annual Review of Neuroscience* 23 (2000): 557–578.
9 Koene, R. A. "Scope and Resolution in Neural Prosthetics and Special Concerns for the Emulation of a Whole Brain," *Journal of Geoethical Nanotechnology* 1 (2006): 21–29; Kurzweil, R. *The Singularity Is Near: When Humans Transcend Biology* (New York: Penguin Books, 2006)（レイ・カーツワイル『ポスト・ヒューマン誕生――コンピュータが人類の知性を超えるとき』井上健監訳、NHK出版、2007年）; Markram, H., Muller, E., Ramaswamy, S., Reimann, M. W., Abdellah, M., Sanchez, C. A., Ailamaki, A., et al. "Reconstruction and Simulation of Neocortical Microcircuitry," *Cell* 163 (2015): 456–492; Sandberg, A. & Bostrom, N. "Whole Brain Emulation: A Roadmap," Technical Report #2008-3, Future of Humanity Institute, Oxford University, 2008.

2 カブトガニとタコ

1 意識の進化に関しては、私のほかにも、意識を注意に関係づけて説明している研究者がいる（その方法は異なるが）。たとえば以下の本を参照。Montemayor, C. & Haladjian, H. H. *Consciousness, Attention, and Conscious Attention* (Cambridge, MA: MIT Press, 2015); Ornstein, R. *Evolution of Consciousness: The Origins of the Way We Think* (New York: Simon & Schuster, 1991).
2 Sakarya, O. , Armstrong, K. A., Adamska, M., Adamski, M., Wang, I. F., Tidor, B., Degnan, B. M., Oakley, T. H. & Kosik, K. S. "A Post-Synaptic Scaffold at the Origin of the Animal Kingdom," *PLoS One* 2 (2007): e506.
3 Yin, Z., Zhu, M., Davidson, E. H., Bottjer, D. J., Zhao, F. & Tafforeau, P. "Sponge

註

1　会話するぬいぐるみ

1　身体のまわりの空間と複雑な動きの制御についての私の研究は、次の2冊にまとめてある。Graziano, M. S. A. *The Intelligent Movement Machine* (Oxford, UK: Oxford University Press, 2008); Graziano, M. S. A. *The Spaces between Us: A Story of Neuroscience, Evolution, and Human Nature* (New York: Oxford University Press, 2018).

2　この理論の概説は以下の論文を参照。ただし、データ中心の専門的解説ではない。Graziano, M. S. A. & Kastner, S. "Human Consciousness and Its Relationship to Social Neuroscience: A Novel Hypothesis," *Cognitive Neuroscience* 2 (2011): 98–113; Graziano, M. S. A. *Consciousness and the Social Brain* (Oxford, UK: Oxford University Press, 2013); Webb, T. W. & Graziano, M. S. A. "The Attention Schema Theory: A Mechanistic Account of Subjective Awareness," *Frontiers in Psychology* 6 (2015): article 500.

3　心身二元論の立場をとらずに、機械論的に意識にアプローチする最近の研究は膨大にあり、現時点でそれらを評価するのは不可能に近い。以下に挙げるのはそのなかのほんの一部である。これ以外にも、すぐれた研究がたくさんある。Blackmore, S. J. "Consciousness in Meme Machines," *Journal of Consciousness Studies* 10 (2003): 19–30; Churchland, P. S. *Touching a Nerve: Our Brains, Our Selves* (New York: W. W. Norton, 2013); Crick, F. *The Astonishing Hypothesis: The Scientific Search for the Soul* (New York: Scribner, 1995)（フランシス・クリック『DNAに魂はあるか――驚異の仮説』中原英臣訳、講談社、1995年）; Dehaene, S. *Consciousness and the Brain* (New York: Viking Press, 2014)（スタニスラス・ドゥアンヌ『意識と脳――思考はいかにコード化されるか』高橋洋訳、紀伊國屋書店、2015年）; Dennett, D. *Consciousness Explained* (Boston: Back Bay Books, 1991)（ダニエル・C・デネット『解明される意識』山口泰司訳、青土社、1998年）; Frankish, K. "Illusionism as a Theory of Consciousness," *Journal of Consciousness Studies* 23 (2016): 11–39; Gennaro, R. J. *Consciousness and Self Consciousness: A Defense of the Higher Order Thought Theory of Consciousness* (Philadelphia: John Benjamin's Publishing, 1996); Holland, O. & Goodman, R. "Robots with Internal Models: A Route to Machine Consciousness?" *Journal of Consciousness Studies* 10 (2003): 77–109; Metzinger, T. *The Ego Tunnel: The Science of the Mind and the Myth of the Self* (New York: Basic

【な 行】

【は 行】

【た 行】

【か 行】

索引

＊斜体数字は図を示す

マイケル・グラツィアーノ（Michael S. A. Graziano）
プリンストン大学神経科学・心理学教授。同大学の神経科学ラボを率いる。神経科学に関する本を執筆するほか、ニューヨーク・タイムズ紙、アトランティック誌などに寄稿する。プリンストン在住。趣味は執筆、作曲、腹話術。

鈴木光太郎（すずき・こうたろう）
東京大学大学院人文科学研究科博士課程中退。元新潟大学教授。専門は実験心理学。著書に『ヒトの心はどう進化したのか』（筑摩書房）、訳書に『アナログ・ブレイン』、『もうひとつの視覚』（以上、新曜社）、『ヒトはなぜ自殺するのか』（化学同人）等多数。

ISBN978-4-8269-0235-9

意《い》識《しき》はなぜ生《う》まれたか　その起《き》源《げん》から人工《じんこう》意《い》識《しき》まで

二〇二二年四月二十七日　第一版第一刷発行

著　者　マイケル・グラツィアーノ
訳　者　鈴木《すずき》光太《こうた》郎《ろう》
発行者　中村幸慈
発行所　株式会社　白揚社　© 2022 in Japan by Hakuyosha
東京都千代田区神田駿河台一―七　郵便番号一〇一―〇〇六二
電話＝(03)五二八一―九七七二　振替〇〇一三〇―一―二五四〇〇
装　幀　大倉真一郎
印刷所　株式会社　工友会印刷所
製本所　牧製本印刷株式会社

アントニオ・ダマシオ著　高橋洋訳

進化の意外な順序

感情、意識、創造性と文化の起源

太古の単細胞生物から神経系の構築、感情や意識の出現、そして創造性へ——斬新な仮説で脳と心の理解を主導してきた世界的神経科学者がその理論をさらに深化させ、文化の誕生に至る進化を読み解く独創的な論考。　四六判　３５２ページ　本体価格３０００円

カーラ・プラトーニ著　田沢恭子訳

バイオハッキング

テクノロジーで知覚を拡張する

身体を「ハッキング」して知覚を操作する研究によって、ＳＦが現実になろうとしている。五感の研究、ＶＲ（仮想現実）やＡＲ（拡張現実）の開発現場で何が起きているのか？　いま最も刺激的な知覚科学の最前線。　四六判　４４０ページ　本体価格２７００円

サミュエル・ウーリー著　小林啓倫訳

操作される現実

ＶＲ・合成音声・ディープフェイクが生む虚構のプロパガンダ

仮想空間での思想教育、リアルな偽の映像・音声による世論操作…感覚をハックするテクノロジーが民主主義を蝕み始めた。プロパガンダ研究の第一人者が、ＡＩ時代に直面する新たな問題を分析し、処方箋を提示する。四六判　３９８ページ　本体価格２９００円

デイヴィッド・デステノ著　寺町朋子訳

信頼はなぜ裏切られるのか

無意識の科学が明かす真実

〈信頼〉に関する私たちの常識は間違いだらけ。どうすれば裏切られないようになるのか？　信頼できるか否かを予測できるようになるのか？　誰もが頭を悩ますこれらの疑問に、信頼研究の第一人者が答える。　四六判　３０２ページ　本体価格２４００円

バーバラ・Ｎ・ホロウィッツ／キャスリン・バウアーズ著　土屋晶子訳

ＷＩＬＤＨＯＯＤ　野生の青年期

人間も動物も波乱を乗り越えおとなになる

若者はなぜバカな真似ばかりするのか？　思春期・青年期特有の無鉄砲な行動は動物でも見られ、そこには多くのメリットが隠されていた。ペンギン、ハイエナ、クジラ、オオカミの生態から、ヒトの成長や子育てを考える。　四六判　４６４ページ　本体価格３０００円

経済情勢により、価格に多少の変更があることもありますのでご了承ください。
表示の価格に別途消費税がかかります。